L'ENFANT ET LES IMAGES
DE LA LITTERATURE ENFANTINE

 *PSYCHOLOGIE ET SCIENCES HUMAINES*

Jacqueline DANSET-LEGER
Maître assistant à l'Université de Paris V

l'enfant et les images de la littérature enfantine

2ᵉ édition

PIERRE MARDAGA, EDITEUR
LIEGE - BRUXELLES

© Pierre Mardaga, éditeur
12, rue Saint-Vincent, 4020 Liège

Avant-Propos

En présentant cet essai, je tiens à exprimer ma gratitude à l'égard du Professeur Pierre Oléron, rapporteur de la thèse de Psychologie qui en est à l'origine, après avoir bien voulu être le directeur patient et libéral de celle-ci.

Je remercie également les Professeurs Hélène Gratiot-Alphandéry et Robert Francès, pour leurs observations positives et leurs critiques, Ignace Meyerson, pour sa lecture attentive de plusieurs des chapitres de ce travail et ses remarques stimulantes, et Marc Richelle, dont les appréciations élogieuses et les suggestions précises m'ont encouragé à transformer un texte universitaire en ouvrage publiable dans la collection qu'il dirige, ainsi que mes collègues du Laboratoire de Psychologie Génétique de l'Université de Paris V ou d'autres formations qui, à des titres divers, m'ont donné leur aide : Pierre Coslin, Jean Cozic, Marie-José Damerval, Alain Danset, Marguerite Fabre, Anne-Marie Melot, Raymond Noël, Georges Oppenheim, Albert Rossignol, Josiane Rousseau, Robert Saules, Michel Serge, Yveline Sislian, Alyette Vidojkovic.

La réalisation matérielle des recherches résumées dans le présent ouvrage a été rendue possible grâce à la complaisance des Directrices, Directeurs et Institutrices des Ecoles élémentaires et préélémentaires de la Ville de Paris, qui m'ont ouvert leurs établissements et leurs classes.

Introduction

Il n'était pas exagéré naguère de parler de crise de la production française en matière de littérature enfantine. Les raisons en sont évidemment multiples.

Un certain nombre d'enquêtes, analyses ou réflexions suggèrent cependant l'idée qu'une relative méconnaissance de l'enfant suffirait peut-être à rendre compte des difficultés de l'édition dans ce domaine.

Les entreprises d'édition sont sans doute armées de moyens variés pour tenter de faire face à ces difficultés. Mais on est surpris qu'elles se privent très largement d'une aide qui pourrait leur être précieuse : celle de la méthodologie du psychologue, à base d'observation directe et d'analyse objective des réactions d'enfants provoquées dans des situations contrôlées.

C'est principalement à illustrer cette proposition que pourrait servir la présente étude. Celle-ci est forcément limitée. Le livre est un objet complexe, à multiples aspects. Et parler des réactions des enfants c'est employer une expression vague, qui recouvre une variété de registres. Or la démarche de la psychologie positive est analytique. Aussi est-ce à un seul des composants du livre, l'image, que l'on s'attache ici, et ce sont essentiellement des réponses de préférence et de compréhension que l'on envisage.

L'importance de l'image plastique (dessinée, peinte ou gravée) dans les livres pour enfants jeunes (importance qui n'a jamais cessé de grandir depuis l'Orbis Pictus[1] de Jan Amos Comenius) et le fait que très peu de travaux y aient été consacrés jusqu'à présent dans cette perspective justifient le choix du thème de ce travail, qu'il convient de regarder comme seulement exploratoire.

---

[1] Prestigieux ancêtre des albums « imagiers » pour enfants (1re édition en latin et allemand en 1658, récemment réédité à Londres, Oxford Univ. Press, 1968), ce « monde en images » est une sorte de lexique ou de répertoire illustré pour débutants.

Chapitre I
La littérature enfantine

Le livre est un objet qui se vend et qui s'achète. Comme n'importe quelle denrée destinée à la consommation, il est soumis à la loi de l'offre et de la demande. Pour être un bon produit, il doit naturellement satisfaire les besoins des gens à qui on le destine.

La connaissance du marché dans ce domaine est, bien entendu, aussi nécessaire qu'en tout autre domaine de production. Les efforts pour y atteindre le plus finement possible s'imposeront de plus en plus si se réalise, comme le prévoyaient naguère les prévisionnistes, futurologues, et autres technocrates de la prophétie, dans l'économie des pays fortement industrialisés, une mutation telle que la fabrication et la vente des biens matériels pourraient être progressivement subordonnées à celle des biens à caractère culturel, parmi lesquels le livre, et singulièrement l'album pour enfants, « type particulier de bien culturel »[1], aura toujours à lutter pour justifier sa place à côté des moyens présents et à venir de la « vidéoculture »[2].

Au vrai, dès avant cette éventuelle mutation, des actions visant à mieux adapter le livre à l'enfant se justifieraient déjà amplement si l'on admet tout simplement l'idée qu'il s'agit d'un instrument privilégié d'éveil à la culture ou d'un « type particulier de support de l'action de socialisation »[3].

On donne ici au mot « culture » une acception large, qui tient compte aussi bien des valeurs intellectuelles, morales et esthétiques que de ce qu'on inclut dans la définition courante (dans le sens où l'on dit de quelqu'un qu'il est cultivé). Quand on essaye de faire un inventaire précis de ce qui différencie un milieu favorisé d'un milieu handicapé de ce point de vue (milieu social auquel finalement les normes scolaires actuelles ne laissent que peu de chances d'accès au type de culture favorisé dans notre société: Toubeau, 1975), on remarque, entre quelques autres choses (mais c'est un des indices les plus nets)' que les enfants jeunes disposent de livres d'images en quantité beaucoup plus grande dans le premier cas que dans le second. C'est du moins ce que relevait O. Brunet il y a une vingtaine d'années (Brunet, 1956), à la suite d'une enquête réalisée, dans le cadre d'une recherche collective consacrée à la première enfance (Zazzo, 1962), dans une soixantaine de familles de trois milieux socio-économiquement très contrastés, en vue de mettre en relation des facteurs de milieu et des différences significatives de performances évaluées grâce aux tests de Gesell adaptés par Brunet et Lézine.

Il convient aussi de considérer que c'est dès les toute premières années de la vie que s'élaborent les attitudes fondamentales envers le livre. Nous reprenons ici une remarque d'Escarpit (dans Escarpit et Barker, 1972, d'après R. Escarpit, 1972), qui insiste justement, en outre, sur l'inconvénient que peut avoir l'absence ou quasi absence de livre dans le milieu familial: celui d'induire la tendance à associer la pratique de la lecture au monde de l'école (puisqu'alors l'enfant aborde la fréquentation du livre avec le début de la vie scolaire) avec le risque d'un abandon total après la scolarité si celle-ci n'a pas été un temps d'épanouissement (cf. Marquet, 1975). Notons que ces jugements se trouvent corroborés par les résultats d'une enquête fort minutieuse, réalisée en Angleterre par Lomax (1977) auprès d'une trentaine d'enfants d'âge préscolaire et de leurs familles.

Un effort important est fait depuis quelques années chez les responsables de l'édition pour enfants en vue de parvenir à une connaissance précise des caractéristiques de la production et de la clientèle. Les enquêtes dont il est fait état de certains éléments dans ce qui suit en témoignent.

1. Aspects économiques et sociologiques [4]

La production française

Evaluer l'édition pour enfants nécessite de la replacer dans l'ensemble de l'industrie du livre. Précisons d'abord que celle-ci occupe un rang modeste dans l'économie française[5], puisqu'elle était en 1973 l'affaire de quelques centaines d'entreprises (avec environ onze mille salariés) sur environ deux millions établies en France (et totalisant 16 millions et demi de salariés, dans le secteur privé) et qu'elle représentait alors à peine plus de 10 % du chiffre d'affaires de l'industrie française de l'impression. On connaît la situation du secteur «enfants et adolescents» de l'industrie du livre grâce aux résultats de l'enquête annuelle réalisée par le Syndicat National des Editeurs [6]. D'après les chiffres publiés en 1973 (enquête de 1971 auprès de 394 maisons d'édition), c'est un secteur qui semble assez important si l'on considère la quantité d'exemplaires fabriqués, mais il apparaît relativement peu dynamique si l'on tient compte des titres et des échanges internationaux.

Sur un tirage total d'un peu plus de 300 millions d'exemplaires (à l'exclusion des productions d'organisme publics et semi-publics), les «livres pour la jeunesse» apparaissent en troisième position avec environ un sixième de la production, après la «littérature générale» (presque la moitié) et l'«enseignement» (près d'un quart) et avant les «sciences et techniques» (moins d'un dixième). Chamboredon et Fabiani (1977a) donnent des chiffres pour 1973 et 1975 qui sont encore du même ordre (16 % et 15 % pour les titres).

Le nombre de titres de «livres pour la jeunesse» a légèrement progressé au cours des dernières années (de 10 à 15 % entre 1965 et 1975, d'après Chamboredon et Fabiani, 1977a). De ce point de vue, cette catégorie d'ouvrages se situait pour l'année 1971 à égalité avec l'«enseignement» (moins d'un titre sur sept), après la «littérature générale» (un tiers), et avant les «sciences et techniques» (moins d'un sur huit). Cependant, elle vit en grande partie sur son ancien fonds : deux réimpressions pour une nouveauté (les derniers chiffres connus confirment cet état de chose : voir «les livres pour la jeunesse en chiffres» 1977), comme la littérature d'enseignement (près de trois réimpressions pour un nouveau titre — situation en partie déterminée, il est vrai, par les programmes scolaires, dont on sait l'impressionnante stabilité), tandis que les nouveautés l'emportent sur les réimpressions pour la littérature générale et surtout pour les sciences et techniques (deux nouveautés pour une réimpression).

Les statistiques de vente à l'étranger confirment cette stagnation. Pour l'année 1971 (Syndicat National de l'Edition, 1973), moins de 9 % des livres pour enfants étaient exportés contre près de 15 % de la production du secteur «sciences et techniques», 12 % des livres d'enseignement, et plus de 30 % de la «littérature générale». En outre, au cours de la même année, on importait (en valeur) près de six fois plus qu'on n'exportait de livres pour les jeunes.

Il est difficile de savoir si la lenteur du marché de l'édition pour enfants est spécifique à la France ou s'il s'agit d'une réalité plus générale, faute d'une homogénéité dans les critères de classification, que permettrait la normalisation internationale des statistiques de production (normalisation recommandée par la conférence générale de l'UNESCO en 1964, mais très lentement appliquée). Quoi qu'il en soit, il n'était pas exagéré naguère de parler de crise, ou pour le moins, de carence [7].

Une évolution favorable paraît actuellement se dessiner [8]. Les années 60, surtout depuis 1968, ont vu foisonner les livres d'images et albums [9]. Mais le marché de la littérature enfantine demeure «un marché à renouvellement lent» (Chamboredon et Fabiani, 1977a).

Les causes de cette situation sont probablement multiples et diverses. Il serait évidemment arbitraire d'en imputer la responsabilité aux seuls éditeurs.

Les auteurs sont rares (sans doute, en partie, parce que la littérature enfantine est généralement regardée comme un genre mineur [10]) et, parmi ceux-ci, la moitié ne créent jamais plus de deux volumes, si l'on en croit un critique de livres pour enfants (Dubois, 1972). Quand aux acheteurs, ils sont sans doute mal informés et surtout mal éduqués [11].

Comment la production pourrait-elle se renouveler si, par exemple, comme on peut facilement l'imaginer, l'acheteur s'en remet à ce qu'il connaît déjà et s'intéresse aux ouvrages qui lui ont plu dans son enfance, sans se préoccuper du goût et des besoins actuels des enfants?: «Babar» avait eu son heure de gloire avant la guerre (la célèbre série du peintre Jean de Brunhoff a été publiée chez Hachette entre 1931 et 1937), puis une «vie commerciale» assez grise pendant une trentaine d'années. Or, brusquement, avant même qu'il ne fasse son apparition à la télévision, la vente en a considérablement augmenté. On s'est aperçu que les enfants qui avaient lu Babar dans les années 30 étaient devenus des parents ... [12].

Mais ce phénomène d'inertie culturelle devrait être moins aigu, notent Chamboredon et Fabiani (1977a), pour ce qui concerne la littérature destinée à la petite enfance, genre de développement relativement récent qui offre un terrain privilégié pour l'innovation esthétique.

Motivations et conduites des acheteurs

C'est justement sur les attitudes des acheteurs, c'est-à-dire surtout des parents, en qui ils voient le médiateur le plus important entre les livres et les enfants [13], que s'appuient les éditeurs pour prendre des risques. Le Syndicat National des Editeurs a réalisé il y a quelques années (en collaboration avec l'Institut Français d'Opinion Publique) une importante enquête (sur un échantillon de plus de 1500 personnes) visant à établir, plus précisément que par des conjectures fondées sur l'intuition, les caractéristiques des acheteurs (réels et potentiels) et à déterminer les conditions de l'acte d'achat d'un livre. C'est de l'analyse des résultats de cette enquête [14] que sont tirées les indications données dans ce qui suit.

- Sur le livre d'enfant comme cadeau

L'attitude générale à l'égard du livre comme cadeau est très largement défavorable. Elle l'est plus ou moins selon le niveau socio-économique de l'acheteur et selon l'âge de l'enfant destinataire. A un enfant de trois à huit ans, on offre plus volontiers un livre quand on est citadin et surtout quand on a fait des études supérieures, mais cela ne fait au maximum que 30 % (citadins) et 40 % (études supérieures) [15]. Les deux tiers de la population consultée préfèrent lui offrir un jeu (éducatif ou autre); moins de 10 % optent pour le livre ou album comme cadeau principal (20 % comme cadeau complémentaire). Pour un enfant de 9 à 14 ans les tendances sont les mêmes, à peine plus favorables au livre.

Pourquoi offre-t-on un livre à un enfant ? Surtout pour l'encourager à lire. Et puis pour le distraire (réponse plus fréquente dans les milieux économiquement et culturellement favorisés) ou l'instruire (réponse plus fréquente en milieu rural et chez les moins instruits), ou pour l'occuper (chez les ouvriers plus que dans les autres catégories). Pour un enfant de trois à huit ans, c'est d'abord le goût de la lecture que l'on prétend développer (près des deux tiers de la population consultée). Viennent ensuite à égalité l'instruction et la distraction et enfin le passe-temps. Pour un enfant de 9 à 14 ans, le souci de l'instruction est premier chez près de trois quarts des répondants.

Mais, sutout, pourquoi s'abstient-on d'offrir un livre à un enfant ? Parce qu'il n'aime pas forcément lire, qu'il existe beaucoup d'autres choses qu'il peut apprécier davantage, qu'un livre est difficile à choisir. Toutes ces réponses sont relativement fréquentes, qu'il s'agisse d'un enfant de 3 à 8 ans ou de 9 à 14 ans. Pour un enfant de 9 à 14 ans, on évoque aussi les possibilités offertes par les bibliothèques.

Ces résultats témoignent d'un certain embarras, à la fois devant l'enfant, dont on méconnaît les goûts, et devant le livre, instrument de culture ou de distraction très largement délaissé par les adultes eux-mêmes [16].

- Sur les traits de l'acheteur et les conditions de l'acte d'achat d'un livre pour enfant

Un peu plus d'un tiers des répondants ont acheté au moins un livre pour enfant dans l'année. Mais, d'une catégorie à l'autre, les proportions sont sensiblement inégales (près des deux tiers chez les cadres et professions libérales, par exemple). Une inégalité plus curieuse apparaît quand est pris en compte l'âge de l'enfant à qui est destiné le livre : on achète de préférence quand l'enfant atteint 9 -14 ans [17]. Il y aurait ainsi quelque distance entre le désir d'encourager l'enfant à lire, exprimé par ailleurs, et l'acte d'achat. Si l'on veut éveiller à la lecture et donner le goût de la fréquentation des livres, il paraît en effet raisonnable de s'en soucier bien avant que l'enfant commence l'apprentissage de la lecture proprement dite.

L'inégalité que l'on observe relativement au sexe des enfants confirme ce que l'on ne sait que trop : le désir de promotion sociale est une aspiration que l'on accorde plus volontiers aux hommes. Or, il est certain que dans l'opinion publique on attache au livre une valeur de promotion sociale (dans la mesure où il est perçu comme la marque des « possédants » de la culture). Il n'est donc pas étonnant d'observer que l'on achète un livre nettement plus souvent pour un garçon que pour une fille.

Sur les conditions de l'acte d'achat du livre pour enfants, quelques données sont encore à retenir. On n'achète pas n'importe quand : guère plus du quart des répondants n'attendent pas que survienne l'occasion des étrennes, d'un anniversaire ou d'une fête, ou d'une conduite à récompenser, ce qui montre bien que pour l'enfant, contrairement à l'attente des éditeurs [18], le livre est encore loin d'être un « objet banal de consommation courante ».

Loin d'apparaître aux éditeurs comme stimulants pour la production et, par conséquent, pour la recherche de formes et de sujets nouveaux, les attitudes et les conduites habituelles des acheteurs sont perçues, d'une manière générale, et singulièrement à la lumière des résultats de l'enquête, comme une des sources principales de l'inertie relative de l'édition pour enfants.

Les besoins sont réels et importants, mais l'offre ne peut y correspondre adéquatement que s'ils se traduisent en une demande qui soit largement précisée et éclairée. Cela ne peut se faire que par des actions visant à changer les attitudes et les habitudes du public à l'égard du livre, et surtout à expliciter et faire connaître les besoins de l'enfant, aux différents âges, susceptibles d'être utilement satisfaits par une « littérature » façonnée pour lui.

Le temps de lire des enfants

La place du livre dans l'emploi des temps de loisir des enfants ne se trouve-t-elle pas réduite par le développement des « moyens audiovisuels » et singulièrement de la télévision ? La lecture n'est-elle pas ainsi « une activité menacée ? » [19]. C'est la question que se posent d'abord la plupart des enquêteurs soucieux de connaître les modalités de loisir des jeunes.

Il est vrai que la concurrence de la télévision oblige l'édition au renouvellement, à l'abandon des vieilles habitudes qui ne répondent plus aux attentes des jeunes [20]. Il serait, certes, difficile à la production littéraire de rivaliser avec la télévision sur le plan de la rapidité et de la variété dans la succession des stimulations. Toute tentative de mise au goût du jour représente déjà pour l'édition un risque financier important. Il n'est pas contestable que la télévision peut ainsi facilement apparaître comme une menace d'essouflement de la production littéraire. Mais on ne voit pas pourquoi l'impossibilité de rivaliser sous l'angle qu'on vient de dire devrait décourager les efforts pour mieux adapter le livre à l'enfant. Sans aborder le problème des rapports entre le livre et l'audio-visuel (par exemple du point de vue de leurs modalités d'influence, collective et synchronisée pour ce qui est de la télévision, plus sporadique, dispersée, subtile, diverse pour le livre) [21], on retiendra seulement dans ce qui suit quelques éléments d'information permettant d'apprécier en quelle faveur sont tenues respectivement littérature et télévision par les jeunes, du point de vue de leurs loisirs.

En consultant les résultats d'une enquête de Denise Bernard (1965), on apprend que les filles (12-16 ans) préfèrent en majorité la lecture (et les garçons les jeux ou le bricolage ...) à la télévision. On apprend en revanche que tous (garçons et filles, mais surtout les garçons) sont assidus devant le récepteur TV. La plupart prétendent lire beaucoup ou moyennement. Ceux qui déclarent lire peu ou pas du tout sont rares. On est conduit à douter que le temps d'une journée suffise à lire beaucoup et à beaucoup fréquenter la télévision et, par conséquent, à faire peu confiance dans la capacité des répondants d'apprécier surtout le temps consacré à la lecture. On est conduit aussi à regretter que l'enquêteur n'ait pas été plus précis dans ses questions (en demandant, par exemple, le nombre de livres lus au cours d'un laps de temps donné). En dépit de ces faiblesses (et d'autres, relatives à l'échantillonnage), on peut retenir de ce travail le fait (qui mériterait peut-être d'être plus finement analysé) de la contradiction apparente, dans tous les groupes questionnés, entre ce que les sujets disent aimer faire et les activités auxquelles ils disent se livrer effectivement : la télévision est peu prisée mais très souvent regardée et, à l'inverse, la lecture est préférée mais on y consacre probablement moins d'heures qu'à la télévision. Une enquête de Mareuil conduit à des conclusions comparables [22].

Le niveau socio-économique (et, naturellement, d'instruction) est un facteur déterminant dans le choix par les enfants de leurs activités de loisir. Des données relatives à cet aspect, recueillies (par l'IFOP) auprès d'un échantillon d'enfants représentatif de la population française, sont présentées par Duquesne (1962). On y apprend par exemple (ce qui n'est pas une surprise) que plus est avancé le degré d'instruction chez les jeunes, plus la lecture est préférée au cinéma pour occuper une soirée libre. Par ailleurs, une enquête d'Hassenforder (1967) auprès de quatre mille jeunes montre que la lecture est déclarée passe-temps favori deux fois plus souvent par les élèves de 3e classique du lycée (milieux de cadres moyens et supérieurs) que par ceux de 4e pratique (où dominent les milieux populaires). L'auteur remarque ailleurs justement qu'à l'égard du livre l'école n'a pas encore réussi à égaliser les attitudes [23]. C'est un jugement que l'on retrouve dans les conclusions de l'enquête de Mareuil, citée plus haut [24].

. Le livre paraît être un objet généralement réservé, sinon à une élite, du moins à ceux qui ont un bon degré d'instruction. La télévision ne le concurrence pas dans ces milieux favorisés. Parmi les plus démunis du point de vue de la culture, elle occupe, comme le dit bien Charpentreau (1968, p. 10) « un temps que le livre n'occupait pas ». Et ce temps peut être considérable puisqu'il peut aller jusqu'à 1.600 heures par an (descendant rarement en dessous de 1.000 heures) si l'on en croit La Borderie (1972, p. 64) qui extrait ce renseignement d'une enquête réalisée par le Centre Départemental de Documentation Pédagogique d'Albi auprès de 800 enfants de 8 à 16 ans [25].

2. Nécessité de connaître l'enfant

La connaissance des réactions de l'enfant au livre est une condition essentielle de la production d'une littérature enfantine bien adaptée. Si, comme le suggèrent les données exposées dans ce qui précède, le livre pour enfants n'a pas l'importance qui devrait être la sienne, eu égard à la fonction qu'il est susceptible d'exercer dans la formation de la personnalité sous tous ses aspects, ne faut-il pas en imputer, au moins en partie, la responsabilité au « manque de contacts et de collaboration entre ceux qui s'adressent aux enfants et ceux qui étudient les enfants » (Gratiot-Alphandery, 1956) ?

L'enquête des psychologues

C'est ce manque de contact et de collaboration qui ressort principalement des cent interviews d'éditeurs, auteurs, illustrateurs, de directeurs de journaux, critiques littéraires et libraires, recueillies il y a une vingtaine d'années, mais dont l'intérêt n'a pas faibli, par l'équipe des psychologues de la revue Enfance, et dont le texte intégral est publié dans un numéro spécial de la revue (cf. Gratiot-Alphandery et coll., 1956), texte préfacé par Wallon et commenté par Gratiot-Alphandery.

Il est vrai que ces interviews sont maintenant assez anciennes, mais quand on entend les débats qui ont lieu ici et là sur la littérature enfantine, avec des spécialistes de la question, on observe que les choses n'ont guère changé depuis [26].

Auprès des éditeurs, on s'enquérait de leurs critères de choix, de la composition et du fonctionnement de leur « comité de lecture », de leur avis sur les intérêts et les goûts des enfants selon l'âge et le sexe et de leur manière d'en tenir compte, sur les modalités de recrutement des auteurs et illustrateurs, etc. On interrogeait ceux-ci sur leurs raisons de travailler pour les enfants, sur les caractéristiques d'un livre destiné aux enfants, sur les thèmes choisis, sur leur éventuel recours aux avis des enfants, parents, éducateurs, aux avis ou travaux des psychologues, etc. Les directeurs de journaux et les journalistes spécialisés dans la critique étaient questionnés en particulier sur les objectifs, la portée et le pouvoir de celle-ci. Enfin, aux libraires, on demandait des informations sur les caractéristiques de la diffusion, les conduites des acheteurs, leurs propres conduites et attitudes, etc.

Qu'il suffise ici de faire écho à ce que tiraient comme impression générale les psychologues initiateurs de cette enquête : absence quasi-totale de souci des « besoins psychologiques propres à l'enfant » [...], « pas de contacts avec les enfants ni les parents, ni les pédagogues, ni les psychologues » [...], « repères sur le public des enfants [...] en général assez limités » [...], « ceux qui ont pour fonction de connaître l'enfant [...] sont ignorés ou tenus en suspicion » (Wallon); « méfiance [...] à l'endroit des psychologues, des spécialistes qualifiés du livre pour enfants » (Gratiot-Alphandery).

On ne peut s'empêcher de penser que cette méfiance est probablement renforcée par des préoccupations de rentabilité. Le coût de la préparation des livres retentit bien entendu sur la marge bénéficiaire. Or on sait bien qu'une étude succinte, rapide et intuitive des réactions de quelques enfants de l'entourage immédiat placés devant des maquettes est moins onéreuse qu'une étude systématique qui relèverait de la compétence d'un spécialiste de l'observation et de l'analyse objective des conduites. Mais le même souci de rentabilité (s'il était bien compris) ne devrait-il pas justement conduire à confectionner des livres qui répondent le mieux possible aux besoins et capacités réels de l'enfant, ce qui serait certainement le moyen le plus efficace de susciter l'intérêt et, par conséquent, d'accroître le nombre des acquéreurs ?

Qui ne voit dans ce travail la place du psychologue, que « l'étude des réactions de l'enfant au livre [...] amène [...] à découvrir un certain nombre de critères sur le niveau de compréhension ou les formes d'intérêt accessibles » [...], que « les comparaisons qu'il établit et les réserves qu'il justifie peuvent donner (à l'opinion du psychologue) toute sa valeur objective » [...], que « contester le rôle du psychologue dans un domaine qui touche de si près à la formation et à l'adaptation de l'enfant, c'est pour une part nier la place que le livre peut tenir comme facteur important de cette formation et de cette adaptation » [...] et « aussi nier que le livre offre à l'enfant une certaine représentation du monde et des jugements sur ce monde » [...], « nier enfin que l'auteur dans un livre ne cherche pas seulement à faire oeuvre d'art mais s'attache plus ou moins directement à informer ou émouvoir » ? Pourquoi « refuser au psychologue le droit de démontrer, d'analyser, d'expliquer le mécanisme de cette action sur l'enfant, action éducative au premier chef, si éduquer c'est former et transformer » ? « Pourquoi [...] hésiter à admettre que le psychologue peut faire bénéficier de conseils profitables les techniciens qui assurent l'édition, la diffusion, la présentation des livres » ? Toutes ces questions de Gratiot-Alphandery (1956), loin d'impliquer (en tout cas dans l'esprit de celle qui les pose) que le psychologue « prétende à lui seul fournir les déterminations infaillibles (ou) les recettes du succès », mettent en valeur l'objectivité et la rigueur expérimentale de sa démarche.

Il semble que l'on puisse encore se les poser ... plus de vingt ans après.

Au moins paraissent-elles maintenant prises au sérieux. La preuve en est la création en 1974 [27] d'un « Centre de recherche et d'information sur la littérature pour la jeunesse » (CRILJ), « ouvert à toutes les initiatives », dont un des objectifs est d'encourager, susciter et coordonner les recherches, et dont la commission « Recherche » est justement présidée par Hélène Gratiot-Alphandery (et la commission « Production-diffusion » par le fils et successeur de Paul Faucher).

Une oeuvre exemplaire

Il convient d'évoquer ici l'oeuvre de Paul Faucher, créateur des fameux « albums du Père Castor », parce qu'elle fait exception et qu'à certains égards elle est exemplaire. C'est comme éditeur qu'on l'interroge dans l'enquête de 1956. Et pourtant il ne l'a pas été (bien que toujours propriétaire de son emblème, légué maintenant à ses héritiers). Sa préoccupation n'a jamais été de s'adapter à l'enfant pour mieux vendre des livres. Pendant de nombreuses années (le premier album paraît en 1931 — Paul Faucher est mort en 1967), il s'est consacré à la recherche de critères propres à la création d'un « outillage » éducatif adapté aux besoins réels des enfants à chaque âge, aussi bien avant l'âge de la lecture (reconnaissance élémentaire de l'image, reconnaissance de l'action, recherche de liens entre plusieurs images) qu'à l'âge de la lecture débutante et courante. C'est auprès des enfants, spécialement à la « Bibliothèque de l'heure joyeuse » (première bibliothèque française pour enfants, créée en 1924) [28] puis, après la guerre (à partir de 1947), à la petite école annexe de l'« Atelier du Père Castor », boulevard St-Michel (une centaine d'élèves de 4 à 12 ans), que sont mis à l'épreuve, au moment de leur élaboration, les images et textes qu'on leur destine. Ces mises à l'épreuve visaient à connaître « non l'avis (des enfants), ce qui fausserait tout, écrit Faucher (1958), mais [...] leurs réactions ». Les albums sont une manifestation de cette recherche.

L'image y tient un rôle de premier plan. Elle est un des principaux objets des travaux de l'« Atelier », « en raison, dit Faucher lui-même [29], de sa magnifique et redoutable puissance de suggestion et de la diversité de ses emplois : image-objet, image-langage, image d'acquisition, de découverte, de comparaison, de visualisation, qui exercent souverainement leurs pouvoirs sans le secours d'aucun texte ».

On se préoccupait, à l'« Atelier du Père Castor » (lieu de rencontre et de collaboration entre les artistes et artisans du livre et les spécialistes de l'enfant), de tenir compte des avis et des travaux des psychopédagogues et des psychologues. Les contacts étaient fréquents avec les chercheurs du Bureau International d'Education et de l'Institut J.J. Rousseau de Genève (Bovet, Ferrière, Claparède, Piaget), avec des théoriciens et praticiens tchèques de l'éducation (Havranek et surtout Bakulé) [30]. Les travaux de Nicolas Roubakine (qui avait inventé la « bibliopsychologie » [31], investigation psychologique des lectures pour les adapter au niveau culturel des lecteurs) ont également inspiré la fabrication des Albums.

En s'efforçant de « faire sortir de l'empirisme un secteur de la production dont la véritable portée éducative et sociale n'est généralement pas soupçonnée » [32], Faucher a fait une oeuvre de pionnier, oeuvre amplement ratifiée par le succès remporté auprès des jeunes lecteurs des Albums, traduits en grande partie dans la plupart des pays d'Europe, ainsi qu'aux Etats-Unis, en Amérique latine et en Union Soviétique et dont le tirage atteignait à sa disparition les vingt millions d'exemplaires pour 320 titres [33].

Un pionnier, c'est quelqu'un qui prépare les voies. Le moins que l'on puisse conclure est que celles-ci n'ont pas encore vu l'ensemble des producteurs de littérature enfantine s'y engager hardiment.

Une expérience de recours à la psychologie de l'enfant

On ne saurait manquer de mentionner, cependant, une éclatante exception qui paraît se situer dans le droit fil du projet de Paul Faucher de «faire sortir de l'empirisme» la littérature enfantine. Eclatante par la qualité du psychologue directement impliqué dans l'entreprise — «le plus grand du XXe siècle» ... a-t-on proclamé au XXI° Congrès International de Psychologie (la proclamation est de Paul Fraisse, président du Congrès, «exprimant la ferveur unanime de l'assistance» [34]).

Pour la première fois, en effet, paraît en 1971 une histoire pour les enfants [35], écrite et illustrée en étroite collaboration entre un artiste réputé, Etienne Delessert, et une équipe de psychologues dirigée par Jean Piaget, après huit mois d'expérimentation auprès de 23 enfants de cinq à six ans (d'une ville de Suisse romande), afin de s'assurer de leur compréhension de chaque idée, chaque phrase (ou élément de vocabulaire), chaque image (en particulier de l'expression des personnages), et de l'adéquation des images au texte entendu, à raison de trois séances par enfant, avec épreuve de mémoire (révélatrice, précise Piaget dans la préface du livre, et de la compréhension et de l'intérêt).

L'héroïne de l'histoire (assez fantastique, ou surréaliste) est une souris. Une souris pas comme les autres, car sa vision du monde et la curiosité qu'elle manifeste sont celles des enfants de cinq ou six ans interrogés autrefois par Piaget lorsqu'il étudiait «la représentation du monde» (1926) ou «la causalité physique» (1927) chez l'enfant» [36].

Précisons que l'ouvrage est assez longuement préfacé par Piaget pour expliquer (sans doute aux parents des lecteurs ...) l'intention et les modalités de l'entreprise, commenter les réactions des enfants, et louer (bien que «non compétent dans les questions d'art» ...) le «mérite», l'«originalité», le «grand talent», les «qualités exceptionnelles», l'«intelligence», l'«adresse», la «fantaisie», le «pouvoir aigu d'observation», le «scrupule», la «remarquable conscience professionnelle», la capacité de conservation des «principales qualités de l'âme enfantine» [37] (etc.) de l'artiste qui s'est adressé à lui pour l'aider dans son entreprise ...

Il n'est certes pas absolument évident que la clé du succès d'un livre pour enfant consiste à présenter à celui-ci quelque chose qui ressemble à sa propre vision du monde (ou à ce qu'il en dit, sans y croire vraiment; Piaget reconnaît lui-même que c'est bien difficile à savoir s'il y croit). On a souvent fait observer par exemple [38] que les enfants apprécient mieux les dessins d'adultes que les leurs (au moins que ceux de leurs pairs ...). Et la publication de livres d'enfants faits par des enfants, dont un éditeur [39] a entrepris naguère (depuis 1974) de se faire une spécialité, n'a pas de bruyants retentissements [40].

Au reste, le livre de Piaget-Delessert est, paraît-il [41], celui de la collection que l'on vend le plus difficilement (L'Ecole des Loisirs), en dépit de la prestigieuse caution du Maître et de son visage trois fois reproduit, y compris dans une image de l'histoire, sous la forme d'une grosse caricature à l'air affolé entre la gueule ouverte d'un énorme poisson exotique et un épais crapaud aux yeux exorbités ...

Il est vrai que les psychologues (à la «ferveur unanime») font une fraction réduite de la clientèle potentielle des parents ...

Quoi qu'il en soit, ce que l'on retiendra ici est l'effort positif d'adaptation à l'enfant, effort exemplaire dont il est, en effet, très juste de féliciter l'équipe qui l'a entrepris.

Vers une prise de conscience des éditeurs

Quand, en 1969, le Syndicat National des éditeurs, réuni pour une journée d'information [42], se demande par la voix de son rapporteur «pourquoi l'édition pour enfants garde, particulièrement en France, ce caractère conservateur, traditionnel, statique», il se répond enfin qu'«au point de départ de ce qui pourrait être une nouvelle politique du livre pour enfants» il faudrait mettre la connaissance des intérêts et des besoins réels des enfants (aux différents âges), dont il note que jusqu'à présent on n'a pas très souvent «demandé l'avis».

Il convenait ici de saluer cet événement, qui n'est pas tellement ancien (dix ans ...), parce qu'il est peut-être l'annonce d'une prise de conscience plus précise, dans le sens des voeux émis par les enquêteurs de 1956. Il est vrai qu'il peut y avoir quelque distance entre l'idée de «demander leur avis» aux enfants et celle de recourir aux services et à la méthodologie des psychologues de l'enfant, comme l'a fait Delessert. Mais n'est-ce pas maintenant à ceux-ci de susciter l'idée de ce recours en montrant plus généralement, par des exemples, quels types de service et par quelles méthodes ils peuvent efficacement contribuer à l'amélioration de certains aspects de la production dans le domaine de la littérature enfantine ? A eux aussi peut-être, à cette occasion, de se demander en retour, comme le suggérait Wallon (1956), «quelles leçons pour sa propre science le psychologue

Notes

[1] Chamboredon et Fabiani, 1977 a

[2] Cawelti, 1974

[3] Chamboredon et Fabiani, 1977 b

[4] Certaines des données statistiques rapportées sous ce titre se trouvent également évoquées dans un ouvrage collectif (Charpentreau et al. 1973) dont les auteurs ont puisé aux mêmes sources que nous (documents du Syndicat National de l'Edition), en particulier Charpentreau (les livres pour les enfants, p. 5-13), Dubois (les conditions socio-économiques de la littérature enfantine, p. 17-32), et Lagoutte (l'éditeur de livres pour enfants, p. 33-39), ainsi que dans une étude de Jolibert (également dans un ouvrage collectif, dirigé par Jolibert et Gloton, 1975), un article de Richaudeau (1975), et un récent dossier, très informé, des Actes de la recherche en sciences sociales, établi par Chamboredon et Fabiani (1977 a).

[5] Voir la dernière Monographie de l'Edition, éditée par le Syndicat National des Editeurs, 1973, p. 15, confirmant un jugement déjà émis dans la précédente, 1970, p. 15.

[6] Voir les deux dernières « Monographies de l'édition », 1970, 1973.

[7] Faujas, 1969.

[8] Voir l'article de Zoé Laure, déc. 1975, et le dernier supplément à Bibliographie de la France, mars 1977: « les livres pour la jeunesse en chiffres ».

[9] D. Escarpit, 1973 b, p. 12.

[10] En particulier par les artistes (voir les remarques de F. Ruy-Vidal, in D. Escarpit, 1973 b, p. 74), mais aussi par le grand public (voir Gamarra, 1974, p. 21; Lamblin, 1973, p. 197). Et pourtant, en France, elle n'est pas, comme aux Etats-Unis (voir Lukenbill, 1976), une littérature féminine (407 hommes sur 773 auteurs recensés par Dubois, 1972 ... tandis qu'hommes et femmes sont à peu près à égalité dans le « dictionnaire des auteurs de livres pour enfants », 1969). Il serait cependant injuste de ne pas signaler que des noms illustres se sont naguère essayés, avec un bonheur certes inégal, à cette « littérature majeure » (Marc Soriano saluait cet événement dans Le Monde du 20.12.1974). Et peut-on considérer comme « mineure » une littérature pratiquée jadis par La Fontaine, qui dédie son premier volume de fables à un enfant de cinq ans (comme le rappelle Soriano, 1975 b)?

[11] D. Escarpit, 1973 b, p. 209.

[12] Observation d'un éditeur lors d'une journée d'information sur le livre d'enfants organisée par le Syndicat des Editeurs: « Les livres pour la jeunesse », 1969 a.

[13] D'après une enquête récente dont les données sont présentées par P. Ferran, 1976.

[14] Syndicat National des Editeurs, 1969 b.

[15] On sait par ailleurs que, pour ce qui est de la fréquentation des livres par l'adulte, « revenu, niveau d'instruction et degré d'urbanisme sont des facteurs qui jouent cumulativement dans le même sens » (Hassenforder, in Charpentreau et al. 1968, p. 24).

[16] A peine plus de deux adultes sur cinq, en France, lisent à peu près régulièrement (Syndicat National des Editeurs, 1970, p. 14, et 1973, p. 14); 57 % n'ouvrent jamais un livre (d'après des informations du Syndicat National des Editeurs, citées par Mareuil, 1971, p. 107; voir aussi Gloton, 1975, p. 11, et Gilabert, 1977). D'après une enquête réalisée en 1973 par la société ARC mc, pour le compte du Syndicat National de l'Edition (1975), 30 % des français interrogés n'avaient lu aucun livre dans les 12 derniers mois, un sur deux n'en avait pas acheté, 75 % n'en possédaient aucun ... Ce n'est d'ailleurs pas une situation spécifiquement française (par exemple, 53 % des américains n'auraient jamais lu un livre d'un bout à l'autre, d'après Bartch et Mallett, 1975). Ce genre de statistique est cependant à nuancer. D'autres chiffres moins pessimistes ont, en effet, été avancés (cf. Richaudeau, 1975; Piatier, 1976). Mais c'est un fait que le livre n'est pas massivement fréquenté.

[17] L'enquête de 1973 du Syndicat National de l'Edition (1975) montre bien que les tranches d'âges inférieures sont un marché peu exploité pour le commerce du livre: 57 % des répondants parents d'enfants de 10-14 ans déclarent posséder des livres pour

eux; ce pourcentage tombe à 42 pour 2-9 ans et à 28 pour moins de 2 ans. Soriano (1975 a, p. 119) observe d'ailleurs que, sauf de rares (mais très notables) exceptions, la période de la naissance à 3 ans est «pratiquement ignorée et inexplorée par les éditeurs».

[18] Syndicat National des Editeurs, 1970, p. 14 et 1973, p. 14.

[19] Mareuil, 1971, p. 106.

[20] Le décalage est très net entre la société perçue et vécue par les enfants et celle qu'on leur présente par exemple dans les manuels scolaires (cf. Mollo, 1965) ou dans des ouvrages plus généraux (cf. Chombart de Lauwe, 1965).

[21] Voir les remarques d'H. Wallon à ce sujet dans sa préface au n° spécial d'Enfance (1956) consacré aux livres pour enfants, celles de Soriano (1964) sur l'incidence de la télévision sur la lecture des enfants, et le plaidoyer plus récent de Lynn Wells (1974) en faveur du livre, contre la télévision, pour les enfants d'âge préscolaire.

[22] Mareuil, 1971, p. 157.

[23] In Charpentreau et al. 1968, p. 40.

[24] Mareuil, 1971, p. 166.

[25] D'après Esslin (1971), selon des enquêtes effectuées dans divers pays, le temps passé devant le petit écran serait de 12 à 24 heures par semaine chez un enfant de 6 à 16 ans (et déjà de 3/4 d'heure par jour en moyenne chez un petit américain de 3 ans ...). L'influence relative de la télévision est bien entendu à la mesure du temps qu'on lui consacre. Par exemple, d'après l'enquête de Mareuil, déjà citée, les personnages auxquels des enfants de 10-11 ans (120 interrogés) voudraient ressembler sont en quasi totalité ceux de la télévision. A peine plus de 10 % choisissent un héros «littéraire» (cf. Mareuil, 1971, p. 160-165, et 1972).

[26] Voir, par exemple, débats (auxquels l'occasion nous a été donnée de participer) sur
— «la littérature enfantine», organisé par l'association «Education et Culture» avec Catherine Scob, responsable des éditions de l'Amitié et des livres de poche pour enfants, Hatier (Rodez, 9 juillet 1973).
- «l'enfant et les images de la littérature enfantine», organisé par la FNAC, avec des auteurs et des illustrateurs (dont un des interviewés de 1956 ...) (Paris, 25 sept. 1974). Voir aussi le compte-rendu du séminaire organisé à l'occasion de l'Année internationale du livre, par l'Institut de Littérature et de Techniques Artistiques de Masse, sous la direction de D. Escarpit (1973 b), sur les exigences de l'image dans le livre de la première enfance, d'où il ressort qu'éditeurs et auteurs sont «presque dans le brouillard» (p. 82), et expriment le «sentiment de la nécessité d'un renouvellement» (p. 208).

[27] Création suggérée dès 1956 par Henri Wallon (cf. l'Education du 26.4.73, p. 12: Littérature enfantine et juvénile), et décidée à l'issue de journées d'étude à Marly le Roy en octobre 1973, pour susciter et confronter toutes les actions intéressant la littérature enfantine, et destinée à préparer la voie à un Institut international du livre pour la jeunesse. Siège au Centre International d'études pédagogiques de Sèvres (Roméas, 1975 ab). Notons qu'il existe déjà une société internationale de recherche sur la littérature enfantine, fondée en 1970, et dont le siège est à Stockholm (son dernier symposium, consacré aux problèmes de traduction et d'adaptation des livres pour enfants a eu lieu en août 1976 à Södertälje, Suède).

[28] Rue Boutebrie à Paris, récemment transférée rue des Prêtres-Saint-Séverin, face au cloître. Avec près de 15.000 volumes en 1973, dont plus d'un millier de livres anciens, elle fait office de centre de documentation ouvert aux chercheurs et aux éducateurs (cf. Abbadie-Clerc, 1973, p. 241, et Talibon-Lapomme, 1976).

[29] Gratiot-Alphandery et al., 1956, p. 30.

[30] Dont François Faucher a récemment rappelé l'oeuvre consacrée au développement des initiatives de création artistique des enfants gravement handicapés physiques («une pédagogie de la vie par la vie: Frantisek Bakulé, Fleurus, coll. pédagogie créatrice, 1975).

[31] Roubakine est l'auteur d'une «Introduction à la psychologie bibliologique» (Paris,

1922), où sont exposés les buts qu'il poursuivait: «combattre le chaos qui règne dans le domaine de la création du livre, améliorer la circulation des livres, la développer dans le sens quantitatif et qualitatif, faire économiser temps et forces au lecteur lors de l'utilisation du livre» (cité par Hassenforder, 1968, p. 49).

[32] Faucher, dans Gratiot-Alphandery et al., 1956, p. 28.

[33] Indication donnée par Soriano, 1967.

[34] Vexliard, 1976.

[35] «Comment la souris reçoit une pierre sur la tête et découvre le monde», Production Good Book Inc., New-York, 1971; l'Ecole des loisirs, Paris, pour l'édition en langue française.

[36] Ouvrages publiés chez Alcan, le premier ayant été réédité en 1947 aux P.U.F.

[37] On est un peu surpris de trouver, sous la plume d'un psychologue rationaliste, cette expression quelque peu désuète (ou poétique ...) On parle aussi du «développement de l'âme enfantine» dans un texte d'Henri Wallon relatif à la «littérature pour la jeunesse» (Soriano 1975 a, préface, p. 7). Mais faut-il regretter que les esprits les plus positifs ne parviennent pas eux-mêmes à évacuer toute poésie de leur discours lorsqu'il s'intéressent en psychologues scientifiques aux albums pour enfants ?

[38] Subes, 1958; Lewis, 1963; Shields, 1969; Fabre, 1973, p. 30; Booth, 1975; Durand et Bertrand, 1975, p. 38; Soriano, 1975 a, p. 334; et récemment Kosslyn et al., 1977; il est vrai contredits par French, 1952, et, d'après Booth, 1975, par Lark-Horowitz et al., 1967.

[39] N. Munoz de la Mata — Editions de la Noria.

[40] Voir Duffe, 1976, et Delacour, 1977.

[41] Information orale recueillie chez l'éditeur (mai 1976).

[42] Voir Syndicat National des Editeurs, 1969 a.

Chapitre II
L'enfant, les livres et les images

« Partir de l'enfant »[1], ne signifie pas forcément, ou uniquement, lui offrir « la vision du monde qui est la sienne ».

Quantité de problèmes très prosaïques seraient à étudier d'une manière générale. Gratiot-Alphandery (1956) en suggérait un certain nombre, relatifs aux goûts des enfants, à leurs possibilités de compréhension, qui dépendent de leur niveau de développement sur le plan intellectuel, mais qui peuvent être liés aussi aux aspects techniques ou artistiques du livre (présentation, illustration, impression). Peuvent se poser ainsi les problèmes de l'importance respective du fond et de la forme, du rôle des personnages, de l'action, du cadre de celle-ci, du style du graphisme[2], des liaisons entre images dans une séquence narrative, etc.

Peu d'études systématiques peuvent actuellement s'inscrire dans un programme de ce type.

On retiendra d'abord, dans ce qui suit, principalement deux recherches réalisées au cours des dernières années (une enquête sur les préférences et un essai d'expérimentation sur les réactions d'enfants jeunes à la lecture de livres d'images), moins comme exemples de ce qu'il convient exactement de faire que pour donner l'idée de quelques voies possibles et surtout mieux accréditer ensuite l'idée de la nécessité de recherches analytiques, sur des aspects délimités, menées avec le maximum de rigueur et de précision.

Il ne manque d'ailleurs pas, en dehors du domaine particulier de la littérature enfantine, d'analyses comportementales rigoureuses qui soient susceptibles d'inspirer de nouvelles recherches plus centrées, voire d'être exploitées plus ou moins directement par les auteurs ou illustrateurs de livres pour enfants. Le bref signalement de quelques orientations dans l'étude des réactions aux images montrera donc ensuite où l'on peut éventuellement puiser, au moins pour ce qui concerne un aspect important du livre. Il devrait être possible, au risque de s'égarer dans le dédale de la psycholinguistique développementale [3], de se livrer à un inventaire du même genre pour les recherches susceptibles de guider l'élaboration ou le choix de textes adaptés aux capacités de compréhension de l'enfant. C'est un problème auquel sont naturellement attentifs les spécialistes du livre pour enfants [4]. Il existe des études sur des textes de la littérature enfantine [5]. Mais ce ne sont pas des analyses positives de réponses d'enfants. Une étude récente de Bradfer-Blomart et Lam (1976), surtout centrée sur « le petit chaperon rouge », fait exception de ce point de vue.

1. L'enfant et les livres

Enquête sur les préférences

L'enquête la plus importante (par le nombre de répondants), parmi celles qu'on a réalisées sur les lectures des jeunes au cours des dernières années [6] est celle d'Henriette Clément (1966). Elle porte sur environ 5.000 garçons et filles de 9-14 ans [7], urbains et ruraux, issus de 69 départements français et recrutés dans des milieux divers quant au degré d'instruction. Trente livres sélectionnés dans la production de la saison 1962-63 (à l'exclusion d'ouvrages trop connus, des albums et des illustrés) font chacun l'objet d'une vingtaine de questions, relatives à la connaissance qu'en ont les sujets (pour l'avoir lu ou relu, etc.), au taux d'intérêt qu'ils y portent, aux raisons de l'aimer (ou de ne pas l'aimer), à ce qui en a motivé la lecture, etc., questions auxquelles il n'y a qu'à répondre par oui ou non, ou en cochant une échelle en cinq points (les appréciations spontanées étant aussi admises).

Parmi les résultats obtenus on relève, par exemple, de sensibles différences liées au sexe des répondants, quant à la diversité des goûts principalement (apparemment plus grande chez les garçons, qui bien entendu aiment un peu mieux les histoires de guerre et l'aventure que les filles); on note que la drôlerie ou l'humour attirent peu, que l'action mouvementée est mieux appréciée que la rêverie, que l'héroïsme des personnages fait la quasi-unanimité des choix, que les documentaires sans fiction ou aventure vécue sont délaissés, que le mystère, l'émotion, la tristesse, le « suspense », le drame passionnent la plupart, qu'un certain moralisme est fortement approuvé, etc. Les différences entre plus jeunes et plus âgés sont le plus souvent négligeables et les goûts sont aussi à peu près les mêmes dans tous les milieux abordés. Quelques appréciations concernent la forme (titre, couverture, collection, style, images, etc.). Au sujet de l'illustration, on observe que l'utilité en est le plus souvent reconnue pour éclairer ou compléter le récit.

Ces très brèves indications, tirées des quelque 200 pages d'analyse détaillée de l'ouvrage souvent instructif de Clément, sont données ici moins en raison de leur intérêt en soi (quelquefois relatif) ou de leur valeur générale, que l'on pourrait mettre en question (tous les répondants ont été recrutés dans les « bibliothèques pour tous », qu'ils fréquentaient), qu'à titre d'exemples de ce qu'il est possible d'apprendre par voie d'enquête sur l'évaluation de divers aspects du livre par des enfants. Au vrai, il s'agit ici de préadolescents. Il est évidemment douteux que la méthode soit convenable pour des âges moins avancés. On voit mal comment éviter, pour connaître les réactions d'enfants plus jeunes, l'entretien particulier assorti de démonstration, sur la base d'un matériel restreint, dont les caractéristiques ont été préalablement analysées, dans la mesure où une analyse systématique est possible.

On a suggéré [8], comme indice de l'intérêt porté à tel ou tel ouvrage, le critère du vol, fréquent dans certaines librairies pour enfants, où ceux-ci peuvent librement circuler [9]. Mais qui oserait recommander une telle méthode de recherche, sous le prétexte de son indéniable objectivité ? Cependant, une étude systématique de la fréquence relative de la sortie par emprunt dans des bibliothèques pour enfants serait imaginable. Sur une intéressante expérience pédagogique en Ecole Maternelle dont rend compte Hélène Vermeulin (1977), par exemple, pourrait ainsi aisément se greffer une recherche de ce type. Mais on n'a jusqu'à présent sur ce terrain que des avis généraux et impressionnistes sur les « habitudes de lecture » [10], des données sommaires et anciennes [11], ou des indications limitées à un domaine particulier [12].

Quoiqu'il en soit, on retiendra de l'enquête de Clément qu'elle s'appuie sur une base concrète. C'est un inconvénient eu égard à la limitation des choix que cela impose. Mais c'est surtout une qualité appréciable au regard du psychologue attaché au caractère positif des études relatives au comportement.

Quelques études plus récentes, mais beaucoup plus restreintes, sont à signaler qui présentent également ce caractère concret, s'appuyant sur une expérimentation au sens large (dans la mesure où des enfants sont provoqués à réagir à partir de livres qui leur sont proposés): celles de Bernhard et Marinet (1972), de Maillard (1972) et de Picon et al. (1972) [13].

Dans chacune de ces études, on fait faire et commenter des choix, des rejets ou des classements par ordre de préférence, parmi une dizaine ou une quinzaine d'ouvrages très variés (par le genre, le thème, le style, la collection, le format, l'illustration, etc.). Dans la première, on tire de 128 interviews réalisées auprès de filles et garçons de 12 à 16 ans, dans des bibliothèques de banlieue parisienne, quelques réflexions sur les facteurs de l'évolution des lectures (sexe, âge, milieu socio-culturel). Les deux autres s'attachent à préciser quelles sont les attitudes les plus marquantes à l'égard des livres vers l'âge de 8-9 ans, d'une part dans trois classes mixtes fréquentées par des enfants de milieu social favorisé (Maillard), d'autre part chez 36 filles et garçons de banlieue ouvrière (Picon et al.). Les résultats obtenus manquent évidemment de précision (et les auteurs en conviennent). Quelques remarques, parfois convergentes, concernent les différences de goût liées au sexe (les garçons apprécient mieux les documentaires et les filles la fiction, les récits et les contes), la désaffection à l'égard du merveilleux chez les plus âgés, l'abondance des références à l'expérience personnelle dans les raisons invoquées pour justifier un choix, l'importance de la dimension esthétique dans l'appréciation de l'aspect extérieur, du rapport texte-image, des caractères d'imprimerie, des images. On note que ce sont surtout les images qui sont d'abord recherchées (soit pour leur aspect esthétique, soit pour l'information qu'elles apportent) et que, par ailleurs, on préfère souvent celles qui sont précises et proches du réel, les photographies, caractérisées comme « images vraies », aux esquisses, croquis et dessins, si agréables soient-ils. Qu'on nous permette de retenir ici une des conclusions, en forme d'interrogation, inspirées par leur travail à Picon et al.: « Comment ne pas sentir qu'un immense travail s'impose, pour chercher ce qui, dans la présentation des livres, dans leur aspect esthétique, comme dans leur contenu, s'adapte et répond le mieux au désirs des enfants? »

Tentative d'expérimentation sur les réactions d'enfants à la lecture de livres d'images

Quand on raconte une histoire à un jeune enfant qui en regarde en même temps les images, enrichit-on la vision qu'il a de celles-ci ou, au contraire, cette adjonction d'un texte entendu ne risque-t-elle pas de réduire, de quelque manière, la polysémie des images? Et des indices de cet enrichissement, ou de cet appauvrissement, peuvent-ils être observés dans les réactions verbales de l'enfant ? C'est pour essayer de répondre à ces questions que Denise Escarpit (1972) s'est livrée à ce que l'on pourrait appeler une sorte d'expérimentation sauvage, avec des groupes de garçons et de filles de 3 à 4 ans, 4 à 5 ans et 5 à 6 ans (correspondant aux sections des maternelles). L'« expérience » dure environ trois semaines et se passe dans la classe. Le premier jour, une dizaine d'exemplaires d'un livre sont répartis sur les tables. Les enfants ont été préalablement incités à bien les regarder et à les raconter à haute voix. Tout (ce qui est sonore) est enregistré et la maîtresse prend des notes. Deux jours après, celle-ci lit l'histoire, livre sur les genoux et les enfants rassemblés autour d'elle. Ceux-ci peuvent ensuite feuilleter eux-mêmes le livre et poser des questions. Enfin, deux à trois semaines plus tard, l'expérience du premier jour est refaite et sert en quelque sorte de post-test. La même procédure est répétée avec plusieurs livres (les plus variés possible sous divers aspects : édition, présentation, format, couverture, thème, graphisme des images, disposition de la typographie, etc.).

Les résultats présentés concernent les conduites à l'égard du livre en tant qu'objet à manier (que l'on ouvre ou ferme, que l'on feuillette régulièrement ou en désordre, que l'on parcourt dans un sens ou dans l'autre, etc.), et surtout les propos tenus au sujet des images, propos dont, reconnaît l'auteur (mais qui ne s'en serait douté ?) l'analyse systématique ne peut se faire sans peine (quand il a été possible de transcrire quelque chose du brouhaha général...).

Notons que cette curieuse procédure de groupe a été délibérément choisie, au risque - très réel - de rendre vain tout effort d'exploitation des résultats, non par souci d'économie (les psychologues de l'enfant jeune, en particulier, savent ce qu'il en coûte de ce point de vue d'expérimenter en passation individuelle), mais parce que l'enfant « a besoin des autres pour exprimer ce qu'il perçoit, sent et pense », et pour exercer une « activité créatrice authentique »... Même si l'on admet cette proposition, il est difficile de croire avec l'auteur (à qui il convient de reconnaître le mérite des bonnes intentions, et celui de s'être éloignée quelque peu des conditions cotonneuses et aseptisées du laboratoire, mais, pour le coup, sans doute un peu trop...) que la « lecture collective », au moins telle qu'elle est pratiquée dans l'« expérience », permet « de dégager les tendances propres à chaque âge de la petite enfance ».

On retiendra, quoi qu'il en soit, quelques indications générales présentées sous la rubrique des résultats (d'ailleurs non encore complètement élaborés dans la publication évoquée ici) à propos des verbalisations... et des silences - car il y en a, pour le repos du transcripteur.

Pour les plus jeunes, « la première vision de l'image est souvent asémique », l'enfant paraissant ne rien identifier, à moins qu'il n'ose s'exprimer (car « l'expression de l'enfant est conquête » !). La connaissance de l'histoire apporte ensuite une explication qui permet de rattraper les éléments non perçus pour les associer au reste ... Il arrive que la première vision soit très riche, parce que l'enfant reconnaît un grand nombre d'éléments isolés qu'il relie pour tenter une construction ... La lecture du groupe d'âge moyen ne présente pas de temps de silence. Chaque phase de l'expérience provoque des réactions (jamais d'« asémie » de l'image). La lecture des plus âgés est plus régulière... La manière d'aborder l'image dépend de l'âge : « une sorte de parti pris (« phénomène de projection ») ne fait parfois voir à l'enfant qu'un des aspects de l'image, ou qu'une seule des images d'une double page »... « C'est l'histoire qui fait naître (ensuite) l'intérêt pour l'image »...

2. L'enfant et les images

On ne trouve guère d'études positives, à la fois générales et précises, axées directement sur les réactions d'enfants aux images de la littérature enfantine.

Signalons cependant celle de Stewig (1974), qui paraît correspondre à cette catégorie de travaux, et porte sur un grand nombre d'enfants (un millier), mais dont on n'a découvert jusqu'à présent qu'un compte rendu trop allusif (l'âge des sujets examinés n'y est même pas indiqué, ni le niveau scolaire qui permettrait de l'inférer). Elle vise à prendre la mesure des préférences à l'égard des divers aspects de l'image (couleur, formes, proportions, complexité, profondeur) en fonction de l'âge, du sexe, du niveau socio-économique, ... et de la couleur de la peau, et procède analytiquement par des comparaisons de diapositives présentées par paires.

Il semble en ressortir en particulier que les plus âgés apprécient mieux que les plus jeunes les couleurs réalistes (surtout chez les blancs), les images riches en détails (sauf dans les milieux les plus favorisés, et surtout chez les blancs), les objets représentés en perspective (surtout chez les garçons, et chez les blancs, sauf dans les milieux les plus favorisés), et que la stylisation des formes (« flat vs modeled shapes ») est mieux appréciée chez les blancs ...

Hors du contexte de la littérature enfantine, il existe de très nombreux travaux sur les réactions de l'enfant aux images fixes qui devraient pouvoir provoquer, ou même parfois retenir, l'attention de tous ceux qui participent à la confection du livre pour enfants. Avec ces travaux, on sort un peu du flou inhérent aux études qui prétendent embrasser à la fois quantité de variables.

Il faut distinguer ici deux catégories dans la masse des recherches. On utilise des images de beaucoup de manières sans étudier spécialement les réactions des enfants aux images. L'image sert en effet pour étudier maints aspects généraux de la conduite. Par ailleurs, il existe un certain nombre d'études centrées sur l'image comme réalité à laquelle on réagit, que l'on s'efforce de déchiffrer, ou qui influence, et que l'on peut comparer à d'autres objets (au texte, par exemple) provocateurs de réactions ou agents d'influence. On fera parmi elles une place à part aux études réalisées dans la perspective de la psychologie de l'esthétique, qui ont le plus directement inspiré une partie de nos propres observations, qui servent à illustrer, dans les trois chapitres suivants, l'examen des problèmes relatifs à l'attrait des images de livres pour enfants.

Retombées des recherches utilisant des images

On utilise fréquemment des images en vue d'une étude fondamentale des processus, ou des mécanismes, ou des facteurs du comportement chez l'enfant. Des études sur les aspects du développement de la perception visuelle ou de la mémoire, sur l'apprentissage ou la formation de concepts chez l'enfant [14], sont largement de ce type.

En sont également les multiples travaux expérimentaux récemment publiés sur les conditions de la reconnaissance ou du rappel des images par l'enfant [15] et, question à la mode ces derniers temps [16], la comparaison entre la rétention des images et celle des mots [17], à l'avantage très marqué pour les images [18] que l'on s'efforce d'expliquer [19], travaux utilisant d'ailleurs quelquefois des images extraites de livres pour enfants [20]. De même, des études sur le développement social, comme celle de Lévy-Schoen (1964) par exemple.

On peut classer aussi dans cette catégorie les multiples travaux de psychologie de la personnalité visant en particulier la construction d'épreuves projectives. Le test d'aperception thématique pour enfants de Bellak [21] en est un exemple.

Cette énumération sommaire, qu'il n'est pas possible d'étendre ici, ni de détailler, suffit à montrer l'extrême plasticité de l'image, qu'on utilise en psychologie de l'enfant (comme d'ailleurs en psychologie de l'adulte) en vue d'objectifs qui dépassent la perspective annoncée dans tout ce qui précède. **Pour autant, il n'y a pas lieu de négliger,** dans cette perspective, certaines indications contenues dans les résultats des travaux de cette abondante catégorie : que, par exemple, les enfants jeunes ont peine à traduire en mots l'information véhiculée par l'image [22], qu'ils explorent inadéquatement les stimuli visuels [23], savent mal y interpréter les dimensions [24] ou les relations spatiales [25], reconnaissent parfois difficilement les caractéristiques propres d'un objet quand celui-ci est dessiné [26], etc.

Des images et des mots - Image et lecture

Un certain nombre de recherches font de l'image un usage plus central, la confrontant par exemple à un autre mode de communication.

Sont à inscrire dans cette catégorie, les études sur le rôle de l'image dans l'apprentissage de la lecture, rôle que valorisait beaucoup le Père Castor, dont les albums visaient précisément à aider les mal-lisants [27].

Celle de Samuels (1967) a pour objet de déterminer l'influence de l'image dans un apprentissage de mots chez des enfants non-lisants et dans le décodage de mots chez des lecteurs débutants. On fait apprendre quatre mots de trois lettres à une trentaine de sujets de cinq à six ans, soit en les leur montrant seulement écrits, soit en y joignant une illustration simple en noir et blanc, soit encore avec des images de scènes plus complexes et en couleurs incluant la représentation de l'objet désigné par le mot parmi celle d'autres objets. On a l'impression que les images facilitent l'apprentissage au cours des essais mais, au test final sans image, les résultats sont en faveur des sujets qui ont appris sans image. Par ailleurs, on fait lire un texte à des enfants de six à sept ans débutants en lecture, en le leur présentant soit tel quel, soit illustré. On s'aperçoit que l'image ne change pas la performance de ceux qui lisent bien, tandis que les mal-lisants décodent plus de mots en l'absence d'images. L'image détournerait donc l'attention du lecteur. Cependant, dans une nouvelle expérience du même auteur [28], elle apparaît comme un bon moyen de susciter le goût de la lecture, en particulier chez les mal-lisants.

On a aussi étudié l'influence de l'image sur la compréhension par l'enfant de l'idée principale d'un texte qu'elle illustre. Koenke et Otto (1969) proposent trois textes à environ 200 sujets de 8-9 ans et 11-12 ans. Pour certains, le texte est présenté tel quel, pour d'autres il est illustré, soit de manière précise et pertinente, soit de manière plus vague et générale. On constate que l'image améliore la réponse de compréhension seulement quand le texte est facile. Le degré de précision de la relation entre image et texte semble ne pas avoir d'effet.

En fait, les résultats obtenus dans ce type d'études [29] ne sont pas très nets et paraissent même contradictoires. Il se peut que l'image représente une gêne pour la compréhension d'un texte. Encore faudrait-il définir de manière univoque ce qu'on entend par compréhension, quels en sont les critères, et préciser de quel type d'image il s'agit.

Signalons encore, toujours sur le thème « image et texte », des recherches où sont comparées (en quantité ou en qualité) les verbalisations émises par des enfants à partir d'une même histoire racontée soit par un texte, soit par des images, soit par un texte illustré (ou des images commentées). Si l'on prend les verbalisations comme indice quantitatif du pouvoir d'évocation, il faut croire, d'après Curtis (1969), que celui du texte seul est deux fois plus fort que celui de l'image. Par ailleurs, Malandain (1967) recueille des productions verbales plus riches et originales à la suite d'une projection de vues fixes accompagnées ou non d'une bande sonore que lorsque celle-ci est donnée seule.

Images et comportements esthétiques

C'est surtout chez des chercheurs préoccupés par la question du développement esthétique [30] que l'on peut trouver des travaux vraiment centrés sur les réactions de l'enfant aux caractéristiques des images, travaux qui s'inscrivent dans le cadre de l'étude de ce qu'Y. Bernard (1976) appelle les « comportements esthétiques », c'est-à-dire « le choix en fonction de l'appartenance des stimuli à certaines catégories esthétiques. »

On a cherché à dégager les critères de choix des images par l'enfant et tenté d'en dessiner l'évolution. Mais aucune théorie générale ne permet de rendre compte de l'ensemble des faits observés, ni de faire l'unité parmi les diverses interprétations qui en ont été proposées. La plupart des chercheurs qui se sont illustrés sur ce terrain semblent d'ailleurs peu enclins à œuvrer dans ce sens [31]. Il faut donc s'accommoder, au moins dans l'état actuel de la recherche, du caractère quelque peu disparate des travaux effectués dans ce domaine. Ce caractère est évidemment lié à la très grande variété des propriétés ou qualités esthétiques de l'image. Travers (1969) en énumère quelques-unes: fidélité de représentation, absence ou présence d'un fond, degré de stylisation du trait, profondeur, taux de réalisme de la couleur, précision dans l'exécution. On pourrait ajouter [32]: la composition, le style en général, la complexité, la symétrie, la tonalité ou saturation des couleurs, la nature du sujet, etc.

- Diversité des critères de choix

Il y a dans une image beaucoup d'aspects propres à susciter des réactions chez l'enfant. On le voit bien, par exemple, dans les résultats d'une expérience originale de Rump et Southgate (1967), qui consiste à soumettre des tableaux, dans le cadre même d'une exposition, au jugement d'enfants (filles et garçons de 7, 11 et 15 ans, au nombre d'une vingtaine par âge et par sexe) conduits et interrogés individuellement. Après avoir examiné l'ensemble des œuvres, puis émis et justifié librement deux choix successifs, chacun des sujets doit indiquer et justifier encore une fois ses préférences parmi une dizaine de tableaux présentés par paires d'œuvres approximativement semblables en tous points sauf par le style d'exécution (plus ou moins réaliste). D'autres aspects font aussi l'objet de l'investigation des auteurs : originalité ou familiarité du contenu des œuvres, simplicité de la composition, son harmonie, éclat des couleurs, etc. (Pour chacun d'eux, la centaine de tableaux exposés avait été préalablement analysée par deux juges indépendants).

A tous ces aspects, les enfants réagissent diversement. Par exemple, les plus jeunes s'attachent nettement (significativement) plus que les autres à l'objet représenté [33] (surtout quand il est simple et familier) et apprécient qu'il le soit dans un style réaliste. On note encore que la couleur n'est pas un critère de choix qui évolue sensiblement avec l'âge (à peu près un quart des sujets la retiennent en premier) [34]. Elle est surtout décisive chez les rares amateurs de style « abstrait ». Des critères plus subtils comme l'harmonie ou l'originalité de composition, pas complètement absents chez les plus jeunes, prennent surtout de l'importance avec l'âge (jusqu'à un quart des jugements à 15 ans). On remarque au passage que la perspective est toujours bien interprétée, même par les plus jeunes. Il semble qu'au total ce soit surtout le réalisme du style, associé il est vrai à la familiarité, qui commande les choix et alimente les commentaires justificatifs des enfants (pour environ deux tiers à sept ans et encore près de la moitié à 15 ans).

- Evolution du goût pour le réalisme

Le goût pour le réalisme de la représentation évolue avec l'âge. Ce fait, qui semble être mis en évidence, avec des oeuvres picturales, dans la recherche que l'on vient d'évoquer, est confirmé par les résultats obtenus par d'autres auteurs qui utilisent également des tableaux de maître [35].

Les dessins d'enfants sont souvent une manière d'images stylisées, ou tout au moins sommaires (dont certains illustrateurs de livres pour enfants tentent d'ailleurs parfois de se rapprocher). Or, on sait bien que (sauf quelquefois quand ils en sont les auteurs) les enfants leur préfèrent les œuvres de dessinateurs adultes, qui savent être plus étroitement fidèles à la réalité du point de vue de la clarté et de la minutie dans le détail des choses. Subes(1958) en a fait l'expérience en soumettant au choix de quelques centaines d'enfants de 5 à 14 ans des paires d'images des deux sortes : la préférence à l'égard des œuvres d'adultes, déjà importante vers 7 ans (surtout chez les garçons), augmente avec l'âge. Ces résultats sont confirmés par ceux d'une expérience analogue réalisée par Voillaume (1965) avec des sujets de 4 à 16 ans auxquels sont soumises leurs propres productions, et par ceux d'une étude plus récente de Booth (1975) avec des sujets de 7 et 11 ans.

Le réalisme des couleurs est, comme celui des formes, mieux apprécié par les plus âgés que par les plus jeunes : Subes (1959) montre que de 7 à 14 ans on apprécie de moins en moins que la réalité soit embellie de couleurs vives sur des reproductions de peintures figuratives.

C'est dans les résultats des expériences de Machotka (1963, 1966) et de Francès et Voillaume (1964) que l'évolution avec l'âge du goût pour le réalisme apparaît peut-être le plus clairement malgré le manque d'accord parfait entre ces deux études. Les sujets examinés par Machotka ont de 6 à 12 ans (et leurs réponses sont confrontées à celles d'étudiants de 18 ans). Ils ont à choisir et à rejeter (puis à justifier leurs choix et leurs rejets) parmi une quinzaine de reproductions d'œuvres picturale variées (du point de vue du thème, du style, des tons, etc.) présentés trois par trois. On observe qu'à 6-7 ans les choix sont surtout justifiés par référence au thème et aux couleurs. Moins de 10 % des critères explicités à cet âge se réfèrent au réalisme de l'image. Les justifications des choix en faveur du réalisme augmentent ensuite régulièrement jusqu'à 12 ans (plus de 30 %, contre à peine plus de 20 % à 18 ans).

Les sujets de Francès et Voillaume ont de 6 à 16 ans. Ils ont à classer par ordre de préférence quatre séries de cinq reproductions de tableaux célèbres, chaque série comportant cinq degrés de fidélité de représentation (degrés estimés par les sujets eux-mêmes à la suite de leurs choix). Il apparaît, selon ces auteurs, que c'est à partir de 9 ans que la variable fidélité est une composante décisive des préférences esthétiques.

- L'appréciation des couleurs, des lignes et des formes

L'étude génétique et différentielle des préférences pour les couleurs fait l'objet d'une littérature assez peu développée qui date en grande partie des années 20 et 30[36]. On y apprend, par exemple, que les couleurs « chaudes », les rouges en particulier, ont la préférence des enfants jeunes (de culture occidentale) [37] et que ce serait seulement à partir de six ans que l'enfant devient sensible à l'harmonie des « complémentaires ».

L'arrangement des lignes, les combinaisons et les proportions des formes, concourent naturellement à l'harmonie d'une image. C'est d'ailleurs un thème de recherche fort ancien qui date des débuts de l'esthétique expérimentale [38]. On a cherché à faire réagir des enfants à certains de ces aspects, en utilisant parfois des images figuratives (les images offertes à la comparaison esthétique dans l'Echelle Métrique de l'Intelligence de Binet sont des visages au trait qui s'opposent en fait du point de vue de la régularité des lignes et de la douceur des formes [39]), mais surtout en ayant recours à des images non figuratives constituées par des figures géométriques.

Brody (1967) soumet au jugement esthétique de 150 enfants de 3 à 10 ans des images très simples : un rond, un carré, un rectangle et un losange. Chacune de ces images est présentée sous trois aspects (correspondant à trois degrés de régularité). On constate que la préférence augmente avec le degré de symétrie : le cercle est le plus souvent choisi, puis viennent, dans l'ordre, le carré, le rectangle et le losange. Dans chacune des figures, la forme la plus simple et régulière, ou la moins distordue, est de plus en plus choisie de trois à sept ans (respectivement, à chacun des âges, par environ 10 %, 15 %, 30 %, 50 % et 80 %). On note, en outre, une différence légère mais sensible, au-delà de six ans, entre garçons et filles, dans le sens d'une plus grande indifférence de celles-ci à l'égard des formes régulières.

Dans le même ordre d'idée, un matériel plus riche a été mis à l'épreuve par Jampolsky dans une expérience assez ancienne que rapporte Francès (1968, p. 72). Dans les figures, présentées à des sujets de 8 à 16 ans, on oppose le simple au complexe, le curviligne au rectiligne, le symétrique au dissymétrique, la structuration géométrique à l'absence de structuration. On s'aperçoit qu'à tous les âges c'est le complexe, le curviligne, le symétrique et la structuration géométrique qui dominent les choix, et que cette dominance s'affermit au fur et à mesure du développement (au détriment des variations interindividuelles) jusqu'aux environs de la douzième ou treizième année, et même au-delà pour la complexité.

L'inclination pour ce qui est symétrique et géométrique est probablement à mettre, comme le suggère Francès, au moins en partie, au compte de l'école, où sont progressivement imposées à l'enfant « une série de qualités sinon douées de valeur esthétique du moins comme pourvues d'un certain ordre ».

Rien n'est dit sur la préférence pour le curviligne, si ce n'est qu'on a du mal à l'interpréter. Quant au goût pour la complexité qui évolue différemment (puisqu'au-delà du strict encadrement dans les structures scolaires il continue de s'accentuer), Francès précise qu'il pourrait bien correspondre à des besoins plus fondamentaux, liés à des variables que Berlyne [40] a proposé d'appeler « collatives ».

- Préférence pour la complexité, et autres variables collatives

Comme la nouveauté, la surprise, l'incertitude ou le conflit, la complexité fait partie des variables collatives (ou « structurales » [41]) « susceptibles d'éveiller et d'entretenir une curiosité diversive (par opposition à la curiosité utilitaire) » [42].

Précisons que les variables en question sont dites « collatives » (le mot collatio, de conferre, évoque ici l'idée de rapprochement pour comparer ou confronter) parce que, pour en prendre la mesure, il est nécessaire d'examiner les ressemblances et différences, compatibilités et incompatibilités entre éléments : par exemple, entre un stimulus présent et d'autres auxquels on a été soumis avant (nouveauté), entre un élément d'une configuration et d'autres qui l'accompagnent (complexité), entre plusieurs réponses provoquées simultanément (conflit), entre des stimuli et des attentes (surprise), ou entre plusieurs attentes simultanées (incertitude) [43].

Francès (1968, p. 190) fait remarquer que le caractère esthétique de la complexité ou de l'incertitude n'est pas démontré mais peut être supposé. Une image peut être en effet plus appréciée parce que plus variée ou moins banale (donc moins prévisible). Les relations entre la valeur d'information et la valeur esthétique sont discernables à partir des conduites d'exploration « diversive » ou récréative (qu'il faut distinguer, selon Berlyne, des conduites exploratoires strictement cognitives ou perceptives, dont la finalité est biologique).

Cette exploration récréative est motivée par les variables collatives du stimulus : pour que la curiosité soit excitée par une image, par exemple, il faut que la confrontation de celle-ci avec le champ perceptif antérieur soit source de nouveauté ou d'un degré accru de complexité ou d'ambiguïté, etc. L'intensité de ces variables dépend de l'attente du sujet et de la manière dont celle-ci est satisfaite par l'image. C'est dire qu'elle est liée à la quantité d'information portée par l'image [44].

Les analyses de Berlyne sont étayées par un certain nombre d'expérience [45], réalisées avec des adultes ou (plus rarement) des enfants. On n'en retiendra ici que le principe [46].

On présente, par exemple, aux sujets des images non figuratives plus ou moins complexes (selon le degré d'hétérogénéité ou de dissymétrie des éléments, de leur irrégularité de disposition ou de distribution, de l'incongruité de leur juxtaposition, etc.) et on mesure le temps qu'ils passent à les explorer. On constate que, s'il est vrai que les images les plus complexes retiennent davantage, dans l'ensemble, que les plus simples, à l'intérieur de certaines limites, on ne peut en inférer que généralement plus l'image est complexe et plus est long le temps d'exploration. En fait, l'intérêt serait maximum pour un degré optimum de complexité.

Dans d'autres expériences, on fait émettre des préférences face à des paires d'images. Par exemple, celles-ci sont d'abord exposées pendant quelques instants: mettons trois secondes ou une seconde, selon les sujets. Ceux-ci sont ensuite invités à choisir l'image qu'ils désirent à nouveau examiner avant de se décider. On s'aperçoit que les choix sont différents selon la durée de l'exposition initiale. Après une seconde, on veut revoir la plus complexe. Mais, après trois secondes, on veut revoir la plus simple. Dans le premier cas, il s'agirait de curiosité perceptive (besoin de mieux connaître les termes du choix et, par conséquent, retour à celui qui présente le plus d'information). On aurait affaire, au contraire, dans le second (où ce n'est pas la complexité maximum qui est recherchée) à de la curiosité de type récréatif ou «diversif», assez proche de l'appréciation esthétique. Cette interprétation semble confirmée par les résultats d'un autre type d'expérience où, sur les mêmes images, sont portés par les uns des jugements d'agrément et par les autres des jugements d'intérêt: on observe, en effet, une corrélation inverse entre les deux sortes d'appréciation, au moins pour certaines formes de complexité.

Ainsi, s'il arrive que des experts ou des «connaisseurs» jugent favorablement une œuvre picturale qui, par ailleurs, déplaît à un public de «béotiens», c'est peut-être que les uns portent à l'œuvre une attention de nature perceptive et les autres un regard «diversif». Mais les choses ne sont probablement pas si simples. Et d'ailleurs l'attention diversive est le plus souvent largement tributaire du verdict perceptif des experts (on l'a vu naguère à propos des Vermeer «devenus» faux).

D'autres auteurs, à la suite de Berlyne, ont expérimenté avec des enfants sur le thème de la complexité des images. Thomas (1966), par exemple, montre, par une expérience réalisée avec près de 800 sujets, que parmi des couples d'images non figuratives de type aléatoire l'image la plus complexe (qui comporte le plus grand nombre d'angles - sur certains items du matériel, on en compte jusqu'à une quarantaine)[47] est toujours préférée et plus longuement observée par les enfants de 6 à 12 ans, et qu'à 16 ans les choix sont encore favorables à la complexité (alors que les temps d'exploration ont cessé d'être plus longs), enfin qu'au-delà de 16 ans cette tendance diminue tandis que s'accroît corrélativement la préférence pour une moindre complexité.

Des résultats obtenus par Willis et Dornbush (1968) avec des images du même type, mais un peu plus simples (de 3 à 8 angles), montrent que dès l'âge de cinq ans plus de la moitié des sujets préfèrent déjà la complexité [48].

Dans l'ordre des variables collatives, la nouveauté (définie comme non-familier) est aussi une propriété des images susceptible de retenir l'attention, ce qui est somme toute assez trivial et aisément démontrable, même avec de très jeunes enfants (voir, par exemple, Lewis et al., 1967 : expérience portant sur des enfants de trois ans et demi, avec des images figuratives et non figuratives), mais aussi d'influencer les préférences. Un certain nombre d'études montrent en effet que les enfants préfèrent les images qu'ils n'ont jamais vues à celles auxquelles on les a préalablement familiarisés [49]. On le remarque dès l'âge de quatre ans, avec des images non (ou peu) figuratives [50]. On l'observe encore à 11 ans [51].

L'insolite et l'incongru peuvent être vus comme des modalités de la nouveauté, qui surprennent par leur désaccord avec ce qu'on a l'habitude de voir. Elles ont également fait l'objet d'expérimentation avec des sujets jeunes. On peut créer sans peine l'incongruité dans une image. Il suffit, par exemple, de remplacer la tête d'un animal par celle d'un autre d'espèce différente ou de coller des ailes au dos d'un personnage humain, comme l'on fait Berlyne (1958a) dans une de ses premières recherches, et plus tard Faw et Nunnally (1968a) qui montrent qu'à 9 et 10 ans on regarde plus longtemps ce type d'images (sans pour autant d'ailleurs les trouver forcément plus agréables). On peut aussi facilement graduer l'incongruité d'une image. C'est ce que font Nunnally, Faw et Bashford (1969), qui observent que des enfants de 7 à 11 ans s'attardent d'autant plus longtemps sur une image qu'elle est plus incongrue.

Déchiffrement des images

Par rapport à ce qui vient dêtre sommairement rappelé concernant la « psychologie développementale de l'esthétique », le déchiffrement des images par l'enfant est un domaine d'étude plus difficile à délimiter dans la littérature psychologique.

Les travaux relatifs à l'appréhension de l'image par l'enfant sont, comme on l'a signalé précédemment, consacrés le plus souvent à des aspects fondamentaux du développement perceptif (et des stratégies de la mémoire), utilisant d'ailleurs pour la plupart (comme, il est vrai, beaucoup d'études sur les préférences) des stimuli dépourvus de signification, ou en tout cas relativement élémentaires.

C'est probablement pourquoi un ouvrage comme celui du psychologue américain J.M. Kennedy (1974), assemblant les éléments d'une « psychologie de la perception de l'image » - c'est son titre, porte finalement assez mal celui-ci, dans la mesure où la séparation n'y est pas assez clairement établie entre la perception de l'image proprement dite et la perception visuelle en général. La séparation paraît mieux établie dans la revue, plus ancienne, d'Elkind (1969) de travaux relatifs au développement de la « perception figurative » (entendue comme appréhension des images au sens large). L'accent est cependant mis surtout par Elkind sur les mécanismes fondamentaux de l'activité perceptive, et les variables prises en compte sont essentiellement des variables du sujet.

Parmi les thèmes des recherches empiriques le plus directement axées sur les problèmes de la perception des images par l'enfant [52], mentionnons au moins l'un d'entre eux, qui paraît actuellement retenir l'attention des psychologues du développement. Il s'agit de la saisie des indices de la profondeur et de la perspective (ombre et lumière, taille relative, chevauchements ou recouvrements, ligne de fuite), thème illustré, notamment aux Etats-Unis, par des travaux expérimentaux relativement récents [53], d'où il ressort que ces indices peuvent être saisis très tôt (dès avant deux ans selon Olson) et, dans une optique interculturelle, se rapportant surtout aux réactions d'enfants africains, par des études [54] où l'accent est mis très généralement sur le rôle de l'expérience des images (expérience évidemment moins riche en pays « sous-développés ») et qui s'inspirent toutes des recherches de Hudson, publiées depuis 1960 [55].

La compréhension par l'enfant des indices du mouvement dans les images est un autre thème de recherche, inauguré, semble-t-il, par l'étude de Friedman et Stevenson (1975), qui confirme une hypothèse, assez évidente a priori, selon laquelle des indices de posture des personnages figurés (position en déséquilibre) sont compris sensiblement plus tôt que les indices de convention graphique auxquels ont souvent recours les dessinateurs.

La question du déchiffrement des images par l'enfant n'a, semble-t-il, pas encore beaucoup profité du surcroît d'intérêt porté depuis quelques années par les psychologues aux problèmes posés par la communication non verbale. Au reste, il ne semble pas que l'on fasse toujours à l'image une place bien assurée sous l'étiquette « communication non verbale » [56].

La profusion, dans le domaine de l'image, des recherches [57] sémiologiques, largement influencées par la linguistique, ne saurait en tout cas faire illusion à cet égard, compte tenu surtout des options méthodologiques dont procèdent ces recherches, et qui sont fort éloignées de celles du psychologue, attentif au comportement du sujet et à ses produits.

L'incertitude induite par la difficulté que l'on éprouve décidément à circonscrire le domaine d'étude du déchiffrement des images par l'enfant justifie que nos analyses, présentées plus loin (chapitres VII et IX), concernant cet aspect des réactions aux images (images unités et surtout images associées), soient directement introduites par d'assez longs préambules (le chapitre VI, à propos du « langage » de l'image, et le chapitre VIII, revue des problèmes posés par la lecture des histoires en images, introduisant directement l'étude présentée au chapitre IX), réunissant des éléments d'information et de réflexion qui n'ont pas ici leur place, dans une entrée en matière générale, panoramique, et forcément allusive.

3. Pour une analyse des réactions de l'enfant aux images de la littérature enfantine

Priorité à l'image

En ouvrant et en feuilletant un livre, c'est d'abord, et parfois seulement, sur les images que s'arrête un enfant, même quand il sait lire, et naturellement bien avant de savoir lire. (Dès 18 mois, selon Gesell, l'enfant tourne les pages d'un livre en regardant les images. Ce qui a été confirmé par la suite avec des enfants français par Brunet et Lézine [58]. Le petit enfant qui ne sait pas lire ne voit d'abord que des images et, pour lui, le texte lui-même est une image, « une image, simplement, qui ne cède pas facilement » [59].) Les livres bien illustrés sont les plus regardés; les livres qui n'ont aucune image sont souvent délaissés.

Ces remarques sont banales. Elles peuvent être fondées sur l'observation commune. Il n'est pourtant pas sans intérêt de préciser qu'on les a extraites d'un ensemble d'observations recueillies systématiquement dans une bibliothèque enfantine (Audéoud, 1972). Elles devraient suffire, en tout cas, à justifier, sans même qu'il soit nécessaire d'arguer de la place naturellement prépondérante des images dans les albums conçus pour les enfants jeunes, que dans l'effort qui s'impose (comme on a essayé de le montrer en analysant la situation de la littérature enfantine) pour chercher ce qui, dans la présentation des livres, dans leur aspect esthétique, dans leur contenu, s'adapte et répond le mieux aux besoins et aux attentes de l'enfant, priorité soit donnée à l'image.

L'attrait et la lecture des images

Que découvre-t-on dans les images de la littérature enfantine ? On y trouve un peu de tout. De tous les thèmes imaginables et de toutes les formes et tous les styles qu'on a passés en revue dans l'évocation des recherches sur les réactions aux images [60]. Rien qui les spécifie absolument et universellement. Mais elles ont en commun quelque chose : d'être explicitement et délibérément destinées à des enfants. Or, qu'en font-ils ? Et que leur font-elles ? Le but des études que nous avons réalisées (exclusivement à partir d'images extraites d'albums ou de livres illustrés pour enfants), et dont nous présentons un résumé à titre d'illustration des problèmes discutés dans les chapitres suivants, était de provoquer des comportements dont l'analyse objective et systématique fût susceptible d'apporter quelques éléments de réponse à ces questions.

Celles-ci sont relatives à l'attrait qu'exercent les images, ainsi qu'à la lecture que l'on peut en faire. On dirait, comme Thibault-Laulan dans son études sur «le langage de l'image» [61] : «relatives au message esthétique» ou aux «structures connotatives» d'une part, et au «message sémantique» ou aux «structures dénotatives» d'autre part, si l'on ne prenait ici résolument le parti d'éviter ces emprunts, fréquents dans les discours actuels sur l'image, à la terminologie des linguistes, emprunts qui impliquent forcément (à moins qu'il s'agisse de simple cuistrerie) des options théoriques pour le moins discutables (et discutées précisément au chapitre VI).

La question relative à l'attrait appelle des réponses de choix préférentiels qui, pour être le moins possible ambiguës, doivent porter sur des alternatives claires. C'est pourquoi on s'est efforcé, dans la mesure du possible (mesure sensiblement plus étendue avec des images de livres qu'avec les œuvres picturales d'un musée) de ne faire varier qu'un aspect à l'intérieur des paires (ou triades) d'images offertes au choix des sujets.

C'est par métaphore qu'on emploie ici le mot «lecture» s'il est convenu de réserver strictement le sens ordinaire au seul déchiffrement des mots et des phrases. Et parler du «déchiffrement» des images, comme on l'a fait précédemment, procède aussi d'un transfert de signification (et ne parle-t-on pas aussi d'une « écriture » de l'image entre spécialistes du cinéma, ou de la bande dessinée ? [62]). Mais disons que ces figures sont largements agréées, tant est claire l'analogie avec le décodage de l'écrit : d'une image, observe P. Gamarra [63] dans son ardent plaidoyer pour le livre d'enfant, on peut « extraire des sens, s'en servir pour parler, pour imaginer, pour raconter », et de ce point de vue « la lecture commence avant la lecture » ... Pour Louis Marin [64], le terme « lecture » appliqué à l'œuvre picturale n'est pas une métaphore : « lire, c'est parcourir du regard un ensemble graphique et c'est déchiffrer un texte », or, on retrouve ces deux opérations dans la lecture d'une image. En effet, « l'unité de vision du tableau est une totalité structurée, organisée de mouvements de l'oeil, une structure de regards ». L'objet pictural est constitué « par l'ensemble indissociable du tableau et de sa lecture ». Et l'interprétation s'effectue dans le parcours du regard. Toubeau (1975) insiste également sur le caractère non métaphorique de l'expression « lecture d'images ». Notons enfin que les spécialistes (critiques et professionnels) de la littérature enfantine désignent volontiers l'âge des jeunes enfants (non lecteurs ou apprentis lecteurs) auquel s'adressent les albums, livres ou bandes d'images (considérées ici plus spécifiquement) comme celui de la « prélecture » [65].

Ce que l'on peut donc regarder comme comportement de lecture se réfère à l'appréhension des informations sémantiques véhiculées par l'image [66]. Il va de soi que cette lecture peut dépendre, comme il en va de la lecture d'un texte, de multiples aspects relatifs à la forme, au style, à la composition, etc., qui conditionnent par ailleurs aussi les jugements esthétiques. La facilité de lecture d'une image ne corrèle pas forcément avec l'attrait que celle-ci exerce. On peut même imaginer que les moyens mis en œuvre par l'auteur d'une image puissent avoir, de ces deux points de vue, des effets de sens contraire.

Faire parler à propos des images

L'image sollicite la parole. Or, plus que les temps d'observation, dont on ne sait jamais clairement s'ils sont plus longs parce que la complexité - ou quelqu'autre variable - oblige à une exploration plus minutieuse, ou parce qu'on s'attarde plus volontiers en raison de particularités qui, sur un plan esthétique par exemple, retiennent l'attention [67], les verbalisations provoquées par (ou à propos) des images nous paraissent être (en dépit des difficultés toujours redoutables de l'analyse de leur contenu, singulièrement quand il s'agit de verbalisations d'enfants jeunes) une source riche d'indices propres à éclairer à la fois, et distinctement, sur l'attrait exercé par telles de leurs caractéristiques et sur la mesure de la prise par le sujet des informations qu'elles contiennent.

C'est pourquoi en particulier on s'est le plus souvent appliqué à recueillir les justifications des choix préférentiels. Il arrive, comme on le voit par exemple dans l'expérience de Machotka (1963), qu'une demande de justifications incite à déborder largement le point qui a motivé la préférence.

C'est pourquoi aussi, en demandant aux enfants de « raconter », on a voulu provoquer l'émission de propos susceptibles de refléter des niveaux de lecture du contenu informationnel d'une image ou d'une suite d'images.

Variables

Dans les situations que nous avons établies, soit pour répondre à la question des facteurs de l'attrait (ch. III, IV, V), soit en vue d'éclairer certains aspects relatifs aux conditions de la lecture (ch. VII et IX), les variables considérées portent essentiellement sur la fidélité au réel, du point de vue de la forme ou du contenu, et sur l'organisation des images, définie par référence soit à la quantité des éléments qu'elles contiennent, soit à leur disposition quand elles font partie de séquences narratives.

Dans la première situation (chapitre III), on a offert au choix des sujets des paires d'images opposant réalisme graphique (fidélité littérale) et stylisation des éléments représentés (personnages ou animaux isolés). Les verbalisations émises à la suite des choix ont été analysées en vue d'y déceler les arguments pertinents relatifs à la variable introduite.

Dans la deuxième situation (chapitre IV), c'est la conformité au réel des objets ou des situations représentés qui est prise en compte, par opposition à leur caractère incongru, invraisemblable ou imaginaire eu égard aux perceptions habituelles. On a sollicité des préférences et provoqué des verbalisations, qui ont été ensuite analysées, d'abord de la même manière que précédemment, puis comparativement en termes de quantité de propos suscités par l'une et l'autre caractéristiques (vraisemblable - invraisemblable).

La troisième étude (chapitre V) est relative à la variable « complexité », et se réfère à l'abondante littérature américaine qui traite essentiellement des réactions de sujets humains à des stimuli visuels dépourvus de signification. On porte ici intérêt aux jugements d'agrément (et à leurs justifications) émis par des enfants à propos d'images représentant des scènes organisées ou des ensembles d'objets discrets, tels qu'on en voit dans les pages d'albums.

Ces trois premières études concernent les facteurs de l'attrait des images.

Dans les deux suivantes, on a envisagé la question des conditions de la lecture des images. D'abord (chapitre VII) la lecture d'images isolées en fonction du style, en reprenant l'opposition réalisme - stylisation sur un nouveau matériel où figurent des scènes approximativement appariées à partir desquelles les sujets sont directement invités à parler (à «raconter»), sans avoir eu à exprimer de préférence. Ensuite (chapitre IX, introduit par le chapitre VIII), la lecture d'images multiples organisées en séquences narratives (histoires en quatre images) selon des dispositions variées dans la page.

Le choix des âges

A ces situations, on a choisi de confronter des enfants de quatre-cinq ans à huit ans. Le choix de ces limites d'âge n'est pas arbitraire. Disons d'abord cependant qu'on ne s'y est pas fixé principalement en raison du « tournant,[...] si remarquable à tant de points de vue (qui s'opère entre cinq et huit ans) dans le développement des structures opératoires dans nos sociétés dites civilisées (où il coïncide avec les débuts de l'enseignement du premier degré, etc.) » [68]. Après tout, la vie cognitive n'est sûrement pas seule en jeu quand on émet des jugements d'agrément. Disons encore que ces limites d'âge n'encadrent pas précisément une période où l'image a le maximum d'impact. Rien, a priori, ne peut conduire à l'affirmer. Certes, on conviendra que pour l'âge de cinq ans elle est tout à fait prépondérante dans les livres et qu'elle est encore très importante à huit ans par rapport au texte. Mais il est vrai qu'elle est encore importante au-delà de huit ans et notre expérience quotidienne nous incite à penser que bien longtemps avant quatre et cinq ans le livre d'images peut être un instrument privilégié d'éveil et de communication couramment manipulé. Seulement, il est vrai aussi qu'au fur et à mesure de l'intégration dans les structures scolaires l'écrit acquiert de plus en plus d'importance, et, surtout, pour justifier que l'on n'aie malheureusement pas à présenter ici de données recueillies auprès d'enfants plus jeunes, qu'il suffise de rappeler combien il est difficile d'obtenir d'eux des réponses verbales substantielles en situation expérimentale, et combien sont encore plus malaisées les tâches d'interprétation lorsqu'au prix de mille précautions on est parvenu à leur y faire actualiser ce qu'ils maîtrisent du langage parlé.

Notes

[1] F. de Boissieu, 1974

[2] Même la grandeur des caractères typographiques est un aspect qui peut avoir une certaine importance. Un spécialiste de littérature enfantine y fait allusion dans Escarpit, 1973b (p. 51), évoquant, sans précisions, des recherches développementales de B.Zachrisson en Suède et de C.Burt en Angleterre (signalons que Cyril Burt est en effet l'auteur d'une «étude psychologique de la typographie», 1974, où sont envisagés en particulier les problèmes de la lisibilité et des préférences esthétiques posés par les caractères utilisés dans les livres d'enfants).

[3] Telle qu'on l'envisage, par exemple, dans Slobin (1971). Citons dans cette voie, parmi cent autres, une étude américaine récente de Harris (1975) sur le développement de la compréhension des phrases complexes entre quatre et douze ans, et une étude française encore plus récente de Ségui et Léveillé (1977) sur le développement entre trois et dix ans de l'influence des indices syntaxiques utilisés dans l'interprétation d'un énoncé.

[4] Par exemple, Jan, 1970, et 1973, p. 152-156; Smith, 1967, analysé par M.I. Merlet dans la Revue des livres pour enfants, 1977, n°53, p. 13-14; Epin, 1975.

[5] Voir Soriano, 1968; Jan, 1969; Chombart de Lauwe, 1971; Seung, 1971; Bettelheim, 1976.

[6] Mareuil, 1971, p. 102-105, en cite une demi-douzaine qui portent sur des enfants de moins de 15 ans et sont le plus souvent des sondages très localisés.

[7] Aucune autre enquête française de quelque importance ne porte sur des âges inférieurs à 9 ans, comme on en trouve dans la littérature américaine (par exemple, Brown et Krockover, 1974, sur plus de 100 enfants de grande section d'école préélémentaire et de première et deuxième année d'école élémentaire, Zimet et Camp, 1974, sur environ 200 enfants de première année d'école élémentaire, et surtout Kirsch, 1975, sur plus de 1.000 enfants des deux premières années d'école élémentaire, et Kirsch et al., 1975, sur plus de 2.000 enfants de ces mêmes niveaux d'âge, dans dix pays (Angleterre, Autriche, Canada, Israël, Etats-Unis, Italie, Japon, Panama, Pays-Bas, Suède), où l'on voit déjà se dessiner une évolution avec l'âge vers des thèmes réalistes. Notons que ces travaux, dont les résultats ne sont pas toujours très percutants ni d'ailleurs très convaincants, comme souvent dans ce genre d'études (voir à ce sujet les observations méthodologiques de Purves, 1975 et de Tibbetts, 1975, tous deux spécialistes de ces questions aux Etats-Unis), sont surtout centrées sur les différences liées au sexe, au niveau socio-économique, et ...à la couleur de la peau.

[8] A.M.Duchesne, 1973, p. 42.

[9] Il y en a quelques-unes en France, au moins une douzaine à Paris et une quarantaine en province: voir Lory, 1973; et Limousin, 1976, qui en indique les adresses.

[10] Comme ceux que présente D. Jaubert, 1976.

[11] Comme celles qui sont incluses (p. 100-104) dans le pamphlet moralisant et de style désuet de Brauner (1951), préfacé par H. Wallon, heureusement de manière quelque peu critique.

[12] Les ouvrages documentaires: voir Hassenforder, 1973.

[13] Ces trois études, réalisées dans le cadre des enseignements de documentation dirigés à l'Université de Paris X par Jean Hassenforder et Geneviève Lefort, sont présentés dans le même numéro de la revue «Education et Développement», en partie consacré au thème: «le livre et les enfants».

[14] Comme celles que Hanes (1973) ou Levie (1973) passent en revue dans un utile numéro de «Viewpoints», consacré au thème «learning from pictures», où se trouvent signalées (p. 47 à 91) près de 600 études (589 exactement) se rapportant (de près ou de moins près) à quelque aspect de l'image. Notons qu'une revue plus brève, mais plus récente, de travaux réalisés sur le même thème est incluse dans Levin (1976, p. 106 à 113).

[15] Voir, parmi les plus typiques et les plus récents, Evertson et Wicker, 1974, Horowitz et Horowitz, 1976, Mandler et Parker, 1976, ou Brooks, 1977.

[16] Depuis un article de Roger Shepard, 1967.

[17] Voir, parmi beaucoup d'autres, Corsini et al., 1969; Tversky, 1973; R.M. Brown, 1977; Borges et al., 1977; Rosinski et al., 1977; et, en France, Denis, 1975.

[18] Avantage qui augmente avec l'âge (Ghatala et Levin, 1973), au point que la capacité de reconnaître des images deviendrait presque illimitée chez l'adulte (Haber, 1970; Standing et al., 1970; Standing, 1973) et justifierait que l'on en parle en terme d'«hypermnésie» (Erdelyi et Becker, 1974).

[19] Par exemple, par un système de double codage, plus favorable aux images (Paivio et al., 1968; Paivio et Csapo, 1973; Davies et al., 1973; Fraisse, 1974, etc.; mais Goldstein et Chance, 1974, demandent que l'on nuance l'idée d'une mémoire spécifique pour les images), ou par le plus grand nombre d'indices codables dans les images (Denis, 1976; mais Nelson et al., 1974, ont montré que la richesse en détails accessoires n'exerce en tout cas pas de rôle décisif).

[20] Par exemple, Ann Brown et Scott, 1971; Brown, 1973.

[21] Voir Bellak et Bellak, 1960.

[22] Dilley et Paivio, 1968.

[23] Mackworth et Bruner, 1970, reproduit en 1976.

[24] Brown, 1969.

[25] Asso et Wyke, 1970, 1973; Pêcheux et Castrec, 1975.

[26] Spitz et Borland, 1967.

[27] Comme le rappelle J. Despinette, 1973, p. 64.

[28] Samuels et al., 1974.

[29] Dont Samuels (1970), ainsi que, plus récemment, Concannon (1975), Harzem et al. (1976), Levin et al. (1976) et Denburg (1977) signalent quelques exemplaires.

[30] Les «explorateurs du sentiment esthétique», dont l'activité s'est considérablement accrue et diversifiée depuis les années 60 (voir Child, 1972), manifestant, observe justement Molnar (1974), l'intérêt grandissant que portent les psychologues à l'une des préoccupations les plus importantes de l'homme, et aboutissant à des travaux qui sont parmi les plus attrayants pour le grand public, si l'on en juge d'après l'écho de la presse quotidienne au dernier congrès international de psychologie (voir Le Monde, 23.7.1976).

[31] C'est ce que concluent Hardiman et Zernich, 1977, à la suite de leur analyse d'une vingtaine de publications récentes.

[32] Voir Y. Bernard, op. cit..

[33] Ceci est confirmé en particulier par des données recueillies par Coffey (1969) auprès d'enfants d'âge préscolaire. La sensibilité au style (qu'il s'agisse d'image ou de texte) est évidemment toujours plus tardive que l'intérêt porté au thème, comme l'ont montré les travaux de Gardner (en particulier, 1970, 1972 ab; Gardner et Gardner, 1970, 1973; Gardner et Lohman, 1975) et de ses élèves (Silverman et al., 1975).

[34] C'est avant six ans que la couleur prédomine, semble-t-il, sur d'autres aspects (voir, par exemple, une recherche de Lipak et al., 1976, avec des enfants hongrois de 4 à 14 ans et des stimuli de formes géométriques).

[35] Subes (1955, 1957), Machotka (1963, étude présentée à nouveau en 1966), Francès et Voillaume (1964), Francès (1966).

[36] Elle est analysée par Valentine (1962, ch. II et III), dans son important ouvrage sur la «psychologie expérimentale de la beauté», et par Francès sous la rubrique des «réponses esthétiques élémentaires» et celle des «équilibres colorés et harmonies de couleurs» (Francès, 1968, respectivement p. 18-25 et 38-43).

[37] Ce que paraît confirmer un récent travail de Genovese (1977) réalisé avec des écoliers italiens, grâce à un «visiomètre», sorte de tachistoscope, conçu par l'auteur, qui permet la prise en compte de la disposition spatiale des couleurs, composante déter-

minante pour leur appréciation esthétique, comme l'avait déjà noté Subes (1959). Plus récemment encore, Schulhof (1979) a aussi établi que le rouge est la couleur préférée jusqu'à 6-7 ans, puis le bleu jusqu'à la préadolescence, et quel que soit le milieu socio-culturel (ce qui, paradoxalement, n'implique pas une utilisation plus fréquente du rouge avant 7 ans et du bleu ensuite). Mais des données présentées par Child et al. (1968) ont montré que cette idée admise communément de la préférence évoluant avec l'âge des couleurs chaudes vers les froides est peut-être à réviser...

[38] Par exemple, l'étude des préférences pour les différentes proportions du rectangle, par G.T. Fechner en Allemagne et Ch. Lalo en France, étude rapportée dans l'ancien traité de Psychologie expérimentale de Woodworth (1949, p. 522-528, où l'on rappelle en outre que l'idée que la beauté est inhérente à des proportions simples remonte à Pythagore) traitant du vieux problème de la « section d'or », qui semble d'ailleurs intriguer à nouveau les psychologues, mais pas encore, semble-t-il, dans une perspective développementale (voir Berlyne, 1969, 1970, et surtout l'exposé très élaboré de 1971, p. 222-232; Huntley, 1970; Godkewitsch, 1974; Piehl, 1976; Benjafield et Adams-Weber, 1976; et Benjafield, 1976, qui prépare une revue de la question: comm. personnelle, mai 1977).

[39] Binet et Simon, 1954, p. 71 à 74.

[40] Berlyne, 1960; il le rappelle encore dans l'article posthume de 1977 a et b.

[41] Francès, 1977, p, 20.

[42] Francès, 1968, p. 72.

[43] Voir Berlyne, 1960, p. 44; 1971, p.69; 1972c, p.45 et suivantes, où l'on voit que l'humour n'est pas sans rapport avec certaines de ces variables; 1974b, p. 18-19; ou Child, 1969, p. 897 et suivantes.

[44] Voir Francès, 1968, p.190-191.

[45] On les trouve regroupées dans le premier livre de Berlyne (1960). Elles sont reprises et augmentées dans le troisième (1971). L'essentiel en est également rapporté dans un article de synthèse à propos des objectifs et des méthodes de l'esthétique expérimentale (1972a).

[46] D'après la description résumée qu'en donne Francès (1968, p. 191-192, et 1974, p. 126).

[47] Il s'agit de polygones construits au hasard inventés par Attneave et Arnoult (1956) et utilisés pour la première fois dans cette ligne de recherche par Munsinger et al. (1964).

[48] Les études de Thomas et de Willis et Dornbush, signalées ici à titre d'exemples, font partie d'un ensemble assez abondant (un peu trop, estiment O'hare et Gordon, 1977) de recherches, dont on passe en revue plus loin (chap. V) celles qui concernent l'enfant.

[49] Sauf s'ils sont recrutés en milieux défavorisés sur le plan socio-culturel, a observé Hicks (Hicks et al., 1975, 1976), qui montre en outre que cette restriction ne concerne pas la complexité, comme il l'avait cru (Hicks et al., 1968), bien que ces deux variables du stimulus, nouveauté et complexité, aient probablement entre elles des rapports très étroits (voir Stang, 1977).

[50] Cantor et Kubose, 1969.

[51] Cantor, 1968.

[52] Recherches empiriques utilisant généralement, comme discours de référence, les élaborations théoriques de Gombrich (1959), Goodman (1968), Arnheim (1954), Gibson (1971), représentatifs de l'école « symbolique » ou culturelle, qui pose que la signification d'une image est déterminée par la culture (voir Gombrich, 1974, p. 241), ou tenants de l'école « projective », qui considère que la perception des images ne nécessite aucun apprentissage (voir Walk, 1977), mais seulement l'adoption d'une attitude (« pictorial attitude » : Gibson, 1966b, p. 235).

[53] Travaux de Benson et Yonas (1973), de Hagen (1976 abc) et d'Olson (1975; Olson et Boswell, 1976; Olson et al., 1976) aux Etats-Unis, de Jahoda et Mc Gurk (1974a) en Angleterre; et un travail de De Schonen (1974) en France.

[54] Etudes passées en revue et critiquées par Miller (1973), et par Serpell (1976,p. 88 à 111); voir aussi des travaux plus récents des psychologues anglais Jahoda et Mc Gurk (1974bc) et Deregowski (1974, 1976 ab) et ses élèves (Opolot, 1976).

[55] Voir Hudson, 1960, 1967.

[56] Voir, par exemple, Millum, 1971; Harrison et Knapp, 1972; ou Harrison et al., 1972.

[57] On serait tenté de dire «des discours», sans préjuger de leur fécondité (voir, par exemple, les numéros de la revue «Communications» consacrés à «l'analyse des images» (1970, n°15) et à «la bande dessinée» (1976, n° 24).

[58] Voir Gesell et Ilg (1957, p.151) et Brunet et Lézine (1951, p.61).

[59] R.Escarpit, 1975, p. 104.

[60] La littérature enfantine est bien une «littérature multiforme» de ce point de vue (Charpentreau et al., 1973, p. 69). Il n'est, pour s'en faire une idée, que de consulter l'essai très documenté de Durand et Bertrand (1975, en particulier p. 21 à 82 sur «les styles») consacré à «l'image dans le livre pour enfants», ou l'exposé antérieur de Bertrand (1973) sur les techniques de l'image plastique des livres pour enfants.

[61] Voir Thibault-Laulan, 1971a, p.8.

[62] Voir Gillon, 1977.

[63] Gamarra, 1974, p.64.

[64] Marin, 1969 (d'après Scriabine, 1972).

[65] Soriano, 1975a, p.49; Chamboredon et Fabiani, 1977a.

[66] La «sémiologie graphique» (voir l'important ouvrage de Bertin, 1967) ou la «sémiotique picturale» a maintenu sa place parmi les «sciences du langage» dans l'index des concepts du Bulletin signalétique du C.N.R.S.

[67] Nunnally et Lemond (1973, p.97-98) soulignent bien cette ambiguïté dans leur étude des comportements exploratoires chez les organismes humains. Wohlwill (1975b) et Hutt et al. (1976), examinant les réponses d'enfants respectivement âgés de 7 à 14 ans et de 5 à 7 ans, montrent que le temps passé à regarder l'image et la préférence ne sont pas toujours liés, surtout chez les plus âgés (Hogan, 1975, fait la même observation avec des adultes).

[68] Nous nous permettons de reproduire ici l'avis dont nul ne contestera qu'il est le plus autorisé (Piaget et Inhelder, 1959, p.13).

Chapitre III
L'attrait des images réalistes

Stylisation et réalisme peuvent être vus comme les deux pôles d'une dimension des images. Le réalisme correspond à la recherche d'une fidélité littérale à tous les aspects de l'objet représenté. Il s'exprime par la minutie, la netteté, le fini dans la reproduction des contours, des couleurs et des moindres détails. La stylisation correspond au contraire à une recherche de simplification et d'épuration des figures et des lignes, éventuellement pour leur donner un aspect décoratif ou ornemental. Ce qui ne peut évidemment se faire sans une certaine déformation.

Les images de la littérature enfantine (au moins dans la production française) sont le plus souvent des images réalistes. Probablement parce qu'on les juge plus claires, lisibles, « saisissables ». Mais, par ailleurs, on dénonce le caractère conservateur, traditionnel et statique de l'édition française pour enfants, en invoquant principalement cette sorte de « sagesse » de l'expression graphique, pour l'opposer à l'allure plus moderne, du point de vue des formes, des couleurs et des thèmes, de certaines productions importées [1].

Il y a intérêt à considérer ce genre d'arguments à la lumière de ce que l'on peut connaître des réactions d'enfants à la variable réalisme-stylisation dans les livres qu'on leur destine. Le présent chapitre vise à faire le point sur des données empiriques susceptibles de fournir des indications dans ce sens.

Quelques-uns des travaux réalisés en esthétique expérimentale, avec un matériel constitué de reproductions d'oeuvres picturales, aboutissent à des résultats qu'il y a lieu de préciser et dont il est intéressant de savoir dans quelle mesure ils sont généralisables aux images de livres construits exprès pour l'enfant : préférence à l'égard du réalisme en augmentation avec l'âge [2], et plus précoce chez les garçons que chez les filles [3] ; verbalisations favorables au réalisme en accroissement de six à douze ans, tandis que diminuent les références au contenu et à la couleur [4].

Compte tenu de ces indications, on pourrait s'attendre à ce que, si on présente à des enfants des séries de paires d'images de livres opposant réalisme et stylisation des éléments représentés, les choix diffèrent systématiquement avec l'âge (choix aléatoires vers six ans et préférence marquée ensuite pour les images réalistes) et le plus nettement chez les garçons, la cohérence entre deux choix successifs sur le même matériel s'affermisse avec l'âge (l'adoption d'un critère de choix étant de plus en plus systématique), les différences liées à l'âge et au sexe soient indépendantes de la nature des objets représentés (qu'il s'agisse, par exemple, de personnages humains ou d'animaux). On pourrait, en outre, supposer que les modalités d'appréhension de ce qui distingue les deux images d'une paire évolue avec l'âge, et qu'un indice de cette évolution puisse être vu en particulier dans l'accroissement du nombre de références au style ou à des éléments du style parmi l'ensemble des verbalisations.

Qu'en est-il de ces suppositions ?

1. Des faits[5]

On a présenté à une cinquantaine d'enfants de 6 et 8 ans environ 48 images extraites de livres ou albums pour enfants. (Elles figurent en réduction sur les six planches numérotées 1 et 2.)

Sur chaque image, figure soit (planche 1 abc) un personnage humain (fille ou garçon, en entier ou en buste, en posture immobile ou de mouvement, en position debout, assise ou accroupie, orienté de face, de profil ou de trois quarts, etc.), soit (planches 2 abc) un animal familier : mammifère (chien, chat, mouton, vache ou lapin) ou oiseau (poussin, canard, caneton, corbeau, pigeon, etc.). L'ensemble des images est partagé en deux séries, appariées de telle sorte que les deux images de chaque paire soient identiques (le moins approximativement possible) sauf par le style de représentation. (Certaines modifications ont parfois dû être apportées aux images extraites de livres et albums en vue de faciliter l'appariement : suppression de détails, changement de couleur, etc.)

Dans la série stylisée, les formes sont simplifiées, les lignes épurées. Ce qui entraîne la suppression d'un certain nombre de détails et quelques déformations. Par exemple, sur le visage humain, les yeux sont des points, la bouche et le nez des traits, les sourcils manquent. Sur les images d'animaux, les ailes sont indiquées par des hachures; griffes, poils et plumes sont absents, etc. Les images que l'on a choisies comme stylisées correspondent en fait à différentes manières de représentation que l'on peut rencontrer dans les livres pour enfants. Outre la stylisation proprement dite, il y a la manière naïve imitée du dessin d'enfants [6], représentation faussement malhabile qui s'écarte semblablement du réel. On notera aussi que dans quelques images l'irréalisme du dessin est appuyé par certains procédés : cheveux en laine, disproportions (tête trop grosse, par exemple), humanisation de dessins d'animaux (sourire du chien, regard de face de la vache). En dépit de ces quelques rares éléments d'hétérogénéité, il se dégage nettement de la série d'images dites stylisées une caractéristique générale de plus grande régularité dans le trait et les teintes utilisées (souvent en aplats, sans dégradés ni valeurs). La simplification délibérément recherchée éloigne incontestablement du réel, tout en ne rendant pas moins reconnaissable l'objet représenté.

Au contraire, les images de la série dite réaliste comportent un certain nombre d'aspects qui concourent à restituer une impression de vérité. Contours et proportions sont conformes à ce qui est habituellement perçu dans la réalité. S'il existe des déformations, elles répondent à des stéréotypes familiers (qui consistent, par exemple, à grandir le front et rétrécir le nez et le menton des enfants). Dans ce cas, la réalité est seulement quelque peu idéalisée. Le plus souvent, la représentation est fidèle, à la fois par la précision et l'abondance relative des détails et par l'utilisation du relief et du modelé (oeil complètement dessiné, nez et bouche en saillie, ombres suggérant le volume, etc.), toutes caractéristiques qui (un peu comme sur une photographie ou une peinture « léchée ») contribuent à donner le sentiment de voir quelque chose de plus « vrai ».

Qu'a-t-on observé ?

L'hypothèse générale d'un changement de choix lié à l'âge est confirmée pour les âges considérés : à huit ans, les réponses sont plus fortement orientées qu'à six ans vers le réalisme des images, conformément à ce qu'on attendait. On observe en outre, déjà, chez les garçons de six ans au moins une tendance en faveur des images réalistes.

Les précisions suivantes fixeront les idées, reflétant ces résultats : les pourcentages de paires d'images qui donnent lieu à des choix (stables) majoritaires en faveur du réalisme s'établissent ainsi : 100 % chez les garçons de 8 ans, 83 % chez les filles de 8 ans, 75 % chez les garçons de 6 ans et 29 % chez les filles de 6 ans.

On s'attendait à observer une préférence plus marquée chez les garçons, au-delà de six ans, à l'égard des images réalistes. Non seulement cette attente est confirmée : il y a une différence significative liée au sexe, et elle va dans le sens de choix plus favorables au réalisme chez les garçons. Mais on vient de voir, à propos des effets de l'âge, que cette différence se manifeste déjà à six ans.

L'analyse des commentaires des enfants a été entreprise en vue d'y déceler des indices de l'évolution avec l'âge des capacités de différenciation des images. Celles-ci, à l'intérieur de chaque paire, sont en principe semblables en ce qu'elles figurent le même objet, selon la même disposition, avec la même expression ou posture et des tonalités approchées, etc. Elles sont en revanche le plus souvent fort dissemblables quand on regarde la manière dont le sujet est traité, ici avec tous les artifices qui donnent l'impression du réel, là selon un parti pris de dépouillement et de simplification qui fait que l'on s'écarte sensiblement de la réalité telle qu'on la perçoit ordinairement, bien que l'objet représenté soit aussi clairement reconnaissable dans un cas que dans l'autre. On conviendra de ce que ces dissemblances liées au style, qu'on a voulues systématiques, sont en fait quelque peu variables d'une paire à l'autre, quant à leur nature et leur degré. Et l'on notera aussi surtout que les ressemblances, liées à ce qui n'est pas le style de représentation sont plus ou moins approximatives. La multiplicité des items permet de corriger, en quelque mesure, ces disparités et de bien faire ressortir le principe général de construction du matériel. Mais, il reste encore maintes occasions de commentaires non pertinents par rapport au style. La question est de savoir ce que, dans l'ensemble, les sujets retiennent perceptivement et savent restituer verbalement de cette sorte de différence entre les images qu'est le style de représentation, et comment ces conduites se développent.

On trouve en fait deux types de propos relatifs au style. D'une part ceux qui, en quelque sorte, y font explicitement référence, exprimant par exemple la plus grande « vérité » des images réalistes (soit à l'appui d'un choix de ce type d'image, soit éventuellement pour leur préférer des images moins « vraies »). Et d'autre part ceux qui font référence à des éléments pertinents du point de vue du style, à l'intérieur d'énumérations ou de descriptions qui tiennent lieu de justifications ou qui sont ajoutées à des jugements plus globaux. Il peut arriver qu'un même enfant donne à la fois des propos généraux sur la plus ou moins grande vérité de telle image et des remarques plus pointillistes, d'ailleurs pas forcément toutes pertinentes du point de vue du style, puisqu'en dehors de ce critère l'identité des images n'est jamais parfaite, et pas non plus forcément toutes relatives à des aspects qui différencient les images.

Pour justifier une préférence à l'égard du réalisme, on relève par exemple : *« je l'aime parce que »* ... *« ses yeux à elle ils ressemblent à des vrais yeux »*, ... *« ses lèvres sont rouges comme celles des vrais enfants »*, ... *« il est comme les autres »*.

Pour justifier un rejet du réalisme : *« je l'aime pas celui-là, parce qu'il est comme les autres enfants »*.

Pour justifier une préférence à l'égard de la stylisation : *« je préfère celui-là parce qu'il est drôle »*.

Pour justifier un rejet de la stylisation : *« Je l'aime pas parce que »* ... *« il a pas cinq doigts et les autres enfants ils ont toujours cinq doigts »*, ... *« elle est trop rose, les petites filles sont pas si roses »*, ... *« les cheveux verts, on n'a jamais vu ça »*, ... *« il est comme un dessin animé »*.

Ces exemples concernent la série des images représentant des personnages humains. Avec l'autre série (animaux), les arguments sont tout à fait comparables à ceux que l'on observe avec la première. Par exemple, *« je l'aime* (l'image réaliste) *parce que »* ... *« son oeil, il est fait comme il faut »* (lapin) , ... *« il a des pattes vraies, il a quatre doigts, elles sont fines »* (pigeon). *« Je l'aime pas* (l'image réaliste) *parce que c'est pas un vrai agneau, il a l'air d'un mouton désagréable »*. *« Je l'aime* (image stylisée) *parce que »* ... *« il est drôle »* (lapin), ... *« les yeux ils sont pas tellement comme les autres »* (mouton). *« Je l'aime pas* (image stylisée) *parce que »* ... *« il est pas un oiseau comme les autres, on voit pas ses plumes »* (corbeau), ... *« la vache, elle est pas comme les autres, elle est rectangle »*.

Cette sorte de propos est pour ainsi dire absente des verbalisations à six ans et on en relève autour de 10 % environ à huit ans.

Les enfants de six ans examinés ne sont pas capables (ou à peine) de prendre une vue d'ensemble du matériel qui leur permettrait de saisir l'essentiel de ce qui distingue les images, ou peut-être surtout de le mettre en valeur dans des jugements comparatifs explicites. Mais puisqu'on observe, au moins chez les garçons, un début de systématique au niveau des choix, on est fondé à rechercher dans l'ensemble des commentaires verbaux émis à la suite des choix, même s'ils n'ont pas la forme élaborée d'arguments justificatifs à strictement parler, des indices qui témoignent d'une certaine capacité de différencier les images, c'est-à-dire ici de distinguer parmi l'ensemble des aspects de l'image ce qui contribue à faire qu'elle est plutôt réaliste ou plutôt stylisée. C'est pourquoi l'analyse a porté aussi sur les propos que l'on a classés comme étant de type énumératif ou descriptif, qui sont des conduites verbales observées en nombre, contrairement aux précédentes, aussi bien dès six ans qu'à huit ans.

Au vrai, il s'agit bien, pour l'enfant, de réponses à la question « pourquoi » (tu aimes ou tu n'aimes pas cette image) ? Elles sont données comme justifications, bien que leur caractère pointilliste et fragmentaire oblige à les classer à un niveau de moindre élaboration que les arguments dégageant des traits généraux du style. Il importe seulement ici de savoir si ce qui est évoqué contribue à l'existence de ces traits.

Ce n'est évidemment pas le cas dans des propos comme ceux-ci : *« je l'aime pas parce qu'il a du bleu »*, ou *« parce qu'il emmène des œufs »*. Ce n'est pas le cas non plus d'un certain nombre de propos relatifs à l'expression du visage ou aux postures du corps (*« il a l'air triste »*, *« il a l'air de se battre avec quelqu'un »*). Il est évident que ces propos sont sans rapport avec le style.

C'est le cas, en revanche, dans les exemples typiques suivants : *« je l'aime* (l'image réaliste) *parce que »* ... *« son nez est un peu bombé et rond »*, ... *« l'œil est allongé »* ... *« elle a des cils »*, ... *« on voit bien ses dents »*. *« Je l'aime pas* (l'image réaliste) *parce que »* ... *« elle a une petite boule noire dans les yeux »* (pupille), ... *« il a des oreilles toutes tordues »* (oreilles modelées). *« Je l'aime* (l'image stylisée) *parce que »* ... *« elle a une bouche comme un rond tout entier »*, ... *« j'aime ses mains parce qu'on dirait des gants »* (mains dessinées sans doigts, comme des moufles). *« Je ne l'aime pas* (l'image stylisée) *parce que »* ... *« il a l'œil comme un point »*, ... *« le nez est avec un trait »*, ... *« ses cheveux sont verts »*, ... *« on ne voit pas ses mèches de cheveux »* ... *« il n'a pas de dents »*.

Ou, pour la série « animaux » : *« je l'aime* (image réaliste) *parce que »* ... *« on les voit bien ses plumes »* (pigeon), ... *« il a des griffes »* (chien basset). *« Je l'aime pas* (image réaliste) *parce qu'il est trop gros, plein de plis »* (basset). *« Je l'aime* (image stylisée) *parce que »* ... *« il a une grosse tête et un petit corps »* (caneton), ... *« il a une grosse queue et il est petit »* (chat). *« Je l'aime pas* (image stylisée) *parce que la queue est trop pointue et ses yeux tout ronds, pas ovales »* (dalmatien).

Dans ces exemples est mentionnée quelque chose qui différencie les images. Ce qui n'est évidemment pas le cas dans des propos du type : « *Je l'aime pas parce qu'il a son bec ouvert* » (corbeau), ou « *parce qu'en haut de la queue, il y a du noir* » (pigeon).

Ces réponses, où l'on évoque un élément qui contribue à la différence de style, sont nettement plus fréquentes à huit ans qu'à six ans, et plus abondantes (au moins pour la série « humains ») chez les garçons.

Ainsi, conformément à ce qu'on attendait, on constate, à travers les verbalisations des sujets, que leur capacité de différencier des images qui se distinguent essentiellement par la manière plus ou moins réaliste de représenter l'objet augmente avec l'âge. On le constate, avec les deux séries de matériel, à travers deux sortes de conduites verbales correspondant à des niveaux différents. D'une part à travers les rares arguments d'allure quelque peu générale, faisant explicitement référence, pour l'essentiel, à la vérité ou à la conformité des images réalistes, ou au caractère insolite, singulier, bizarre, « *drôle* », « *pas comme les autres* », ou « *pas comme il faut* » des non réalistes. D'autre part, à travers des justifications plus pointillistes, énumérant ou décrivant des éléments qui contribuent à faire la différence, et par conséquent la différence de style.

2. Primat du réalisme

A trois reprises dans ce qui précède, on a essayé de rendre clair ce qui différencie les images. Il n'est donc pas utile d'y revenir ici en détail, si ce n'est pour tenter d'en définir en quelque sorte la spécificité parmi d'autres types de différences entre images, au sujet desquelles les psychologues se sont interrogés sur l'évolution de la perception chez l'enfant.

Ce qui est en jeu, c'est la fidélité de représentation, fidélité littérale au modèle connu, par opposition à ce qui pourrait être quelquefois perçu comme une autre manière de fidélité, celle des peintres impressionnistes ou de certains cubistes, par exemple, mais qu'il est plus raisonnable en l'occurence (parce que les enfants ne sont certainement pas sensibles à ces subtilités) de caractériser comme infidélité au réel, par effets de simplification ou de stylisation et par conséquent souvent d'altération et de lacune dans l'information.

Dans la plupart des recherches qui portent sur cette variable de fidélité, qu'elles procèdent d'une méthodologie fondée sur le choix d'une image dans une paire, dans une triade ou dans une série plus large ou sur la mise en ordre d'un ensemble d'images en fonction de la préférence, les stimuli employés sont très complexes. Il s'agit le plus souvent de reproductions de tableaux de maîtres que l'on peut comparer de beaucoup de points de vue, parfois en dépit des intentions de l'expérimentateur qui les a choisies spécialement pour être plus ou moins fidèles à la réalité. Seules les justifications verbales, quand on les enregistre et quand elles sont claires, permettent alors de s'y retrouver dans les motifs ou les critères que le sujet a retenus parmi d'autres possibles.

A cet égard, dans la situation très simple que nous avons proposée, aucune initiative n'est en principe laissée à l'enfant, dans la mesure où la seule différence est une différence de fidélité au réel. Est-ce à dire que s'il perçoit bien la différence entre les deux images, c'est qu'il est sensible à la variable réalisme, et qu'il fonde ses choix sur ce critère (si ces choix sont systématiques) ? Sans doute. Sauf à préciser que l'emploi ici du concept de « critère » est probablement abusif si on en limite l'usage, comme le suggère Francès [7], qui fait la distinction entre critères et motifs, au cas où le sujet peut procéder de sa propre initiative à un choix des points de comparaison parmi tous les caractères des images.

Au reste, ce n'est pas pour savoir s'ils percevaient bien la différence entre les deux images que l'on a provoqué et analysé les commentaires des enfants. En fait, la différence est assez massive et globale, même dans les paires où toutes choses excepté le style sont le mieux égalisées. Aussi, et au contraire de différences localisées, comme celles du jeu bien connu des « cinq erreurs » ou celles (construites sur le même principe) qui distinguent les configurations utilisées par Vurpillot pour l'étude des mouvements oculaires dans la détection des différences [8], ne saurait-elle échapper à l'attention de sujets de quatre ou cinq ans qui savent mal explorer les images. L'analyse des verbalisations a plutôt pour objet d'essayer de savoir comment, à différents âges, est perçue la différence qui dicte éventuellement les préférences, à travers ce que les sujets savent en restituer.

Les résultats que nous avons obtenus conduisent à conclure à la primauté du réalisme dans les préférences émises par des enfants de six à huit ans environ face à des paires d'images de livres d'enfants que l'on peut essentiellement distinguer par le degré de liberté prise par le dessinateur en vue de rendre les traits des objets. La chose est plus nette vers huit ans et chez les sujets de sexe masculin, mais à six ans (et même dès avant six ans) on observe, au moins chez les garçons, un début indéniable de systématique des choix en faveur du réalisme.

Ce n'est certes pas absolument une découverte, dans la mesure où des recherches antérieures aboutissaient à des données relativement cohérentes qui suggèrent pour le moins cette primauté du réalisme dans l'appréciation des images par l'enfant. C'est un fait général, que Gibson [9] a proposé, faute de mieux (« until a workable theory ... is more fully developed »), d'attribuer au besoin d'expérience directe (« need for first-hand experience ») éprouvé par les organismes humains.

Seulement, si les données sont cohérentes eu égard à cette formulation générale, elles donnent une impression de flou quand aux modalités du développement de l'attachement au réalisme des images et singulièrement quant à l'âge où il commence à se manifester de manière décisive. Ainsi, on le fait apparaître, selon les auteurs [10], à partir de dix ans (Lark-Horowitz; Subes), de neuf ans (Francès et Voillaume), de huit ans (Machotka), de sept ans (Rump et Southgate). Une recherche de Nelson-Baker (1968) semble même indiquer un désintérêt relatif à cinq ans à l'égard de la stylisation, opposée à deux autres manières de représentation : le style réaliste et le style « cartoon », que l'auteur ne définit pas mais qui consiste sans doute en une stylisation exagérée imitant l'allure caricaturale et humoristique des bandes dessinées et des dessins animés, très en faveur auprès des enfants américains examinés. Cette étude a le mérite de la simplicité : trois objets (une maison, un ours, une fille) sont représentés selon les trois styles et selon trois techniques (couleur, noir et blanc, dessin au trait) de telle sorte que pour chacun d'entre eux les enfants (une cinquantaine, de cinq à douze ans) puissent choisir parmi neuf images combinant chacune un style et une technique. Mais, outre qu'elle porte sur un très petit nombre d'images, construites exprès pour l'expérience et que les choix n'y sont assortis d'aucun commentaire propre à en éclairer les raisons, on ne sait pas si les différences observées entre les préférences (surtout en faveur du « cartoon » et en défaveur de la stylisation) sont significatives.

Ces décalages, évidemment liés à la diversité des conditions d'expérience, montrent bien qu'il y avait lieu d'établir, comme nous l'avons fait, de nouvelles données relatives à la variable « réalisme » dans l'appréciation des images par l'enfant. Ces données nouvelles suggèrent l'idée d'un seuil qu'il paraît raisonnable de fixer alentour du début de la vie scolaire.

3. Fondement et signification des préférences pour le réalisme

Comment est appréhendée la variable « réalisme » ? De quoi les explications sont-elles le reflet ? Sur quoi s'appuie-t-on ? Et pourquoi les images réalistes sont-elles préférées aux représentations stylisées ? A ces questions relatives au fondement et à la signification des préférences pour le réalisme, il est possible de proposer quelques éléments de réponse, ou tout au moins de discussion, à partir d'une analyse de nos propres observations et d'une confrontation de celles-ci avec les suggestions avancées par les différents auteurs précédemment cités.

L'évolution des commentaires des enfants

Le réalisme de la représentation est perçu de manière de plus en plus discriminative avec l'âge. C'est ce qu'ont montré Francès et Voillaume (1964) et c'est aussi le sens que l'on pourrait donner à l'évolution des commentaires dont nos sujets ont fait suivre leurs choix.

Qu'est-ce qu'une explication pertinente propre à justifier un choix (et par conséquent à exprimer la différence) dans la situation où nos sujets ont été placés ? On ne pouvait certes attendre d'un enfant de moins de huit ans qu'il construise les arguments élaborés et abstraits d'un adulte. Il nous a paru, cependant, qu'en disant *« c'est plus vrai »* ou *« il est pas comme les autres »*, par exemple, l'enfant produisait des justifications en quelque mesure comparables, du point de vue de la pertinence et de la généralité, à ce que pourraient être des propos d'adulte usant des concepts abstraits de « réalisme » ou de «fidélité». La production de tels arguments implique, en effet, une vue d'ensemble et un niveau d'abstraction qui permettent au sujet de dégager l'essentiel, le sens général de ce qui distingue les deux images. En ce sens, il est possible de rapprocher ces jugements des conduites interprétatives dont on sait depuis longtemps (depuis que Binet l'a montré avec les fameuses gravures de l'« Illustration » ou de la « lecture pour tous » incluses dans l'Echelle Métrique de l'Intelligence) qu'elles ne sont pas courantes avant douze ans environ. On ne peut s'étonner que de tels arguments soient rares à six ans et soient comme noyés parmi de nombreux propos plus pointillistes (d'ailleurs pour la plupart non pertinents). A huit ans, la proportion de ces arguments augmente très sensiblement. (Si on relève le nombre de sujets qui, au moins une fois pour l'ensemble des deux séries, spécifient de cette manière la différence entre les deux images, on s'aperçoit qu'en fait la quasi-totalité des enfants de huit ans sont dans ce cas, et déjà presque les deux tiers de ceux de six ans !)

Quant aux remarques de détail portant sur des éléments du réalisme, elles sont aussi significativement plus abondantes à huit ans qu'à six ans.

D'une manière générale, il y a une certaine cohérence entre l'accentuation avec l'âge de la préférence pour le réalisme et l'accroissement, dans les verbalisations, du nombre de ce que l'on peut interpréter comme des indices de discrimination de la variable pertinente, à la fois dans une vision globale et dans une appréhension plus pointilliste (où les enfants de huit ans sont également plus experts que les plus jeunes).

Il faut cependant relever que la différence significative observée dans les choix à six ans entre filles et garçons ne correspond pas à une différence significative dans les verbalisations. On observe d'ailleurs aussi qu'à huit ans, avec la série représentant des animaux, la préférence plus marquée des garçons pour le réalisme n'est pas assortie d'une augmentation significative des propos relatifs au réalisme. On ne saurait donc inférer de ces résultats que les filles de six ans qui n'optent pas ou que celles de huit ans qui optent moins carrément pour un style ne saisissent pas la différence ou la saisissent moins bien.

Réalisme et information

Plus l'enfant est jeune, plus il a besoin, pour catégoriser un stimulus, de redondance dans l'information. Des expériences de reconnaissance d'objets plus ou moins incomplètement dessinés [11] montrent que plus l'enfant est jeune, plus l'image doit être complète. Or, la stylisation est une manière de représentation incomplète de la réalité. Confrontée avec ce type de données, l'augmentation avec l'âge du goût pour le réalisme aurait ainsi quelque chose de paradoxal. Mais, le paradoxe n'est qu'apparent, car il est assez clair en l'occurence que les deux images de chaque paire sont aussi aisément catégorisables l'une que l'autre par des enfants jeunes. (On a d'ailleurs déjà montré que l'extrême simplification n'empêche pas la reconnaissance des objets dessinés par des enfants très jeunes: Ryle, 1967, l'a montré chez des enfants de trois ans, avec des images d'animaux.) Et la préférence pour la plus littéralement fidèle est probablement à mettre au compte d'autres variables que celles qui sont relatives aux modalités de l'activité perceptive, contrairement à une hypothèse émise par Travers [12].

Au reste, du point de vue de la quantité d'information, l'image stylisée peut être regardée d'une certaine manière comme la plus riche, par sa moindre conformité au modèle familier de la réalité, et par conséquent par sa nouveauté. A cet égard, on pourrait à la limite imaginer qu'il y ait conflit en quelque sorte entre la nouveauté de l'image stylisée et la complexité relative de l'image réaliste, plus fournie en détails, c'est-à-dire, dans la terminologie de Berlyne, entre deux variables «collatives» susceptibles d'éveiller la curiosité.

Préférence pour le réalisme et pensée opératoire

Pour rendre compte de l'apparition de la préférence pour les images réalistes (vers huit ans dans ses expériences), Machotka (1963) fait appel à des aspects du développement intellectuel analysés par Piaget et met l'accent sur la coïncidence entre l'émergence de la pensée opératoire et l'éveil du goût pour le réalisme. La capacité de juger une image, ou un tableau, d'après son réalisme implique la saisie d'un rapport d'équivalence entre deux données qui ne sont pas de même dimension : ce que l'on voit sur le papier, ou la toile, d'une part, et ce que l'on se représente comme apparence réelle de l'objet d'autre part. Juger qu'une image ou un tableau est plus ou moins réaliste, c'est reconnaître que ce rapport d'équivalence est plus ou moins étroit. L'enfant devient capable de comparer les deux dimensions quand il a atteint le stade des « opérations concrètes ». Il devient capable alors de former le critère du réalisme, dans la mesure où pour lui l'image — tableau ou dessin — a pour fonction de représenter le réel.

Il est vrai que l'émergence de la pensée rationnelle, dont Piaget a découvert en particulier comment elle se manifeste à travers des réponses qui témoignent de capacités à construire une réalité qui transcende la simple apparence des choses, est un moment crucial du développement mental, et dont on ne saurait nier qu'il intéresse tous les aspects de la vie cognitive. Cependant, outre que c'est, semble-t-il, assez nettement plus tôt qu'à l'âge moyen du stade opératoire concret que débute la préférence pour les images réalistes, ce recours à la théorie piagétienne n'éclaire pas sur la différence liée au sexe observée par plusieurs auteurs [13], et que nos observations confirment pour les âges de six et huit ans, ni sur la diminution des préférences pour le réalisme qu'observent plusieurs auteurs, soit à partir de sept ans, où elles seraient au maximum d'après Rump et Southgate, soit à partir de 15 ou 16 ans selon Francès [14], diminution que Machotka lui-même situe, d'après ses résultats, entre 11 et 12 ans, quand l'enfant devient capable de s'intéresser à d'autres critères plus subtils.

De toute manière, on ne saurait se satisfaire, pour comprendre la signification des préférences pour le réalisme dans les images, d'explications établies exclusivement en termes de développement de capacités. On voit bien qu'avec des capacités égales (aussi bien du point de vue des modalités de la perception que du point de vue de l'organisation proprement intellectuelle) les filles et les garçons réagissent différemment.

Au demeurant, cette différence liée au sexe nous paraît constituer une des clés susceptibles de donner sens à la préférence des enfants pour les images réalistes.

Influence du « système » socio-culturel

Comment ne pas voir, en effet, dans la différence liée au sexe un indice du caractère essentiellement culturel de la préférence des enfants pour les images de type réaliste, quand on sait à quel point les différences entre filles et garçons sont profondément tributaires des pressions de la culture? Le choix des représentations littéralement fidèles à tous les détails du modèle connu dans la réalité ne répond-il pas au besoin général d'ordre, de conformité, d'uniformité, de banalité, de soumission aux règles conventionnelles de la ressemblance, d'ailleurs parfaitement reflété dans l'expression *« comme il faut »* relevée parmi les commentaires de nos sujets, besoin suscité, entretenu, renforcé chez l'enfant, surtout à partir du moment où il se *trouve encadré dans les structures scolaires* [15] où, singulièrement en France, le moins que l'on puisse dire est que rien n'encourage à s'écarter des modèles ou à penser de manière divergente ? On ne peut qu'être frappé à cet égard par certains résultats d'études comparatives où l'on voit que ce besoin, exprimé dans les préférences pour le réalisme, est le même à l'intérieur d'une culture dans des milieux socio-économiques aussi différents que le milieu ouvrier et celui des professions libérales [16]. Seul varie le choix des thèmes et des objets représentés. Alors que, par exemple, on note chez les écoliers français un goût plus précoce et plus marqué pour le réalisme que chez les écoliers américains (Machotka). Ceux-ci manifestent davantage d'attrait que les français pour les oeuvres impressionnistes, comme celles de Cézanne, par exemple.

On ne peut être surpris que le besoin de réalisme, s'il est essentiellement d'origine culturelle, soit plus exigeant chez les garçons que chez les filles et que celles-ci, par exemple, comme l'a observé Subès (1955), apprécient mieux les techniques impressionnistes dans les oeuvres d'art. (On sait d'ailleurs que l'accentuation des différences entre les sexes dans les comportements manifestes au moment du passage à la scolarité élémentaire est un fait observé dans d'autres contextes [17]).

On ne saurait non plus s'étonner, s'il est vrai que la préférence pour le réalisme est liée à un besoin de conformité, de la voir décliner aux environs de l'adolescence, c'est-à-dire à l'âge du non-conformisme et du rejet des normes.

Le réalisme conformiste

Ce que l'on a décrit, dans tout ce qui précède, comme « réalisme » n'est au vrai qu'une des formes possibles de fidélité au réel. C'est un « réalisme conformiste ». Le « réalisme optique » des impressionnistes en est une autre forme, sans doute plus proche de notre série d'images dites stylisées, ou que rappellent au moins certaines de celles-ci : « L'impressionniste peint, hors des conseils du sens commun, un arbre rouge même s'il le sait brun, un cheval bleu même s'il le pense gris, pourvu que son œil le perçoive spontanément ainsi »[18]. Rappelons en tout cas que c'est en particulier par opposition à des œuvres d'art impressionnistes qu'a le plus souvent été observée la préférence pour le réalisme.

Il faut prendre acte et tenir compte de la tendance observée si l'on veut, ici et maintenant, correspondre à la demande, sinon aux besoins profonds de la majorité du public. Mais, prendre acte et tenir compte de la préférence pour le réalisme conformiste ne devrait pas empêcher de chercher à éveiller ou, peut-être plus justement, à réveiller l'enfant à d'autres formes de regard sur le réel, éventuellement plus formatrices et moins desséchantes pour l'esprit et la sensibilité (en même temps que mieux accordées au développement de la « raison », s'il est vrai [19] que « vivre de raison, c'est penser en formes stylisées »). Nul doute qu'il faudra au moins autant d'effort et de ténacité qu'il en a fallu aux maîtres de l'impressionnisme et du symbolisme pour faire valoir des formes nouvelles et moins étouffantes pour la vie sensible, à quoi s'adresse le langage de l'art, que le réalisme classique ou néo-classique ou le naturalisme de la peinture bourgeoise du XIXe siècle.

C'est par l'image que l'art s'exprime parce qu'elle est « le langage naturel de ce qui, faute d'être rationalisé, passe pour inexprimable ». Et quand le langage des mots veut pourtant connaître une « aventure » identique, « il devient poésie et, à son tour, se fait évocateur d'images au lieu de rester définisseur d'idées » (René Huyghe) [20].

Qu'on ne nous fasse pas dire qu'il y a de l'art et de la poésie dans toutes les images naïves que l'on a choisies pour constituer la série dite « stylisée » illustrant ce chapitre. Mais qu'on nous permette de juger qu'il y en a encore moins dans le réalisme conformiste des images de l'autre série, que souvent nos enfants ont appris (ou qu'on leur a appris) à préférer.

Notes

[1] Voir Syndicat National des Editeurs, 1969 a.
[2] Machotka, 1963, 1966; Francès et Voillaume, 1964; Rump et Southgate, 1967.
[3] Subes, 1955, 1958, 1959.
[4] Machotka, 1963.
[5] On épargne ici au lecteur la description fastidieuse des conditions expérimentales et des modalités de l'indispensable traitement statistique qui ont permis l'élaboration de ces faits. On les trouvera dans Danset-Léger, 1976 b.
[6] Telle qu'on la trouve décrite, par exemple, dans l'essai de Durand et Bertrand, 1975, p. 36 et suivantes.
[7] Francès, 1968, p. 73.
[8] Voir, entre autres, Vurpillot, 1968; Vurpillot et Moal, 1970; Berthoud et Vurpillot, 1970, où les configurations sont des maisons; et Vurpillot, 1969, où ce sont des personnages ou des paysages.
[9] Voir Gibson, 1954, et 1966 a, p. 106.
[10] Voir Lark-Horowitz, 1937, 1938, citée par Francès, 1968; Subes, 1955; Francès et Voillaume, 1964; Machotka, 1966; Rump et Southgate, 1967.
[11] Voir Gollin, 1960, 1961; et Cox et Fletcher, 1976, par exemple.
[12] Voir Travers, 1969, p. 62.
[13] Voir Subes, 1955, 1958, 1959; voir aussi Smock et Holt, 1962, qui ont également observé une différence entre filles et garçons, dans le même sens (sans en proposer d'interprétation), avec des représentations d'objets plus ou moins schématisés dans le cadre d'une étude plus générale sur la complexité des images.
[14] Voir Francès et Voillaume, 1964.
[15] Notons que c'est à partir de ce moment que l'enfant s'attache à la forme plutôt qu'à la couleur (Descoeudres, 1914; Corah, 1964; Suchman et Trabasso, 1966; Brown et Campione, 1971); et l'explication que suggère Mac Spellmann (1969), étayée par la comparaison entre les réponses à des stimuli visuels de 60 enfants de 5-6 ans scolarisés et celles d'enfants du même âge non scolarisés, n'est peut-être pas sans rapport avec cette orientation vers le «formalisme» que l'on souligne ici. (R. Escarpit, in D. Escarpit, 1973b, p. 153, fait observer que «l'école est l'institution qui matérialise l'élimination des codes inutiles et donne leur caractère privilégié à certains codes dont on se sert dans la vie sociale», et celui de la lecture en est un, particulièrement «écrasant».)
[16] Machotka, 1963; Francès et Voillaume, 1964; Voillaume, 1965.
[17] Voir Hurtig, 1975.
[18] Huyghe, 1974, p. 29.
[19] Comme l'a écrit le philosophe de l'esthétique Etienne Souriau (cité par Meyerson, 1948, p. 96).
[20] Huyghe, 1974, p. 277-278.

Planche 1a

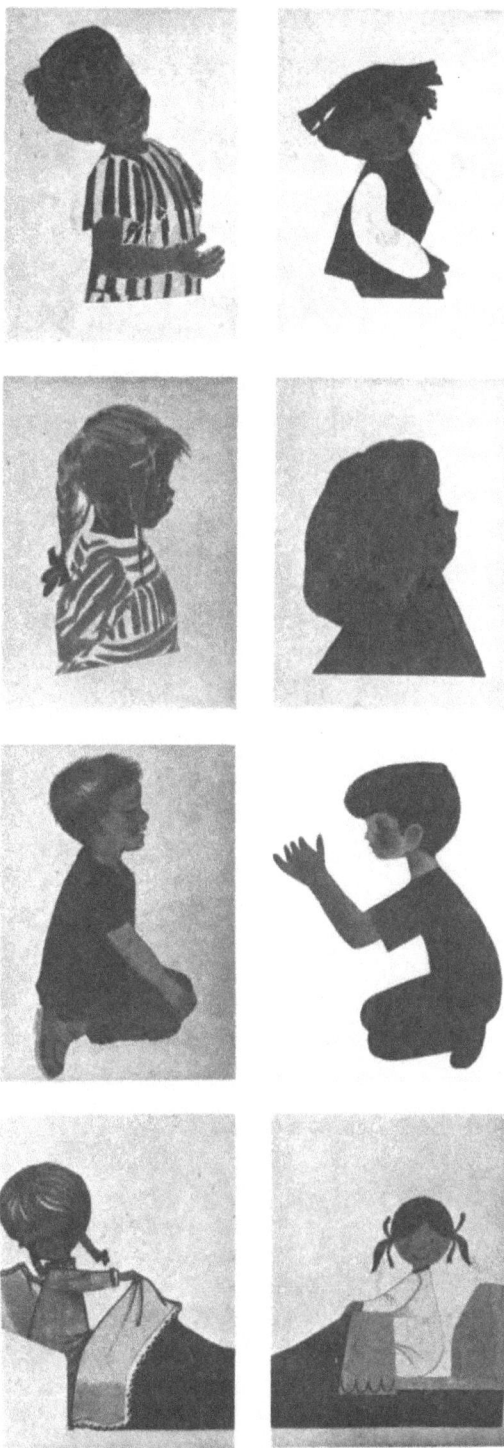

Planche 1b

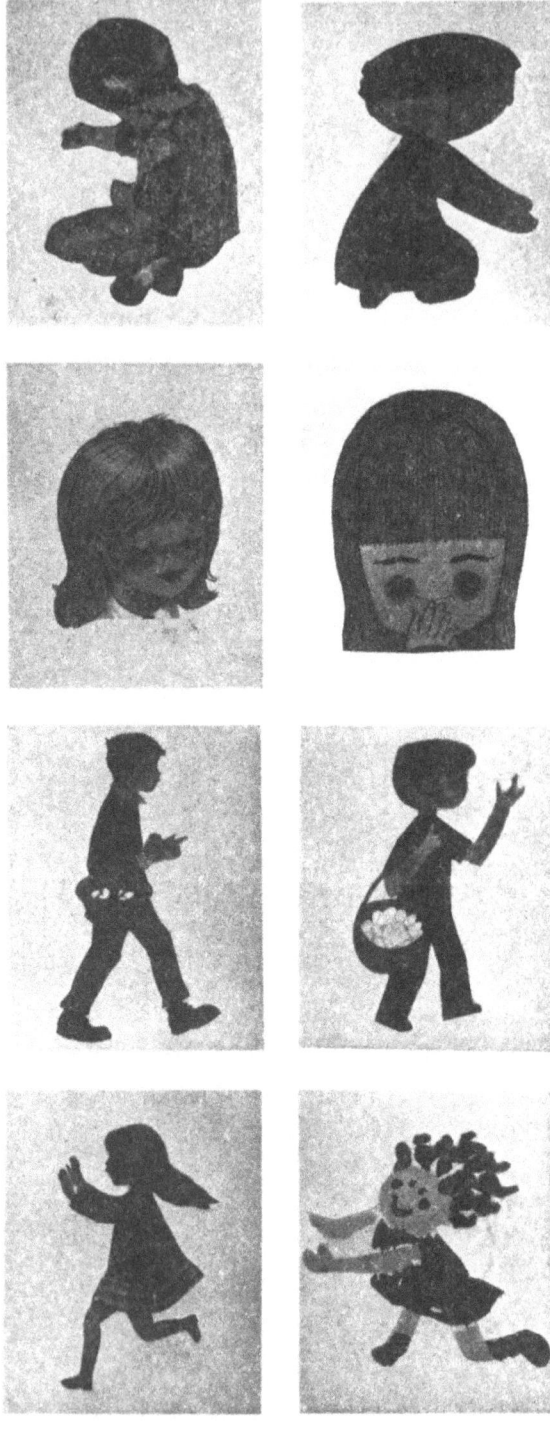

Planche 1c

Planche 2a

Planche 2b

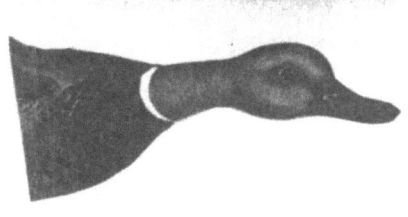
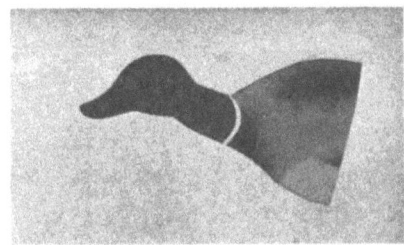

Planche 2c

Chapitre IV
L'attrait des images incongrues

L'incongruité d'une image peut être définie par le caractère contradictoire de certains éléments par rapport à l'attente, eu égard aux perceptions habituelles, induite par d'autres éléments auxquels ils sont juxtaposés. Les livres pour enfants offrent principalement deux types d'images incongrues. Les plus répandues (venues d'Angleterre où elles ont, sous la plume de Béatrix Potter, ouvert toute une tradition de livres pour enfants, même si certaines des plus célèbres, comme Babar, sont françaises [1]) représentent des animaux dotés d'attributs humains : postures, attitudes, mimiques, vêtements. Elles répondent probablement, mais d'une manière tout empirique, au besoin qu'a l'enfant de s'identifier, de se projeter, tout en prenant quelque distance. On sait, en effet, que l'identification et la projection sont plus faciles chez l'enfant, jusqu'à 10 ans environ, avec des représentations d'animaux (placés en situations conflictuelles) qu'avec des représentations de personnages humains [2]. C'est ce qu'avait observé Bellak (1954), au cours des essais qui ont abouti au test d'aperception thématique pour enfants. Des données plus récentes [3] obtenues auprès d'enfants de six à douze ans confirment en partie ces observations (préférences, à partir de dix ans, pour les animaux représentés en situations naturelles plutôt qu'humanisés, tandis que de six à neuf ans on ne remarque pas de préférence). On peut, certes, imaginer encore d'autres raisons à l'anthropomorphisme animal en littérature enfantine [4] : il facilite l'oubli des réalités de la vie et l'entrée dans celles du rêve, permet de faire varier l'expression des personnages avec une grande économie de moyens (chacun sait qu'une oie est une oie et qu'un paresseux est paresseux), se prête aisément à l'humour (à une sorte d'humour éventuellement accessible à des enfants jeunes). Il permet en outre « la représentation d'une humanité abstraite, c'est-à-dire l'expression des émotions et des actions fondamentales (du même coup, l'animalisation permet d'effacer ou d'oblitérer les différences de classe) » [5]. Une autre raison imaginée [6] est nettement plus concrète : le rappel de la « réconfortante douceur de la peluche » ...

Le genre fantastique est un autre type d'incongruité que l'on rencontre dans les livres d'images pour enfants, où il occupe une place de choix [7]. On peut en inventer de multiples variétés. Un procédé, d'ailleurs fort ancien, consiste à représenter le corps humain surmonté d'une tête d'animal, ou à disposer la tête d'un animal sur le corps d'un autre, etc., comme l'on fait Berlyne et, à sa suite, d'autres auteurs s'inspirant de ses travaux sur la curiosité [8]. (Les stimuli de Berlyne évoquent immanquablement les assemblages cocasses des boîtes de pop-corn : « cacaphant » et autres « tauton », à tête de cacatoès et queue d'éléphant, ou à tête de taupe et queue de hanneton ...) On a même raffiné le procédé en graduant l'incongruité jusqu'à des combinaisons multiples assez pittoresques (par exemple 1/4 éléphant, 1/4 girafe, 1/4 lion et 1/4 singe) formant d'innombrables créatures nouvelles) [9]. On retrouve ce type d'images dans certaines oeuvres de peintres surréalistes ou symbolistes. Ce genre d'incongruité est en fait moins fréquent en littérature enfantine que les animaux humanisés. On la trouve quelquefois dans les livres de contes. On pense naturellement aux dessins de John Tenniel illustrant « Alice au pays des merveilles », le célèbre texte de Lewis Carroll, avec la tortue à tête de veau et l'aigle aux oreilles de renard. Des oeuvres plus récentes sont animées par ce genre de « créatures d'ailleurs », par exemple les monstres sympathiques de Maurice Sendak [10].

L'incongruité, dans ces deux variétés, comme dans d'autres que l'on pourrait aisément imaginer (on en rencontre surtout dans des productions récentes, souvent importées de l'étranger), qu'elle porte sur les objets ou sur les situations représentées, s'oppose à la vraisemblance. C'est une modalité d'irréalisme.

Comment les images incongrues des livres pour enfants sont-elles accueillies ? Sont-elles mieux ou moins bien appréciées que les images dépourvues d'incongruité ?

Ce que l'on connaît expérimentalement au sujet des réactions de l'enfant à cet aspect des images a été établi par les travaux de l'école de Berlyne : à savoir que les images incongrues ou qui contiennent de l'incongruité retiennent l'attention plus que les autres, et sont regardées d'autant plus longuement ou plus souvent qu'elles sont plus incongrues. On l'a mis en évidence aussi bien chez des enfants de trois à six et huit ans [11] que chez des enfants de sept à douze ans [12].

On sait par ailleurs (voir le chapitre précédent) que la préférence des enfants (à partir de 5-6 ans, chez les garçons) se porte vers les images qui représentent les choses de la manière la moins fantaisiste (du point de vue du style graphique).

Ainsi, si le temps plus long d'exploration des images comportant des juxtapositions incongrues était l'indice d'un agrément plus grand, il y aurait comme une espèce de paradoxe. Mais cela ne semble pas très clairement établi, ni le contraire d'ailleurs. C'est seulement dans une étude de Aitken et Hutt (1975) que sont recueillies quelques données claires sur les préférences. Examinant 36 enfants également répartis en trois groupes d'âge (mixtes) de trois ans et demi, cinq ans et demi, et sept ans et demi environ, ces auteurs observent que les images incongrues retiennent davantage l'attention à tous les âges et qu'à sept ans et demi seulement (quel que soit le sexe) se manifeste une préférence en faveur de l'incongruité.

Quoiqu'il en soit, on peut être tenté d'imaginer que l'inclination à préférer ce qui évoque la réalité selon des critères étroits de la fidélité, observée quand il s'agit du rendu graphique, doit s'observer aussi quand la comparaison porte sur des paires d'images qui diffèrent par le degré de fantaisie dans l'assemblage ou la disposition des éléments. Dans ce cas, il faut s'attendre à observer des choix orientés de plus en plus systématiquement et de manière de plus en plus stable vers le réalisme ou la vraisemblance à partir de 5-6 ans environ, et plus nettement chez les garçons.

Il y a lieu, pour mettre à l'épreuve ces suppositions, d'essayer de faire réagir des enfants (comme nous l'avons fait précédemment en mettant l'accent sur le réalisme graphique) à des paires d'images extraites de livres faits pour eux, mais en opposant cette fois le réalisme à l'irréalisme du point de vue des juxtapositions d'éléments (plus ou moins inattendues) ou des situations (plus ou moins inhabituelles).

1. Des faits[13]

On a donc présenté à une cinquantaine d'enfants, de cinq et huit ans environ, 24 images extraites de livres ou albums pour enfants. (Elles figurent en réduction sur les planches 3 a, 3 b et 3 c.)

L'ensemble des images est partagé en deux séries, appariées de telle sorte que les deux images de chaque paire soient composées approximativement de la même manière (mêmes types d'objets ou personnages, mêmes dimensions, même mise en page, même style graphique à peu de choses près), mais l'une des images est incongrue et l'autre normale. (Notons que certaines modifications ont parfois été apportées aux images extraites des livres et albums en vue d'améliorer l'appariement ou de rendre plus nette l'opposition.)

Dans quatre paires d'images (planche 3 c), on oppose à des animaux familiers en postures naturelles (oisillon tendant son bec au bord du nid; lionceau levant la patte; lapin faisant «le beau»; deux souriceaux s'ébattant auprès de la souris) les mêmes animaux humanisés de quelque manière: l'oisillon sommeille dans le nid, tête sur un oreiller et bordé comme un enfant; le lionceau, vêtu d'une brassière, se tient en position de boxeur; le lapin, dessiné un peu plus naïvement que son homologue, est assis à la manière d'un enfant, habillé comme un garçonnet; les souriceaux, en culottes, dansent sous le regard de la mère souris, elle-même sommairement vêtue d'une jupe et d'un châle et qui se tient debout les bras levés. On notera que les accessoires vestimentaires de la série incongrue ajoutent à celle-ci une composante de couleur dont l'autre série est naturellement dépourvue.

Dans les huit autres paires d'images (planches 3 a et 3 b), on oppose à des scènes ou à des objets variés, relativement simples et familiers, des scènes ou objets du même genre ou comparables par la plupart de leurs éléments (la couleur, la taille, etc., les différencient peu), mais comportant un aspect fantastique, soit par certains détails très apparents, soit par la position ou l'action des protagonistes. Dans trois cas, il s'agit de personnages. Dans trois autres, d'éléments de la nature (montagnes, soleil, fleur). Enfin, deux paires d'images représentent des animaux.

Quand il s'agit de personnages, la série normale représente soit un enfant qui manie un balai sur un sol carrelé, soit un enfant qui s'amuse sur le sable et brandit pelle et seau, soit une grand-mère assise dans sa maison et entourée de quelques animaux domestiques. A ces trois scènes de vie quotidienne et prosaïque, on oppose les situations incongrues suivantes: l'enfant au balai est le même, mais le balai change d'emploi, puisque l'enfant est assis à califourchon dessus et se trouve ainsi dans les airs entre deux nuages; un enfant blond comme l'enfant au sable est emporté dans les airs par une énorme bulle de savon, agrippé à la paille d'où est sortie la bulle; une grand-mère diaphane, une fillette à son cou, s'élève dans les airs au-dessus des maisons. Ces trois personnages ont en commun le pouvoir surnaturel de s'élever en l'air soit de leurs propres forces, soit grâce à un moyen techniquement inapproprié.

Quand sont représentés des éléments de la nature, le caractère fantastique de la série incongrue, opposé aux figurations banales de la réalité, consiste dans l'animation donnée aux objets par des traits empruntés au visage humain (œil, nez, bouche). La montagne sculptée évoque, en beaucoup plus sommaire mais plus monumental, le fameux mémorial américain sculpté par Gutzon Borglum dans l'escarpement granitique du mont Rushmore. L'incongruité qui consiste à faire un visage du soleil (comme on le fait familièrement de la lune) a évidemment quelque chose d'assez conventionnel, mais elle n'en est pas moins incongruité de genre fantastique. Les pétales de l'oeillet figurent la chevelure qui coiffe un visage dessiné sur le calice, tandis que deux inflorescences latérales copient les mouvements de bras humains.

Enfin, dans les deux paires d'images représentant des animaux, ceux-ci (poisson ou chauve-souris) soit évoluent normalement dans leur milieu naturel, soit sont accompagnés d'éléments qui donnent à la scène un caractère surréaliste : la chauve-souris (quelque peu stylisée) semble essayer de regarder à travers une paire de jumelles (dessinée dans un style vériste); le poisson nage dans une ville imaginaire engloutie sous les eaux, parmi des édifices d'époques diverses qui sont comme agglutinés les uns aux autres.

Qu'a-t-on observé ?

Les résultats font apparaître une différence nette liée à l'âge : la préférence à l'égard des images non incongrues augmente entre cinq et huit ans. A cinq ans, les choix tendent à être plus souvent orientés vers l'incongru (familier ou non) que vers le vraisemblable, aussi bien chez les filles que chez les garçons. Mais on ne s'écarte pas beaucoup de ce que serait un choix aléatoire. On ne s'en écarte même pas significativement chez les filles. La tendance est plus forte chez les garçons. A huit ans, les choix tendent à être au contraire plus souvent orientés vers le vraisemblable que vers l'incongru. Là encore, la tendance est plus accentuée chez les garçons. Seuls ceux-ci s'écartent significativement de ce que donneraient des choix aléatoires.

Si l'on compare, pour chaque paire d'images, les fréquences de choix stables favorables à l'une et les fréquences de choix stables favorables à l'autre, on s'aperçoit que, dans la plupart des cas, la majorité des garçons de huit ans opte pour l'image vraisemblable, tandis que la majorité des garçons de 5 ans préfère l'incongru.

Ce qui vient d'être dit concernant les différences liées à l'âge signifie qu'à cinq ans comme à huit ans les choix des garçons diffèrent davantage du hasard que ceux des filles. A cinq ans, ce sont les garçons qui optent le plus souvent pour l'incongru, et à huit ans, ce sont encore les garçons qui optent le plus souvent pour le vraisemblable. Autrement dit, l'évolution avec l'âge est plus nette chez les garçons que chez les filles. C'est chez les garçons qu'apparaissent généralement les contrastes les plus forts entre les jeunes et les plus âgés de nos sujets. La chose est particulièrement nette avec certaines paires d'images. Par exemple, la chauve-souris aux jumelles n'est presque jamais préférée à huit ans. Or elle l'est presque toujours à cinq ans. Les souris « nues » ont la préférence de presque tous les garçons de huit ans. Or, un quart seulement des garçons de cinq ans les choisissent. L'oiseau non anthropomorphique est préféré par les trois quart des garçons de huit ans et seulement par un tiers des garçons de cinq ans; le soleil sans visage par les trois quarts des garçons de huit ans et seulement par un quart des garçons de cinq ans.

Cela n'implique pas forcément que les préférences des garçons diffèrent significativement de celles des filles à un âge donné. Cela signifie que les différences liées à l'âge sont aussi en partie liées au sexe. Disons que c'est le développement des préférences qui diffère entre filles et garçons.

Les commentaires des sujets provoqués à la suite des choix constituent un ensemble de données où il est naturellement plus difficile de voir clair que dans les simples réponses de choix préférentiels. Ils peuvent être cependant une source utile d'information, même en dépit de l'absence d'hypothèses orientées de manière précise.

Ils sont susceptibles d'éclairer, par exemple, sur l'évolution avec l'âge des capacités de discrimination de la variable qui différencie principalement les images. Celles-ci, à l'intérieur de chaque paire, sont de toute évidence très dissemblables puisque l'une vise à représenter l'objet en s'inspirant étroitement du réel, tandis que dans l'autre image on assortit l'objet d'éléments (ou on le dispose dans des situations) parfaitement imaginaires. On notera que d'une paire à l'autre les dissemblances ne sont pas toujours de même sorte, et que même on a rassemblé sous l'étiquette « incongru » des images avec lesquelles les enfants jeunes sont inégalement familiarisés.

En effet, les images représentant des animaux vêtus, ou le soleil qui regarde et sourit, ont certes un caractère d'irréalité, mais elles sont en même temps relativement conventionnelles: la zoologie anthromorphique abonde en littérature enfantine, et les enfants ont tellement l'habitude de voir la lune ou le soleil personnalisé qu'il n'est pas rare de les retrouver ainsi dans leurs propres dessins. A côté de ce type d'incongru familier figurent des représentations nettement plus insolites (comme la chauve-souris aux jumelles ou la grand-mère volante). Mais il ne semble pas que cette relative hétérogénéité dans l'incongru soit reflétée dans les réponses de choix.

L'examen des commentaires peut cependant, sur ce point, compléter utilement celui des préférences.

En outre, étant donné que les images n'ont pas été dessinées exprès pour l'expérience mais ont été extraites de livres et appareillées seulement le moins mal possible, il est clair qu'en dehors de tout ce qui contribue à différencier les deux images d'une paire, eu égard à la variable incongruité-vraisemblance, les occasions restent nombreuses de commentaires sur des disparités sans rapport avec cette variable.

La question que l'on se pose alors est de savoir ce que, dans l'ensemble, les sujets retiennent et savent exprimer de la différence lorsque celle-ci porte, en partie et diversement mais principalement et régulièrement, sur le caractère de réalité ou d'irréalité des objets, personnages ou situations représentés, et comment ces conduites évoluent entre cinq et huit ans.

La question que l'on se pose ensuite est relative au développement de commentaires (favorables à la vraisemblance ou défavorables à l'incongruité) qui justifient les préférences pour les images non incongrues, dont on a vu précédemment qu'elles tendent à s'accentuer avec l'âge, singulièrement chez les sujets de sexe masculin. C'est à ce type d'analyse que se livrent le plus souvent les auteurs en psychologie de l'esthétique [14], qui soumettent au jugement comparatif des enfants des tableaux de maîtres, parce qu'avec des oeuvres d'art qui diffèrent de beaucoup de points de vue à la fois, il n'est jamais sûr que les préférences et les raisons de celles-ci évoluent dans le même sens. Ainsi, Lark-Horowitz [15] avait observé que les enfants doués pour le dessin appréciaient les mêmes tableaux que les moins doués tout en avançant des justifications différentes. Et Zavalloni et Giordani [16] mettent en évidence une évolution dans les justifications, alors que les choix ne semblent pas évoluer. Il est vrai qu'ici on s'est efforcé de faire varier les images de la manière la plus simple, mais comme on n'y est forcément parvenu que très imparfaitement (ne serait-ce que dans les paires d'images de type incongru familier où les déguisements dont sont affublés les animaux donnent à ceux-ci, outre le caractère d'invraisemblance, un aspect éventuellement plus attrayant lié à la couleur), l'étude des commentaires favorables à ce qui distingue principalement et régulièrement les images qui sont de plus en plus appréciées avec l'âge ne saurait être sans intérêt.

Jusque-là, aussi bien dans la recherche des indices de la discrimination que dans l'étude des justifications de la préférence pour le vraisemblable, on n'envisage pas de distinguer dans des décomptes séparés les propos suscités par le caractère vraisemblable des images et ceux que provoque l'incongruité. Il est vrai que la préférence pour une image donnée d'une paire peut être aussi pertinemment justifiée par un commentaire positif se référant à cette image que par un commentaire négatif se référant à l'autre. Au reste, on se réfère toujours implicitement à l'image dont on ne parle pas puisque le jugement, s'il porte sur la variable pertinente, est comparatif.

Pourtant, il n'est pas sans intérêt de savoir si c'est la vraisemblance ou si c'est l'incongruité qui alimente les verbalisations les plus abondantes. C'est la troisième question que l'on se pose. Si, quel que soit l'âge, c'est l'incongruité (dont on sait déjà, par les travaux de l'école de Berlyne, qu'elle provoque de longues explorations), alors que le goût des enfants évolue plutôt en faveur de la vraisemblance, on pourrait peut-être en inférer qu'une certaine curiosité intellectuelle se trouve davantage excitée par l'image incongrue, même si ce n'est pas celle-là qu'on aime.

On trouve deux types de propos relatifs à la variable incongruité-vraisemblance. D'une part, ceux qui en quelque sorte y font clairement référence, jugeant par exemple que la situation représentée par l'image incongrue «*n'existe pas*» (soit à l'appui d'un choix de ce type d'image, soit pour leur préférer l'image conforme à ce qui existe). Et d'autre part ceux qui se réfèrent à des éléments pertinents du point de vue de la variable considérée (remarquant par exemple que l'animal «*n'a pas d'habits*»), à l'intérieur de descriptions qui tiennent lieu de justifications ou qui sont ajoutées à des appréciations plus générales. On peut relever chez un même sujet des jugements globaux (du type «*ça n'existe pas*») et des observations plus pointillistes, pertinentes ou non, et d'ailleurs pas forcément toutes relatives à des traits qui différencient systématiquement les images.

Les propos inclassables dans les catégories de commentaires «pertinents» portent en général sur la couleur ou sur certains détails qui différencient de quelque manière les images (par exemple, «*je l'aime parce qu'il a un grand rayon et un petit*» — il s'agit ici d'un des soleils) ou qui ne permettent pas du tout de les distinguer («*je l'aime parce que celui-là il est tout jaune*» — il s'agit encore du soleil; ou «*je l'aime parce que la chauve-souris, elle vole*»).

Pour justifier le choix d'une image dépourvue d'incongruité on relève, par exemple :
« Je l'aime, parce que » ... *« il ressemble plus à une bête »*, ... *« c'est une vraie image »*, ... *« j'ai déjà vu une fleur comme ça »*, ... *« il est naturel »*, ... *« sans habits, c'est normal »*.

Pour justifier un rejet de l'image incongrue : *« Je l'aime pas parce que »* ... *« ce n'est pas un avion pour voler »*, ... *« Ce n'est pas un vrai lapin »*, ... *« Le soleil n'est jamais comme ça, c'est pas un vrai »*, ... *« Les vrais rats ne sont pas debout »*, ... *« Ca n'existe pas des souris avec des culottes »*, ... *« Ca fait ridicule quand on le voit avec des lunettes »*, ... *« Ca n'existe pas un village inondé »*.

Pour justifier un choix de l'image incongrue : *« Je l'aime parce que »* ... *« C'est pas un vrai »*, ... *« Ca fait une tête, je n'ai jamais vu de montagne qui ressemble à une tête »*, ... *« Il y a quelque chose d'étrange »*, ... *« Ca fait rire, les yeux »* (sur le calice d'une fleur).

Pour justifier un rejet de la vraisemblance : *« Je l'aime pas parce que »* ... *« On le voit toujours pareil, le soleil dans le ciel »*, ... *« C'est un vrai lapin »*, ... *« Ce n'est pas une histoire de sorcellerie »*.

Cette sorte de propos est rare à cinq ans tandis qu'on en relève autour de 15 % environ à huit ans. L'écart est significatif.

On peut imaginer qu'à cinq ans les enfants ne sont guère capables de prendre une vue d'ensemble du matériel telle qu'ils soient à même de saisir l'essentiel de ce qui distingue régulièrement les images. En tout cas, même s'ils en étaient capables, ils ne parviennent pas aisément à le mettre en valeur dans des jugements comparatifs ayant un certain niveau de généralité. Or, pour ce qui concerne les choix, il semble bien qu'on observe dès cinq ans, au moins chez les garçons, un début d'orientation systématique. Aussi est-on fondé à rechercher dans l'ensemble des commentaires verbaux, à côté ou en l'absence d'arguments plus généraux, des indices qui témoignent d'une certaine capacité de distinguer ce qui contribue à faire que l'image est plutôt de type incongru ou plutôt vraisemblable.

C'est pourquoi l'analyse porte aussi sur les propos que l'on a classés comme étant de type descriptif, qui sont le produit de conduites verbales couramment observées, contrairement aux précédentes, aussi bien dès cinq ans qu'à huit ans.

Précisons qu'il s'agit toujours pour l'enfant de réponses à la question : « pourquoi » (tu aimes ou tu n'aimes pas cette image) ? Elles ont ainsi pour lui statut de justification, bien que leur caractère descriptif oblige à les classer à un niveau de moindre élaboration que les arguments dégageant des traits plus généraux. Ce qui importe ici est de savoir si ce qui est évoqué contribue à l'existence de ces traits.

Ce n'est pas le cas des propos simplement relatifs à la couleur, par exemple, ou à certains détails qui demeurent extérieurs à la variable incongruité-vraisemblance.

C'est le cas, en revanche, dans les exemples suivants : « *Je l'aime* (l'image vraisemblable) *parce que* » ... « *Celui-ci, il travaille* », ... « *Il a sali ses cheveux* », ... « *Il a pas des yeux* » (le soleil). « *Je l'aime pas* (l'image incongrue) *parce que* » ... « *Il ne tient pas un petit balai* », ... « *Il se met en l'air* », ... « *Il a une bouche, des taches* » (le soleil), ... « *Ils font comme s'ils allaient faire bravo* » (les souris). « *Je l'aime* (l'image incongrue) *parce que* » ... « *Ils ne sont pas tout nus* », ... « *Il est en train de boxer* », ... « *Ils ont une petite jupe, une petite veste* ». « *Je l'aime pas* (l'image vraisemblable) *parce que* » ... « *La maman ne fait pas un geste* » (souris), ... « *Il n'a pas d'habits* », ... « *Il ne vole pas sur un balai* ».

On n'observe pas de différence sensible entre les groupes eu égard à cette sorte de production. Dans chacun des groupes, leurs fréquences se distribuent autour de 1/3 environ.

Concernant l'évolution des commentaires pertinents produits à l'appui de préférences pour les images non incongrues, on constate que, chez les garçons, à peu près 3/4 des propos pertinents sont favorables à la vraisemblance ou défavorables à l'incongruité chez les plus âgés, tandis que chez les plus jeunes cette proportion médiane est seulement de 1/3 environ. Chez les filles, l'écart est moins accentué (un peu plus de 30 % chez les plus jeunes; un peu moins de 60 % chez les plus âgées). Ces différences sont significatives.

Précisons en outre que, quels que soient l'âge et le sexe, ces propos sont d'autant plus nombreux chez un sujet donné que celui-ci a émis un plus grand nombre de choix favorables à l'image vraisemblable. De cette corrélation très forte (.90), qui apparemment va de soi, deux indications positives sont à tirer: l'une par rapport à la relative homogénéité des paires d'images (qu'à certains égards on aurait pu mettre en doute); l'autre par rapport à la cohérence et à la régularité des comportements d'appréciation et de jugement, même chez les sujets les plus jeunes.

Enfin, concernant la comparaison des taux de verbalisations suscitées par l'incongruité et par la vraisemblance (les sujets avaient à dire pourquoi ils aimaient telle image et pourquoi ils n'aimaient pas son homologue), quels que soient l'âge et le sexe on constate qu'au moins les 3/4 des propos pertinents (médiane entre 75 % et plus de 80 %, selon les groupes) portent sur des aspects des images incongrues. La proportion a tendance à être un peu supérieure chez les sujets les plus jeunes.

2. La distinction du réel et de l'imaginaire dans les images

Rappelons que l'incongruité fait partie des propriétés du stimulus dites (par Berlyne) « collatives » parce qu'elles recquièrent toujours du sujet (sans quoi elles seraient sans effet sur lui) comparaison, confrontation (« collation ») ou rapprochement de différents éléments d'information. Il y a incongruité ou, comme préfèrent dire certains auteurs [17], « conflit d'information », lorsqu'un élément induit une attente qui se trouve démentie ou violée par quelque chose qui l'accompagne. C'est le cas de toute combinaison d'éléments improbable ou invraisemblable et qui, de ce fait, a de quoi choquer. (L'idée commune d'incongruité implique celle d'une violation de la « bienséance » ou du « savoir-vivre », c'est-à-dire d'une inconformité aux usages.)

Cela peut être un procédé efficace pour attirer l'attention, éveiller la curiosité ou produire un effet esthétique. Plusieurs écoles de peinture (et de littérature) y ont eu recours (symbolistes, dadaïstes, surréalistes).

L'incongruité d'une image peut caractériser la juxtaposition des parties d'un tout, qu'elle soit établie de manière fantaisiste (permutation de différentes parties du corps, d'un individu ou d'un animal) ou à partir d'éléments hétérogènes (la tête d'un éléphant sur le corps d'un lion ou le train arrière d'un lapin joint à la partie avant d'une automobile ou vice versa, comme chez Berlyne [18]). Mais la combinaison improbable ou invraisemblable ne relève pas forcément de cette sorte de tératologie qui aurait de quoi effrayer. Elle peut être aussi celle d'individus humains ou animaux (ou d'objets) et de leurs situations, attitudes, tenues, positions ou actions proprement extraordinaires. C'est au sujet de ce type de constructions incongrues, à caractère plus ou moins insolite, merveilleux ou fantastique (assez souvent rencontré parmi les images de la littérature enfantine), que sont relatives les remarques suivantes.

Toute réflexion sur l'évolution des préférences à l'égard de ces représentations graphiques de l'irréel engage à se poser la question préalable de savoir à quel âge on est à même de ne plus confondre, dans les images, l'imaginaire et le réel.

On ne saurait nier le danger que peut comporter pour la sensibilité, au moins jusqu'à l'accès à la pensée rationnelle, l'inquiétante étrangeté de certaines images par lesquelles il arrive à des artistes, auteurs d'albums pour enfants, d'exprimer leurs fantasmes, leurs obsessions, leurs angoisses ou leurs désirs. Danger comparable à celui d'un rasoir selon F. Dolto, psychanalyste d'enfants [19], parce que, pour un enfant, ce qui est dessiné sur une page existe « pour de vrai » et que lorsqu'il voit une représentation de ses angoisses « en vrai », brutalement, face à lui sur l'image, cela peut l'enfoncer dans son trouble et l'empêcher de dominer son propre imaginaire ... [20].

On pense au livre fort discuté de H. Hoffmann et C. Lapointe, « Pierre l'Ebouriffé » (édité en 1972 par Quist-Vidal, éditeurs un temps associés dans la publication de livres pour enfants souvent jugés peu rassurants), qui est une adaptation française d'un très ancien ouvrage (Der struwelpeter, 1845) conçu et illustré par le psychiatre allemand Heinrich Hoffmann à l'intention de son propre fils âgé de trois ans, où l'on voit une petite fille prendre feu et devenir un tas de cendres, un tailleur couper les pouces d'un petit garçon avec d'énormes ciseaux, un enfant qui refuse sa soupe maigrir et en mourir puis recevoir ensuite la soupière sur sa tombe, etc. Ce livre est qualifié de « miracle de la poésie » par les uns [21] et de « code du petit bourreau » par d'autres [22].

On peut cependant, semble-t-il, convenir que dès l'âge de cinq ans il n'y a plus de confusion (au plan cognitif) entre ce qui, dans le détail des images, pourrait exister réellement et ce qui relève de la pure imagination. Une psychologue américaine, Barbara Taylor, s'est souciée de l'établir de manière précise [23] en soumettant au jugement de 78 enfants de trois, quatre et cinq ans (également distribués selon l'âge et le sexe) deux séries indépendantes de six images extraites, comme les nôtres, de livres pour enfants et représentant des personnages humains ou animaux impliqués dans des scènes soit réalistes soit imaginaires (ces dernières n'incluant que des sujets animaux humanisés dans leurs attitudes et leurs actions. Par exemple : un oiseau donnant la becquée à son petit; deux lapins évoluant comme des ménagères dans la maison, l'un au four, l'autre au balai). Ses résultats (approximativement confirmés par d'autres données un peu moins précises recueillies auprès d'enfants de cinq, sept et neuf ans [24]) montrent qu'à 5 ans les enfants manifestent clairement qu'ils comprennent le caractère imaginaire des scènes où les animaux se conduisent comme des humains (ce qui n'est pas encore parfaitement le cas à quatre ans et encore moins à trois ans). On a aussi établi (Lottan, 1967) qu'au même âge les enfants savent bien distinguer les histoires vraies (ou vraisemblables), lues par l'adulte, de celles qui racontent des choses qui ne peuvent pas arriver.

On ne saurait donc interpréter la rareté relative, parmi les propos d'enfants de cinq ans que nous avons recueillis, des jugements explicites sur le caractère vraisemblable ou irréel des images comme indice d'une incapacité à saisir ce qui, de ce point de vue, différencie les deux sortes d'images. On n'a d'ailleurs pas sollicité ce type de jugement, comme l'a fait Taylor (et aussi Lottan avec des textes). Il s'agissait de justifications libres d'un choix préalable.

Au reste, si on relève le nombre de nos sujets qui, au moins une fois, spécifient en termes généraux la différence entre les deux images, on s'aperçoit qu'en fait les 2/3 des enfants de cinq ans sont déjà dans ce cas (avec la totalité des enfants de huit ans). Qu'ils ne le fassent pas explicitement et de manière systématique à l'occasion de chaque paire d'images ne signifie pas forcément que le caractère incongru de certaines images leur échappe, tandis que la chose leur crèverait les yeux ailleurs. S'il est pertinent de rapprocher des conduites interprétatives, du point de vue du niveau d'habileté que cela implique (comme nous l'avons suggéré précédemment : voir chapitre III), la conduite verbale qui consiste à juger spontanément que telle image représente une scène qui « n'existe pas » ou comporte « quelque chose d'étrange » tandis que l'autre est « vraie », on ne doit pas s'étonner d'observer qu'elle ne soit pas courante à cinq ans et que même chez un sujet donné elle puisse être sporadique, facilitée par tel exemple plus que par tel autre.

Notons que par ailleurs à cinq ans les enfants savent aussi bien qu'à huit ans, après avoir établi leur choix, décrire les images en mettant l'accent sur les éléments qui contribuent à la vraisemblance de l'une et à l'incongruité de l'autre.

3. L'évolution des préférences et sa signification

Quel est le sens de l'évolution des préférences entre cinq et huit ans? A première vue, les choses ne sont pas tranchées au point qu'apparaîtrait parfaitement inversée l'orientation des choix d'un âge à l'autre (mais qui l'aurait cru ?). Cependant, à y regarder de près, se dessine, à travers nos observations, une évolution qui paraît assez lisible.

D'une manière générale, le caractère d'irréalité des images tend à plaire davantage aux plus jeunes (du moins aux garçons). Dès avant huit ans la tendance est opposée. C'est ce qui est susceptible d'« exister » réellement qu'on apprécie alors le mieux de voir représenté par l'image. Bien qu'orientée en gros dans le même sens, l'évolution est plus subtile et plus lente chez les filles que chez les garçons. Les réactions des filles apparaissent en effet, d'une certaine manière, plus libres, donc moins prévisibles.

Il est vrai que l'établissement des paires d'images obéit à une systématique (liée au caractère de réalité ou de fantaisie des objets, personnages ou situations représentés). Elle n'a certainement pas échappé à la plupart de nos sujets, quel que soit leur âge ou leur sexe, et ce que l'on vient de dire signifie que les garçons y ont été relativement sensibles. Il reste que chaque image est singulière par son thème, et c'est parfois sur celui-ci que les filles, en particulier, ont pu choisir de se déterminer, en dépit de toute référence à l'idée que cela puisse ou non exister. Qu'il suffise d'en donner un exemple où la chose est le plus frappante. Il s'agit du couple d'images où il est fait usage d'un balai : presque toutes les filles, même les plus jeunes aiment mieux voir que l'on s'en sert prosaïquement pour faire le ménage plutôt que pour naviguer dans les nuages. On y verra peut-être un effet du besoin de s'identifier à qui se livre à une tâche (malheureusement) plus familière à leurs ainées qu'aux hommes. A moins que s'exprime ainsi, déjà, quelque satisfaction «féministe», car précisément c'est manifestement un garçon qui manie le balai sur l'image en question (et disons que, de ce point de vue, il y aurait aussi quelque irréalisme ou incongruité dans cette image ...). Mais l'important n'est pas là. Ce qu'illustre plus généralement cet exemple est un aspect, qui nous paraît essentiel, de la différence liée au sexe eu égard à l'emprise exercée, à partir d'un certain âge, sur le goût et les jugements esthétiques (quel que soit le thème des images sur lesquelles ils s'exercent) par le besoin de conformité au réel.

Car c'est bien en ce sens que nous proposons d'interpréter les résultats de nos observations.

Phénomène culturel, l'extrême valorisation du réalisme dans les images, liée à l'entraînement à percevoir et à rechercher la ressemblance, au point d'induire, à la limite, une espèce de confusion entre le réel et sa représentation (au sens où l'image devient, en quelque sorte, «garante de l'existence d'une réalité à laquelle renvoie sa ressemblance» et par conséquent «double ou substitut» de cette réalité), tendrait à écarter la vision de «la véritable nature» de l'image — «produit d'un art ou d'une technique» qui permet heureusement toutes les fantaisies, y compris celles qui relèvent de la création poétique — et conditionnerait le jugement esthétique. C'est plus sûrement, nous semble-t-il, à l'école qu'au berceau, comme on l'a prétendu [25], que cet entraînement commence. Que les filles en restent plus (ou plus longtemps) affranchies que les garçons ne saurait surprendre. Pas plus que d'observer, comme nous l'avons déjà indiqué (chapitre III), un reflet plus vif chez les garçons d'un certain besoin d'ordre et de soumission aux règles conventionnelles de la ressemblance dans la préférence à l'égard du réalisme du style graphique. L'exigence d'adhésion au système de valeurs proposé par la culture environnante (et plus particulièrement par l'école) est souvent moins contraignante pour les filles (ce qui, soulignons-le, ne signifie pas que celles-ci jouissent d'une liberté plus grande mais plutôt qu'elles sont davantage laissées pour compte [26]).

Est-ce à dire qu'à cinq ans l'enfant connaît mieux qu'à huit la « véritable nature » de l'image, que tendrait ensuite à faire oublier la valorisation du réalisme ? La proposition est paradoxale et, telle quelle, ne saurait être soutenue. A la vérité, l'image est toujours quelque chose d'ambigu. Plutôt qu'« une nature » simple, elle a, a-t-on dit justement [27], comme une double nature: « Descriptive de la réalité, elle [...] présente un monde immédiat, celui dont s'empare la raison, mais d'autre part elle est prophète d'un autre monde au-delà des rivages de la connaissance rationnelle ». Mais on sait bien que c'est un « au-delà » déjà présent « en deçà » de l'âge de la raison (paradoxe acceptable celui-là), et que l'un des effets des pressions de la culture pourrait bien être de le faire oublier, privilégiant une seule des « deux orientations » de la pensée représentative, s'il est vrai [28] qu'il y a dès l'origine, au plan des attitudes, dualité d'orientation dans la vie représentative (dualité qui serait déjà incluse dans le fait primitif du « faire-semblant » : une qui va vers le réel, tandis que l'autre tend à s'en évader).

4. Agrément et curiosité

Ce qui vient d'être dit de l'évolution des réactions aux images concerne l'agrément relatif éprouvé à regarder tel type d'image plutôt que tel autre. C'est bien l'agrément qui est en cause lorsqu'on prie les enfants de dire ce qu'ils aiment le mieux. On aurait pu leur demander quelle image ils jugent la plus intéressante (mais ce n'est pas une question facile à faire comprendre à des enfants jeunes [29]. Berlyne et ses élèves ont montré [30] que ces deux notions ne se confondent pas forcément dans l'appréciation de stimuli visuels, et qu'elles entretiennent entre elles des relations qui ne sont pas simples, variant selon les circonstances, la composition des stimuli, etc. Ainsi, une image peut être jugée agréable parce qu'elle est intéressante ou, au contraire, à cause de son manque d'intérêt. Il semblerait, en outre, que les images les plus simples ou les plus redondantes (comparables, par exemple, aux « bonnes formes » des gestaltistes) soient jugées agréables mais dépourvues d'intérêt, et que soient jugées à la fois agréables et intéressantes celles qui sont très compliquées mais offrent un degré d'organisation interne très élevé (de telle sorte que l'effort perceptif déployé pour les appréhender ne soit pas vain).

Rappelons que ces observations, et d'autres encore, d'où la contradiction n'est, semble-t-il, pas toujours absente, sont le fruit d'études expérimentales minutieuses axées sur la variable complexité (voir chapitre suivant) portant sur des stimuli visuels à caractère artificiel et sans signification construits pour la circonstance, et par conséquent passablement éloignés des images dont il est question ici. Leur valeur générale pourrait donc être considérée comme insuffisamment établie. Quoi qu'il en soit, il faut reconnaître aux analyses de Berlyne le mérite appréciable de contribuer positivement à la clarification de certains aspects mal connus du comportement.

Deux faits que nous avons observés sont susceptibles d'être utilement commentés avec la terminologie de Berlyne, dont nous rappelons d'abord ici quelques éléments.

Il semblerait, selon Berlyne, que dans la plupart des cas les images qui sont jugées le plus agréables, qui sont préférées, soient l'objet d'un comportement exploratoire particulier dicté par la curiosité « diversive » ou récréative. Quant aux images auxquelles on attache quelque intérêt (parce que plus fouillées, par exemple, ou plus insolites ou surprenantes) et quel que soit l'agrément relatif qu'on en éprouve, on s'y attarderait animé soit de curiosité « perceptive » provoquant un comportement d'exploration « spécifique », soit de curiosité « diversive » quand l'intérêt diminue pour faire place à l'ennui. Deux mécanismes seraient en jeu, en ce sens que l'exploration spécifique a pour effet de réduire l'intensité de curiosité (en réduisant le conflit induit par la propriété collative du stimulus), tandis que l'exploration diversive relèverait d'un mécanisme inverse occasionnant l'élévation du niveau d'intensité de la curiosité.

Appliquées à nos observations, ces considérations ne permettent certes pas d'aller très loin, puisqu'on n'a aucune indication sur les temps respectifs d'exploration de l'une et l'autre image de chaque paire. Cependant, on a vu que la plupart des propos que nous avons relevés (80 % à cinq ans et 75 % à huit ans) sont relatifs à l'image incongrue. On n'est pas obligé de supposer que l'image qui fait le plus parler au moment des justifications est celle que l'on a, dans l'ensemble, le plus longtemps explorée. Cela serait d'ailleurs contestable car, même s'ils concernent directement l'image incongrue, les propos peuvent être le produit d'une comparaison constante avec l'autre image. Cependant, on peut très bien faire l'hypothèse que l'abondance des verbalisations sur l'incongru soit liée à l'intérêt, ou tout au moins à l'attention, que l'on porte à cette caractéristique des images, et qu'elle donne une idée de la mesure des efforts pour assimiler et organiser l'image, et donc, d'une certaine manière, la mesure de l'exploration spécifique dictée par la curiosité perceptive. Celle-ci n'évoluerait pas sensiblement de cinq à huit ans (ce dont il n'y a pas lieu d'être surpris si l'on admet que les conduites exploratoires strictement perceptives ou cognitives sont à finalité biologique). Ce ne serait pas le cas de la curiosité diversive, à quoi sont liées les jugements d'agrément dont on a commenté plus haut les modalités de l'évolution.

Ainsi, c'est sur la composante « diversive » de l'appréciation esthétique que s'exerceraient surtout les pressions culturelles sur lesquelles on a mis l'accent dans l'interprétation que nous avons proposée.

L'autre fait est relatif aux changements de choix qui surviennent lorsqu'on en donne l'occasion (comme nous l'avons fait, précisons-le ici) par une deuxième série de présentation des images.

Ce que l'on a observé au sujet des changements de choix de la première à la deuxième série de présentations appelle également un commentaire dans la même ligne. Ces changements ne sont pas très fréquents, puisque moins de la moitié des sujets « corrigent » au second tour une, deux ou trois (rarement plus) des options prises au premier, tous les autres maintenant identiques toutes leurs décisions. Mais ces corrections ne sont pas aléatoires (elles le sont si peu qu'en dépit de la bonne stabilité d'ensemble des choix, cela entraîne une différence significative, apparemment paradoxale) : elles vont, pour la plupart, dans le sens d'un détachement à l'égard de l'image incongrue (et l'on s'aperçoit, par un examen attentif des données, qu'il s'agit d'un phénomène général, en ce sens qu'il intéresse à peu près également et sans exception toutes les paires d'images), comme si, au-delà d'un premier temps d'incertitude ou de confusion, s'établissait une distinction entre ce qui attire l'attention, éveille (par un effet de surprise initiale) la curiosité perceptive et ce qui finalement plaît le mieux et satisfait la curiosité de type diversif.

5 L'autre réalité

Le présent chapitre visait à rassembler des éléments de réflexion sur les réactions d'enfants au regard de qui sont offertes des images d'albums façonnées à leur intention, en opposant l'incongru au vraisemblable, ou l'étrange, l'insolite, le fantastique ou l'extravagant au banal ou à l'ordinaire, comme on voudra (cela revient toujours à opposer « le réel et l'imaginaire »), puis à suggérer quelques éléments d'interprétation de ces réactions.

Sans nous dissimuler le caractère limité de nos propres observations et, partant, la fragilité relative des pistes proposées pour en rendre compte, nous livrons ici, à titre de conclusion et en forme de souhaits, les réflexions que nous inspirent ces données.

Il y a quelque chose d'insatisfaisant et, à la limite, de peu défendable dans la distinction exclusive posée, suivant le sens commun, entre la réalité (l'existant de manière permanente et indépendante de soi) et ce qui n'en est pas. Sans pénétrer, sous peine de n'en pas sortir, dans le dédale des significations de la réalité dans la langue philosophique, il est indispensable, croyons-nous (et l'on peut être sensible à ce genre d'analyse sans être familier de l'univers bachelardien), de distinguer des niveaux, des degrés ou, mieux, des formes de réalité qui peuvent certainement toutes s'exprimer ou être symbolisées par des images. On sait que celle du rêve et de l'imaginaire (que Pierre Janet situait à la fine pointe de sa « pyramide du réel » [31]) n'est pas la moins forte ni la moins inspirante pour la vie de l'esprit. C'est une forme de réalité à laquelle nous ne sommes pas (ou plus) habitués dans une société qui se veut rationnelle mais se révèle sclérosante [32], et que les oeuvres d'art ont justement pour fonction de « réaliser », au sens fort du mot[33]. C'est d'abord en elle que, très tôt, se manifeste la liberté créatrice de l'homme [34]. Puissent les images qui l'expriment ne pas devenir « langage indéchiffrable pour qui s'en tient aux alphabets scolaires » [35], ou alors puisse-t-on ne pas s'en tenir à ceux-ci à l'école, dont c'est aussi le rôle d'éclairer, sinon d'assister l'irrépressible (?) soif de rêve et d'images [36] : « Elève Dupont...rêvez ! » [37].

Notes

[1] Voir Durand, 1975, et Durand, 1973, p. 77.

[2] Et comment justifier autrement le choix par la R.A.T.P. de l'image (au reste assez ridicule, et en partie indéchiffrable par des enfants jeunes) illustrant un conseil de prudence (« Ne mets pas tes mains sur la porte : tu risques de te faire pincer très fort »), collée à hauteur d'enfant sur les glaces du métro : on y voit, les doigts pris dans la portière, un lapin en salopette (percée pour la queue). Comme les lapins ne prennent pas le métro et que de toute façon ils ne savent pas lire, force est d'imaginer une autre explication. (Précisons au passage que le signe conventionnel utilisé pour y indiquer le choc peut induire chez l'enfant une toute autre lecture de l'image, le signe en question étant pris pour un chiffon de ménage que le lapin agite sur les glaces...).

[3] Voir Simmons, 1967.
[4] Voir Derby, 1970 et Markowsky, 1975.
[5] Chamboredon et Fabiani, 1977b.
[6] Voir Durand, 1973, p.78.
[7] Voir Durand et Bertrand, 1975, p.25, 76-82 et 121- 124.
[8] Voir Berlyne, 1957, 1958a, 1963; Berlyne et al., 1963, 1964; et Faw, 1970; Faw et al., 1968a, 1968b, 1970, 1971; Nunnally et al., 1969; Smock et al., 1962; Minton, 1963; Clapp et al., 1965; Greenberger et al., 1967; Pielstick et al., 1968; Connolly et al., 1971; Lemond et al., 1974; Aitken et al., 1975; Francès, 1977; Faw et Wingard, 1977.
[9] Shackel, 1976.
[10] Voir Durand et Bertrand, 1975, p.192-200, et Walter Lorraine, 1977.
[11] Clapp et Eichorn, 1965; Connolly et Harris, 1971; Aitken et Hutt, 1975; Faw et Wingard, 1977.
[12] Smock et Holt, 1962; Faw et Nunnally, 1968a, b; Pielstick et Woodruff, 1968; Nunnally, Faw et Bashford, 1969; Faw, 1970; Lemond et Nunnally, 1974.
[13] Les faits dont il s'agit dans ce qui suit ont été mis en évidence dans des conditions expérimentales et grâce à la mise en œuvre de traitements statistiques dont l'exposé détaillé est donné dans Danset-Léger, 1975 et 1977.
[14] Voir Machotka, 1963; Rump et Southgate, 1967, etc.
[15] Voir Lark-Horowitz, 1937, 1938.
[16] Voir Zavalloni et Giordani, 1958 (cités par Machotka, 1963, 1966).
[17] Voir Nunnally et Lemond, 1973, p.67.
[18] Voir Berlyne, 1958a.
[19] Interviewée à propos d'une exposition présentant 650 albums de 16 pays («L'enfant et les images» - Musée des Arts Décoratifs, Pavillon de Marsan, Paris, oct. 73 - Jan. 74, exposition organisée par Mme Amic).
[20] Propos recueillis par M.F. Boyer, journaliste, Femme pratique, janvier 1974, n° 125.
[21] Georg Groddek, 1969, p.95.
[22] F. Faucher, in Escarpit, 1973b, p.105.
[23] Taylor et Howell, 1973.
[24] Voir Mc Lain Harms, 1975.
[25] Voir l'étude de Toubeau, 1974, ensemble de réflexions où sont empruntées les formules entre guillemets.
[26] Voir les remarques de Rocheblave-Spenlé (1962, p. 225), à propos de l'éducation des filles.
[27] Beauvalet, 1966, p.86.
[28] L'hypothèse en est suggérée par Chateau, 1974.
[29] Voir Aitken et Hutt, 1974.
[30] Voir Berlyne, 1971, p. 213-220.
[31] Ce que rappelle Fulchignoni, 1969, p. 65.
[32] Voir Held, 1977.
[33] Voir Malrieu, 1967, p. 79.
[34] Cornillot, 1973.
[35] Formule d'un critique d'art, à propos d'œuvres picturales (J.M. Dunoyer, 1975).
[36] Gilbert Durand: «Structures anthropologiques de l'imaginaire», d'après Mareuil, 1973.
[37] Ferran, 1977.

Planche 3a

Planche 3b

Planche 3c

Chapitre V
L'attrait des images complexes

Une image est plus ou moins complexe, du point de vue du sujet qui la perçoit, selon qu'elle est constituée d'un plus ou moins grand nombre d'éléments, ou selon que ceux-ci sont plus ou moins disparates, hétérogènes, indépendants les uns des autres, irrégulièrement distribués. Autrement dit, la complexité subjective d'une image est liée à ce qui détermine principalement sa valeur du point de vue de la quantité d'information.

Dans les albums de littérature enfantine, on trouve une assez grande variété de niveaux de complexité : du personnage ou de l'objet isolé, figuré par des lignes simplifiées, à la scène comportant de multiples éléments, riches en détails, disposés plus ou moins régulièrement, sur différents plans selon la hauteur et la profondeur.

Ce n'est pas avec des images significatives de ce type que se sont développées depuis une quinzaine d'années les recherches (maintenant fort abondantes) relatives aux effets de la complexité sur le pouvoir attractif exercé par des stimuli visuels, mais grâce à des figures en principe dépourvues de sens qui offrent l'avantage de pouvoir être calibrées, graduées quasiment à volonté, analysées avec une relative précision.

A la suite des premiers travaux de Berlyne [1], qui ont permis d'observer le rôle de la complexité des images sur la provocation de l'attention et de l'exploration, l'éveil de la curiosité ou l'orientation des préférences esthétiques, travaux réalisés avec des arrangements, présentés par paires, de traits ou formes géométriques simples plus ou moins nombreux, irréguliers, hétérogènes [2], l'usage[3] s'est répandu du recours aux fameux polygones construits au hasard selon une technique très simple, inventée par Attneave et Arnoult (1956) permettant des graduations très fines de complexité, liée au nombre d'angles internes ou externes [4]. (L'étude d'Attneave et Arnoult figure parmi la centaine d'articles en psychologie humaine le plus souvent cités, au moins entre 1961 et 1973 [5], ce qui donne une idée sinon de la fécondité, du moins du succès de leur invention) [6].

On a pu montrer [7] que la corrélation est presque parfaite (.98) entre le nombre d'angles (plus précisément le logarithme du nombre d'angles) et le jugement sur le taux de complexité. Un autre type de matériel consiste dans l'assemblement de carrés noirs sur fond blanc [8], où les éléments, tous de même valeur, peuvent être augmentés ou diminués en nombre à volonté (en jouant sur la taille) et dont le degré de redondance (autre déterminant de la complexité subjective [9]), peut être également déterminé avec précision : de la redondance maximum du damier jusqu'à la disposition la plus aléatoire obtenue par tirage au sort de chacune des cases [10].

On a utilisé des pièces de puzzle plus ou moins compliquées [11], et des reproductions de tableaux abstraits où sont juxtaposées des formes géométriques en plus ou moins grand nombre [12], et encore des ensembles de points distribués par ordinateur sur des matrices carrées [13].

Il est permis de douter du caractère récréatif de ce genre d'images pour les sujets à qui on n'offre pas d'autres choix et qui ont à subir parfois la vision successive de quelques dizaines de ces polygones ou quadrillages, nez et menton calés à l'objectif d'un tachistoscope. Quand ce n'est pas aussi muni d'électrodes aux deuxième et quatrième orteils du pied droit (Bryson et Driver, 1972, précisent ce détail; au moins ces auteurs ne s'enquièrent-ils pas de savoir si leurs sujets éprouvent du plaisir...) [14].

Mais, il faut admettre le bien fondé de cet usage, par les chercheurs, de matériels artificiels, simples et dépourvus de signification, dans des conditions fort éloignées du « vécu ». On sait, en effet, que c'est rarement en procédant autrement que la recherche positive en psychologie du comportement a pu ouvrir des voies ou du moins faire des pas. Il n'empêche que l'on peut, à bon droit, éprouver le besoin, à la lumière des données recueillies dans les situations « aseptisées » du laboratoire, de s'aventurer (au risque, très réel, de faire des pas beaucoup moins bien assurés) sur le terrain moins austère des objets et des situations qui ont du sens [15].

Ce besoin peut être éprouvé par qui s'interroge sur la qualité et l'adéquation des images qui sont offertes aux enfants dans les albums conçus à leur intention.

Rappelons d'abord à quels résultats principaux ont abouti les travaux de Berlyne et de ses élèves et ceux qu'ils ont inspirés.

Le fait massif est qu'en dehors de toute motivation utilitaire (tâche à exécuter dépendant de la nature des stimuli ou attente d'avoir à rendre compte de ce qui en est retenu) la complexité attire souvent davantage que la simplicité quand sont proposées au regard des paires d'images qui diffèrent sous cet aspect [16]. On a aussi montré qu'une image complexe a une valeur de renforcement plus grande qu'une image simple [17], ce qui revient à dire qu'elle est plus gratifiante. Mais c'est évidemment trop peu dire. Ce n'est pas vrai au-delà de certaines limites (en particulier pour les degrés très élevés de complexité). Cela dépend des conditions d'exposition préalable au choix (si l'on a eu tout loisir d'examiner auparavant les deux images et satisfait ainsi sa curiosité, c'est la plus simple que l'on demande à revoir pour le plaisir [18]. Enfin, la préférence pour la complexité est quelque chose qui paraît se développer avec l'âge. Mais, à ce sujet, les données de la littérature sont relativement confuses, sans doute en grande partie à cause de la diversité des conduites provoquées, des techniques de présentation, des indices retenus, et peut être aussi de la variété des modalités de complexité impliquées dans les stimuli utilisés. Quand on a passé en revue ces données (dont il serait fastidieux et à vrai dire superflu de faire état ici dans le détail), on ne sait plus très bien si (ou quand) les enfants préfèrent la simplicité (ce serait le cas chez les enfants très jeunes, d'après certains auteurs [19], et encore à cinq ans selon d'autres [20]), ou un niveau modéré de complexité [21], ou si, quel que soit leur âge, et comme les adultes, ils préfèrent généralement les images les plus complexes [22], ou de plus en plus avec l'âge [23], ou même s'il y a toujours une relation entre préférence et complexité (ce qui a été mis en doute [24] pour les âges de trois à cinq ans), etc.

Selon une des recherches les plus récentes et dont les résultats sont parmi les plus clairs (Aitken et Hutt, 1974), il semblerait que l'âge de 5-6 ans soit le moment d'une transition dans le développement des préférences esthétiques liées à la complexité. A cet âge, les enfants commenceraient à savoir bien indiquer leurs préférences et à s'y tenir mais, encore incapables d'organiser perceptivement des figures complexes (il s'agit toujours de « polygones aléatoires »), choisiraient le plus souvent les plus simples. Tandis qu'au-delà de six ans se manifesterait de plus en plus nettement la préférence pour la complexité, d'abord (et jusqu'à 10 ans environ) tout simplement parce que c'est ce qui retient le plus l'attention, et plus tard en sachant distinguer ce qui est intéressant de ce qui est agréable, même si ces deux dimensions du jugement coïncident souvent jusqu'à l'adolescence ou l'âge adulte.

Les faits que nous avons nous-même observés, dont il est fait mention dans ce qui suit [25], sont moins à considérer comme une contribution de plus à l'élucidation de ce problème général et confus du développement des préférences à l'égard des images complexes qu'à regarder comme éléments d'illustration, dans le domaine de la littérature enfantine, d'un aspect dont ce qui vient d'être rappelé suffit à suggérer l'importance et auquel il convient par conséquent que soient sensibilisés les auteurs de livres en images destinés aux enfants.

1. Des faits

On a présenté à une soixantaine d'enfants, de quatre à six ans environ, 18 dessins au trait extraits (ou faits d'éléments extraits) d'albums pour enfants. (Ils figurent en réduction sur les planches 4a et 4b).

Ces 18 images sont partagées en six triades figurant chacune un thème ou une catégorie, selon trois degrés de complexité.

Pour la moitié, soit dans trois triades (planche 4 b), il s'agit d'images représentant des objets discrets, soit objets de table (couverts, ustensiles de cuisine, etc.), soit objets de jardin (ou de jardinage), soit objets de jeu pour enfants (trottinette, landau, hochet, etc.), disposés au hasard sur la page, comme en vrac bien que sans chevauchements, au nombre de deux, quatre ou huit selon le degré de complexité. Notons que, du premier au troisième degré, l'accroissement de complexité est obtenu par simple ajout d'objets, sans répétition et de telle sorte que l'image de moindre complexité soit toujours intégrée telle quelle, sans déplacement ni retouche, dans la plus complexe.

Pour l'autre moitié (les trois triades figurant sur la planche 4a), il s'agit d'images plus structurées : scènes de la campagne ou paysages animés représentant des animaux familiers dans leur cadre naturel (moutons dans un pâturage, grenouille et caneton dans une mare, lapins dans un pré). La complexité y est également progressivement augmentée (mais la chose est ici moins quantifiable) par addition d'éléments, ici en quelque sorte de contexte ou de décor (configuration du ciel, contours de paysage ou silhouette en arrière-plan), de telle manière que l'image plus simple, suffisamment évocatrice par elle-même, soit toujours intégrée telle quelle dans la plus complexe, sans modification ni déplacement des objets qu'elle représente.

Ce qui frappe surtout, dans les réponses des enfants, concerne l'évolution des préférences pour les images complexes. Il apparaît, en effet, très clairement que l'âge de six ans est un seuil à partir duquel on apprécie assez régulièrement une image d'autant plus qu'elle est plus complexe. L'ordre de préférence conforme à la complexité décroissante ne se dégage nettement qu'à six ans.

Soulignons cependant que ce constat n'implique évidemment pas qu'avant six ans les choix ne se font pas, de quelque manière, en fonction de la variable complexité: On ne relève pas de cas où les choix se font systématiquement de telle sorte que l'image la plus simple soit préférée aux deux autres et/ou qu'à l'inverse la plus complexe soit la moins bien appréciée. En bref, dans l'évolution des préférences à l'égard d'images figuratives plus ou moins complexes telle que nos observations permettent de l'apercevoir, on ne passe pas vers six ans d'une tendance à préférer d'emblée les images simples à la tendance opposée, mais il semble qu'une orientation des préférences en faveur de la complexité, parfois déjà décelable, le plus souvent dans une faible mesure, vers quatre et cinq ans, s'accentue et se systématise indéniablement à six ans.

Précisons que les enfants de cinq et six ans que nous avons examinés ont eu, pour chacune des triades, deux occasions d'établir un ordre de préférence. Il était donc possible d'envisager la différence liée à l'âge sous l'angle de la stabilité des choix, et à la lumière des analyses berlyniennes relatives aux différents types d'attention ou de curiosité portée aux stimuli visuels selon les conditions préalables de leur exposition.

On a observé que l'ordre de préférence conforme à la complexité décroissante paraît se dégager le plus souvent moins bien encore à la seconde présentation qu'à la première chez les enfants de cinq ans, au point même que parfois (dans le cas des scènes) c'est l'image la plus simple qui prend le pas sur la plus complexe à la place la plus favorable.

Tandis qu'à six ans l'accord demeure stable ou (dans au moins la moitié des cas) s'affirmit en faveur de l'ordre de préférence conforme à la complexité décroissante.

Ajoutons que la seule considération de l'image que les sujets disent préférer aux deux autres met bien en évidence d'une part un accroissement avec l'âge de la stabilité des choix et d'autre part la tendance, lors de la deuxième exposition, à opter davantage qu'à la première en faveur de la simplicité à cinq ans et de la complexité à six ans. On relève ainsi, par exemple, qu'à six ans plus des trois quarts changent peu (une ou deux fois sur six triades) ou ne changent pas du tout leurs options quant à l'image classée au premier rang, tandis qu'à cinq ans les trois quarts changent de trois à six fois.

Notons qu'en offrant une seconde occasion de répondre, on prend le risque d'induire une attitude de changement systématique chez des enfants jeunes, soucieux de complaire à un expérimentateur qu'ils supposent insatisfait des premières réponses (même s'il les a reçues avec la « bienveillante neutralité » du psychologue). Aussi est-il important de noter au passage qu'un seul sujet change toujours et deux seulement presque toujours, les autres modifiant leur décision une, deux, trois ou quatre fois. On peut, en effet, en inférer que les changements observés sont plutôt à mettre au compte des conditions préalables d'observation.

Pour certaine triade (celle du canard), presque tous les enfants changent leur décision à cinq ans tandis que tous, sans exception, la maintiennent à six ans. D'autre part, lorsqu'on établit pour chacun des enfants les fréquences d'occurrence au premier rang de l'image la plus complexe (C) et de la plus simple (A), on s'aperçoit que la relation C > A (C plus fréquent que A) est, à cinq ans le fait de 75 % des sujets (à la première présentation) puis de 42 % (deuxième présentation) et, à six ans, le fait de 83 % puis de 92 % des sujets, tandis que la relation inverse A > C n'apparaît qu'à cinq ans et seulement à la deuxième présentation (42 %).

Ce qu'ont répondu les enfants de cinq-six ans quand on leur a demandé de justifier leurs choix n'a pas forcément trait, de manière explicite, à la variable complexité. En fait, au total, la majorité des propos émis sont de simples observations de type énumératif ou descriptif portant sur des éléments ayant caractère d'unités (personnage, animal, colline, arbre, nuage, etc., dans les images représentant des scènes, objets dans la série des objets discrets) ou sur des parties ou détails de ces éléments (par exemple, chapeau du berger, oeil du lapin, manche du rateau, etc.), comme si on avait demandé aux enfants de dire tout ce qu'ils voient au lieu de les prier de justifier leurs préférences.

On n'a retenu cependant que les arguments susceptibles de justifier clairement un choix fondé sur la différence de complexité, soit en se référant sans ambiguïté à ce qui distingue les images du point de vue de la charge en éléments ou détails (*« plus de choses »; « moins de choses »; « pas pareil de choses »; « plus d'animaux là que là »*, etc.), soit en faisant remarquer précisément ce qui manque à l'image plus simple pour être comme la plus complexe (*« je l'aime pas parce que ... l'arrosoir, il a pas le rateau et la pelle »*, ... *« il n'y a pas de roseaux et pas de nuages »*, ... *« pas de nuage et pas de montagne et pas de sapin »*, etc.).

Précisons que ce n'est pas arbitrairement que l'on a distingué deux sortes de réponse parmi celles qu'on a retenues comme pouvant avoir quelque rapport avec la variable complexité: d'une part justifications générales, en termes de charge plus ou moins importante en éléments ou détails et, d'autre part, relevé de ce qui manque à l'image plus simple pour être comme la plus complexe. Au vrai, la prise en compte de cette dernière sorte de réponse parmi celles qui sont relatives à la complexité peut fort bien être contestée. En effet, l'organisation même du matériel, dont on a souligné qu'il était construit de telle manière qu'à l'intérieur d'une triade l'augmentation progressive de la complexité soit toujours obtenue par addition d'éléments nouveaux, laissant subsister les anciens tels quels, à la même place, pouvait provoquer les sujets à percevoir l'image plus simple comme incomplète, c'est-à-dire négativement (même si elle est suffisamment évocatrice par elle-même), et lui préférer une image plus complexe (parce que plus complète). C'est ce que peuvent refléter des propos où l'on fait seulement mention de ce qui est « omis » ici ou là.

Les justifications les plus pertinentes (par rapport à la variable complexité) mettent seulement l'accent sur la différence de charge. Il est donc important de noter que celles-ci sont nettement et régulièrement plus fréquentes que celles qui soulignent l'absence de tel ou tel élément. Certes, elles sont le plus souvent assez loin de constituer l'essentiel des propos émis, du point de vue de la quantité, mais il faut reconnaître que d'une part il est plus facile à cinq et six ans de décrire et d'énumérer que d'émettre un jugement comparatif global impliquant une certaine prise de distance et un minimum d'abstraction et, d'autre part, sauf à se répéter, les sujets n'ont pas plus de quatre occasions par triade d'émettre un tel jugement (« plus ici, moins là », « plus ici, moins là », etc.). Ajoutons que si on relève le nombre des sujets qui, au moins une fois, spécifient ainsi la différence d'une image à l'autre, on s'aperçoit qu'en fait, quel que soit l'âge et la nature des images, environ 80 % sont dans ce cas (aussi bien à cinq ans qu'à six ans pour les scènes et pour les objets), tandis que pas plus d'un quart caractérisent au moins une fois une image comme incomplète (en termes d'omission).

Cela dit, sans qu'on ait pu mettre en évidence de différence significative liée à l'âge, on notera qu'à six ans, aussi bien pour les scènes que pour les objets, on a tendance à émettre un peu plus de jugements de ce type qu'à cinq ans.

Les tendances générales qui se dégagent de nos observations se manifestent à travers des différences plus ou moins amples qui sont à mettre au compte de variations dans les particularités du matériel et, par conséquent, dans les modalités de la complexité.

De ce point de vue, il convient surtout d'examiner l'effet de la principale variation systématiquement introduite : objets discrets en vrac ou paysages organisés. Mais il faut également relever, à l'intérieur même de chacune de ces catégories, certaines sources de modulation dans les réponses relatives à la complexité.

La comparaison des réponses aux scènes et aux objets séparés ne semble pas fournir d'indications tranchées ni d'orientation parfaitement univoque. On a cependant relevé que l'ordre conforme à la complexité décroissante se dégage la plupart du temps plus nettement avec les objets.

En outre, du point de vue des verbalisations recueillies, on a observé que les enfants semblent ne pas réagir tout à fait de la même manière avec les scènes et avec les objets. La proportion des justifications pertinentes apparaît, en effet, supérieure dans le cas des objets, et significativememnt supérieure à six ans.

Pour illustrer les effets possibles de facteurs de modulation à l'intérieur de chacune des deux catégories d'images, notons que dans la triade des moutons, les préférences à cinq ans vont d'emblée davantage qu'ailleurs à la simplicité, l'accord entre les sujets à six ans y est le plus faible, et le nombre des changements de choix, ailleurs toujours plus faible à six ans qu'à cinq ans, y est également fréquent aux deux âges. C'est probablement que certains des éléments, seulement esquissés, ajoutés dans l'image la plus complexe (à cinq ou six niveaux différents d'arrière plan) sont ambigus ou malaisément identifiables (un relevé des erreurs d'interprétation, parmi les propos, montre que celles-ci, relativement plus abondantes avec les scènes qu'avec les objets, sont surtout relatives aux éléments de l'image des moutons : église identifiée comme sapin, colline comme route, etc).

Ces remarques conduisent à nuancer ce qui est suggéré plus haut quant à la tendance générale, aux âges considérés, à préférer les images les plus fournies. Il convient, en effet, d'ajouter que, au moins pour ce qui concerne les images figuratives, cette relation n'est clairement décelable que si, parmi les éléments du choix, il y a égalité du point de vue de l'intelligibilité.

Le cas de la triade des objets de jeu est également singulier, mais pour une autre raison, aisément imaginable. C'est à son endroit que les réactions des plus jeunes épousent le plus étroitement et le plus régulièrement celles des plus âgés, chez qui par ailleurs on aperçoit très nettement la tendance à préférer l'image la plus chargée et à rejeter la plus vide ou la plus dépouillée. On ne saurait être surpris que cette orientation générale s'exprime ici à la mesure de la valeur pour l'enfant des objets qui sont représentés.

Signalons enfin qu'une certaine régularité qui paraît se dégager de nos observations fait qu'on ne peut s'empêcher ici, malgré la minceur dans la littérature des fondements empiriques susceptibles d'inspirer la prévision d'une différence liée au sexe dans les réactions d'enfants à la variable complexité, de poser au moins la question, sur laquelle on reviendra plus loin, de savoir si les filles et les garçons réagissent différemment à cette variable dans les images. Précisons que ce sont surtout les filles qui donnent des réponses d'où se dégage l'ordre de préférence conforme à la complexité décroissante.

2. Les aspects et les effets de la complexité

Il n'est pas douteux que la complexité joue un rôle important, sinon dans le fonctionnement cognitif et la motivation, du moins dans les tentatives d'élaboration théorique relatives à des conduites que l'on peut catégoriser sous ces rubriques: à l'attention, l'exploration, la réaction d'éveil, le jugement esthétique. Mais qu'est-ce en réalité que la complexité?

Les propositions [26] de réduction à un dénominateur commun qui serait l'incertitude (exprimée, par exemple, par le nombre des éléments indépendants présents dans une configuration visuelle) se sont révélées insatisfaisantes, faute d'un accord précis sur la manière d'en prendre la mesure et parce que d'autres caractéristiques des stimuli complexes conditionnent aussi préférences et exploration (nombre d'angles, forme et longueur des contours, par exemple). Aussi paraît-il plus juste d'envisager la complexité comme une réalité à multiples facettes ou dimensions. Un inventaire détaillé de ces dimensions, établi à partir de l'abondante production américaine sur le sujet, inclurait, entre d'autres [27], les aspects suivants, déjà évoqués au début: hétérogénéité des éléments, asymétrie ou irrégularité de leur arrangement ou distribution, nombre d'éléments indépendants, quantité de détails, irrégularité des formes ou des contours.

Il n'est pas sûr que tous ces aspects fassent réagir les sujets de la même manière. Il est arrivé que l'on mette en évidence une corrélation négative, dans le choix émis par des enfants, entre l'effet de l'hétérogénéité des éléments et celui de l'irrégularité de la forme [28]. Par ailleurs, alors que dans certaines études [29] on trouve une corrélation positive entre les préférences d'adultes à l'égard d'images constituées d'éléments disposés aléatoirement et les préférences pour des formes asymétriques, dans d'autres études [30] on n'en trouve aucune. Dans une étude de Rump (1968a), les effets de l'hétérogénéité, de l'asymétrie et de la multiplicité des éléments sur les jugements préférentiels d'adultes ne corrèlent pas du tout. Une étude systématique de Kreitler et al. (1974a), portant à la fois sur les préférences et les temps d'observation chez des enfants de 6 ans et demi à 8 ans et demi environ, fait apparaître une assez grande variété dans les réactions aux différents aspects de la complexité.

Il n'est pas sûr non plus qu'à l'intérieur d'une même dimension tous les stimuli aient des effets identiques. La couleur et la nature des objets représentés peuvent être des facteurs de différenciation des réponses d'enfants à des stimuli de même type de complexité [31].

A égalité de complexité, il n'est pas du tout égal de présenter des éléments blancs sur fond noir et les mêmes éléments noirs sur fond blanc [32]. Deux paires constituées d'images inégalement complexes par le degré d'hétérogénéité des parties peuvent donner lieu à des réactions fort différentes [33].

Des résultats présentés par Kreitler [34], il ressort également que la corrélation n'est pas toujours évidente à l'intérieur de chacune des dimensions de la complexité. On a vu, en outre, qu'à certains égards les résultats que nous avons nous-même élaborés permettent d'illustrer le rôle de certains facteurs de modulation dans les réponses relatives à un même type de complexité.

Ces quelques indications, qui donnent la mesure de la «complexité de la complexité» (Kreitler et al., 1974a), doivent évidemment conduire à considérer avec circonspection toute affirmation de l'existence d'un «facteur général de préférence - pour - la - complexité» [35], et à relativiser les données de nos propres observations. Mais redisons que celles-ci ne visaient pas tant à contribuer à l'élucidation du problème de l'existence de ce facteur général et des modalités de son actualisation qu'à tenter de mettre en évidence dans le domaine des images d'albums pour enfants (comme d'autres [36] l'ont fait naguère dans le domaine des réactions des enfants aux images publicitaires de la télévision), et sur des exemples relativement clairs, au moins un aspect d'une variable à laquelle on reconnaîtra qu'il peut être important de porter intérêt.

De quelle manière peut-on savoir quelque chose des effets produits chez un sujet par la complexité? Dans la plupart des recherches, on s'efforce de mesurer l'importance relative de l'exploration visuelle des images (en prenant en compte des temps de fixation ou d'observation, plus ou moins finement enregistrés, grâce à des dispositifs plus ou moins sophistiqués sur le plan technique). Dans certaines études, cependant, on provoque simplement les sujets à émettre des choix préférentiels parmi des stimuli visuels inégalement complexes. Cela ne revient pas au même et c'est abusivement qu'on a quelquefois interprété des différences de temps d'observation en termes de préférences pour les stimuli les plus regardés [37].

En dehors de l'agrément, on peut invoquer bien des motifs à l'attention prolongée portée à telle image particulière (son importance, pour quelque raison, la valeur pour le sujet des objets qu'elle représente, l'effort de déchiffrement qu'elle suscite, etc.). Par rapport à la complexité, la relation entre les temps d'observation et les jugements de préférence n'est pas des plus claires. Il est vrai que ces deux types de réponse corrèlent positivement dans certaines études [38], mais on s'aperçoit qu'elles corrèlent négativement dans d'autres [39]. Dans la recherche de Wohlwill (1968), qui est une des rares études portant (en partie) sur des images figuratives, tandis qu'on observe une corrélation positive entre les jugements de préférence émis par des adultes à l'égard de reproductions d'oeuvres d'art non figuratives plus ou moins complexes (des Picasso, des Klee, des Miro, des Léger, des Mondrian, etc.) et le temps qu'ils y consacrent, on ne relève aucune corrélation quand les images sont figuratives (photographies de paysages urbains ou ruraux extraits d'une documentation géographique). Dans l'étude de Kreitler, déjà citée, temps d'observation et préférences exprimées apparaissent comme deux réactions quasiment sans rapport clairement décelable.

Ces indications, qui contribuent aussi à montrer la «complexité de la complexité», justifient que l'on ait choisi, en vue de connaître l'orientation des préférences des enfants, de faire désigner tout simplement et sans détour l'image la mieux aimée.

3. Développement des préférences à l'égard de la complexité des images

A la lumière de ce qui vient d'être rappelé sur les aspects et les effets de la complexité, l'apparente incohérence, soulignée au début, des données de la littérature concernant l'orientation des préférences des enfants ne saurait évidemment surprendre. Certains auteurs fondent leurs conclusions seulement sur la base d'un examen des temps d'observation, d'autres sur les préférences exprimées. Certains utilisent un matériel variable en fonction d'un aspect de la complexité, d'autres en fonction d'un autre aspect. Aussi ne nous paraît-il pas absolument pertinent d'examiner avec soin si les résultats de nos propres observations confirment ou infirment telle ou telle de ces données. Sans naturellement les relativiser au point de suggérer l'idée qu'ils sont dénués de valeur générale, disons nettement, cependant, que ces résultats sont à regarder comme étant relatifs à une forme et à une gamme particulières de complexité. Mais il importe surtout ici de considérer que ces caractéristiques illustrent assez bien des variations courantes à l'intérieur des albums d'images destinés aux enfants jeunes.

Cela dit, il apparaît nettement que la répercussion sur les préférences de ce type de variation est quelque chose qui évolue avec l'âge, et que l'âge de six ans est un moment critique dans l'affermissement et la systématisation des choix en faveur d'images relativement chargées en éléments ou détails.

Notons que ces résultats vont, au moins en partie, dans le même sens que ceux d'Aitken et Hutt (1974) évoqués au début, obtenus avec un matériel non figuratif. Ces auteurs rappellent un certain nombre de changements importants qui interviennent vers six ans dans l'ordre du développement cognitif et qui sont éventuellement susceptibles de se refléter (bien qu'on ne sache pas très bien comment) dans l'évolution des préférences esthétiques : changement [40] dans le processus et les stratégies d'apprentissage, passage à la « décentration » analysé par Piaget, premiers indices décisifs de la médiation verbale [41], acquisition d'un niveau de compétence linguistique suffisant pour améliorer nettement l'organisation de l'information. Mais c'est finalement l'attention, perfectionnée par les nouvelles capacités que l'on vient de dire, qui, selon Aitken et Hutt, déterminerait les préférences esthétiques de l'enfant, incapable où il se trouve avant longtemps (dix ans, selon ces auteurs) de faire le partage entre ce qui l'intéresse et ce qui lui est agréable. Prié de dire ce qu'il aime le mieux, l'enfant jeune choisirait ce qui attire le plus son attention, et ce qui attire l'attention c'est d'abord, à cet âge, la quantité des éléments contenus dans l'image.

Mais ces remarques ne sont pas toujours parfaitement convaincantes. Rappelons, en particulier, que l'analyse des changements de choix opérés par un certain nombre de nos sujets, entre les deux présentations des mêmes triades, suggère l'idée qu'intérêt et agrément pour la complexité coïncideraient éventuellement mieux à six ans que chez les plus jeunes, dans la mesure où l'on voit ceux-ci opter pour la simplicité après avoir choisi la complexité, tandis que l'on observe à six ans un affermissement des choix favorables à la complexité, déjà bien marqués dans ce sens lors de l'exposition initiale.

A l'évocation des progrès marquants qui interviennent vers six ans au plan cognitif, ne manquons pas d'ajouter celle d'un autre événement, dont on imagine malaisément (même si l'on ne voit pas clairement les mécanismes en jeu) qu'il soit sans aucune influence sur le développement des préférences esthétiques: le début de l'encadrement dans les structures de la scolarité élémentaire (dont on est trop souvent pressé de s'inspirer en grande section de Maternelle ...).

4. Sexe et complexité des images

Les différences entre les réactions des filles et celles des garçons sont loin d'être aussi tranchées que les différences liées à lâge. Il ne convient certes pas d'y attacher plus d'importance qu'elles n'en ont. On peut arguer, pour les minimiser, du petit nombre des enfants examinés. Mais on peut aussi avancer qu'elles prennent force de la relative régularité de leur apparition à travers les diverses comparaisons auxquelles on s'est livré, et l'on peut alors supposer que si des échantillons aussi réduits les laissent apparaître, c'est qu'elles ne sont pas insignifiantes.

Il est vrai, comme on l'a précédemment souligné, que les données de la littérature sur ce point sont rares et peu cohérentes. Kreitler et al. (1974 a) font état de trois recherches où la question est abordée, et ils se la posent eux-mêmes à propos des réactions d'enfants de 7-8 ans environ, se fondant sur des différences liées au sexe observées précocement dans le domaine des activités perceptives (on a montré depuis [42], avec les polygones ... que les garçons étaient plus précis que les filles, à 7 et 10 ans, dans la discrimination des formes), dans le domaine de l'attention [43], et dans le domaine de la curiosité et des conduites d'exploration (différences observées par Kreitler et al., à l'occasion de travaux non encore publiés [44]). Dans la première de ces recherches [45], on ne relève pas de différence entre les préférences des filles et celles des garçons auxquels on soumet des images dépourvues de signification qui varient du point de vue de la symétrie et du nombre d'angles; dans la deuxième [46], on observe que dans une population d'enfants « retardés » les filles s'attardent plus souvent que les garçons plutôt sur les stimuli complexes, tandis que chez des enfants normaux ce sont les garçons qui semblent s'y attacher préférentiellement le plus souvent; dans la troisième [47], on trouve que cela dépend du type de complexité (les filles seraient plus attirées que les garçons par la complexité dans certains cas; les garçons le seraient davantage que les filles dans d'autres cas). On pourrait ajouter, à ces trois recherches, une étude plus récente [48] (apparemment assez futile, où l'on voit que les filles (4 à 12 ans) préfèrent les bonbons ronds aux bonbons carrés (les garçons aussi ... mais beaucoup moins nettement): si l'on associe nombre d'angles et degré de complexité, il est certain que les ronds sont plus simples ... [49]. Quant aux observations de Kreitler et al. (1974 a), recueillies auprès d'enfants de six à huit ans auxquels on soumet des paires constituées d'images inégalement complexes, selon cinq types de complexité, elles ne révèlent aucune différence significative dans les temps d'exploration et n'en montrent que dans une paire sur dix en ce qui concerne les préférences exprimées: en faveur de la complexité chez les filles et de la simplicité chez les garçons. Il faut cependant préciser ici que dans la paire en question l'image « complexe » est une image incongrue construite à la manière des stimuli de Berlyne — une maison avec des jambes (l'image simple est une maison ordinaire, sans jambes), l'incongruité étant considérée par les auteurs comme une modalité de complexité parmi les autres, ce qui peut être jugé contestable.

On évoquera encore deux autres sources d'information plus ou moins pertinentes par rapport à la question: d'abord des recherches de Thompson et de Zimbardo [50], citées par Berlyne [51], qui montrent que les organismes de sexe féminin sont les plus actifs dans l'exploration ... chez les rats; et plus sérieusement (?) les travaux d'Eisenman sur les différences liées aux sexes (et à l'ordre de naissance dans la fratrie ...) dans les préférences d'étudiants en psychologie à l'égard des polygones aléatoires plus ou moins complexes [52], où l'on voit que les figures les plus compliquées ont surtout la faveur des filles [53]. (Avec des dessins au trait enchevêtrés, soumis à des enfants de dix ans, d'autres auteurs [54], se référant aux publications d'Eisenman, ont confirmé ce résultat.) Eisenman précise que les figures compliquées plaisent davantage encore aux filles qui ne sont pas premières-nées dans leur famille, tandis que, parmi les garçons, les premiers-nés optent plus fréquemment pour la complexité que les autres ... Ce genre d'investigation a de quoi faire sourire. A priori, on a l'impression qu'il faut avoir l'esprit quelque peu sinueux pour imaginer un lien (qui n'est certainement pas direct) entre les modalités de contemplation des fameux polygones d'Attneave et Arnoult et l'ordre de naissance dans la fratrie. Quoi qu'il en soit, rien dans l'exposé des résultats d'Eisenman et de leur traitement n'induit à mettre en doute la réalité de la relation mise ainsi en évidence entre le sexe féminin et l'attrait exercé par la complication dans les stimuli visuels. Elle semble d'ailleurs confirmée par des observations plus récentes, également recueillies (en Allemagne) auprès d'étudiants (Wiedl, 1977 b). Il n'y a donc pas lieu de négliger cette information si elle permet d'éclairer la tendance qui nous a paru se dégager dès avant six ans. A vrai dire, elle éclaire moins qu'elle ne confirme dans l'idée qu'il ne s'agit probablement pas d'un phénomène fortuit. Les tentatives d'interprétation qu'il déploie, en termes d'influence des pratiques éducatives sur la formation de la personnalité et de rapport avec la créativité, conduisent seulement Eisenman à suggérer que, par de nouvelles recherches portant sur l'enfant jeune, on s'efforce de comprendre pourquoi le sexe est une variable importante dans l'appréciation des images complexes [55]. Il n'est pas absolument évident que la question soit d'importance pour la psychologie. Mais ce n'est certainement pas pour cette raison que la suggestion n'a, semble-t-il, pas encore été positivement retenue.

Notes

[1] Voir Berlyne, 1957, 1958 a, 1958 b.

[2] On peut en voir des échantillons dans Berlyne, 1960, p. 100; 1971, p. 199; Berlyne et al., 1974, p. 261; Francès, 1974, p. 130; Kreitler et al., 1974 a, 1975, etc ...).

[3] Inauguré par Munsinger et Kessen, 1964.

[4] Signalons que Nunnally et Lemond (1973, p. 71) présentent un échantillon de ce type d'images (à 3, 40, 80 et 200 angles), et que Cooper et Podgorny (1976) en reproduisent une quarantaine à 6, 8, 12, 16 et 24 angles. Locher et Simmons (1978) en montrent des exemples symétriques et asymétriques pour 12, 18, 24 et 30 angles.

[5] D'après une statistique de l'Institute for Scientific Information (voir Current Contents, Soc. and Behav. Sci, 1975, 7, n° 18).

[6] Une variante en a été imaginée par Switzky (1974) à l'intention d'enfants très jeunes: polygones mous (sortes de coussinets en skai noir bourrés de mousse) dont le contour est dessiné selon la même technique, les plus simples ressemblant à des boulets de coke et les plus compliqués à quelque bâton de réglisse torturé. Et le même «article» existe aussi maintenant en dur (en bois), également pour exploration manuelle: voir Wohlwill (1975 a). Notons que la technique d'Attneave et Arnoult permet aussi, en principe, de construire des polygones figuratifs (voir Simon, 1972; Mandler et Day, 1975).

[7] Voir Nunnally et Lemond, 1973, p. 71.

[8] Voir Houston et al. 1965; Gerda Smets, 1973 et 1975, dont le matériel est reproduit dans Berlyne, 1974 a, p. 141; Chipman et Mendelson, 1975; Frith, 1976, dont les stimuli font penser à certaines oeuvres d'«art moderne»; Chipman, 1977, et Chipman et Mendelson, 1979, qui distinguent six types de structures avec des carrés noirs et blancs.

[9] Selon des résultats obtenus par Houston.

[10] On peut trouver dans Wilson et Nunnally, 1973, une discussion sur les techniques de construction de ce genre de matériel.

[11] Boykin et Arkes, 1974.

[12] Rump, 1968 b; Nicki et Moss, 1975.

[13] Frith et Nias, 1974.

[14] A moins qu'on leur donne à manipuler des polygones mous (susceptibles au moins de gratifier les sujets sensuels) ...

[15] Ce qu'ont déjà tenté, sur le thème de la complexité, quelques auteurs avec des photographies ou peintures (ou timbres-poste) de paysages ou d'objets divers (Leckart et Bakan, 1965; Leckart, 1966; Wohlwill, 1968; et plus récemment Saklofske, 1975 ab; Arkes et Clark, 1975; Francès, 1976; et Gottesdiener, 1977) présentées à des adultes (exceptionnellement à des enfants: Wohlwill, 1975 b). Notons que sur le thème de la préférence des enfants pour la «nouveauté» (autre variable collative), Corinne Hutt (1975) a elle-même utilisé des images figuratives, d'ailleurs extraites (entre autres) de livres pour enfants (projetées en diapositives).

[16] Voir Berlyne, 1971, p. 203; et voir Nunnally et Lemond, 1973, qui présentent un tableau, non exhaustif, de 39 études sur le sujet parues de 1957 à 1972.

[17] Voir Berlyne, 1972 b.

[18] Voir Spitz et Hoats, 1963; Berlyne, 1963.

[19] Brennan et al., 1966; et Hershenson, 1964.

[20] Hutt et Mc Grew, 1969.

[21] Voir Munsinger et al., 1964.

[22] Voir Berlyne, 1958 b; Smock et Holt, 1962; Cantor et al., 1963; May, 1963; Cantor et Cantor, 1964 ab, Eisenman et al., 1969. Pour l'âge adulte (17 à 72 ans), voir Panek et al., 1978.

[23] Voir Willis et Dornbush, 1968; Thomas, 1969; Stevenson et Lynn, 1971; Black et al., 1971.

[24] Par Kaess et Weir, 1968.

[25] On les trouvera exposés en détail, avec la description des conditions expérimentales et des traitements statistiques, dans Danset-Léger, 1976 a et 1977.

[26] Rappelées dans une mise au point sur la question par Kreitler et al., 1974 a, dont nous nous inspirons dans ce qui suit.

[27] Voir Wiedl, 1977 a, qui en distingue onze.

[28] Voir Smock et Holt, 1962.

[29] Par exemple, Barron, 1953.

[30] Voir Eisenman et Rappaport, 1967; Moyles et al., 1965.

[31] Clapp et Eichorn, 1965.

[32] Thomas, 1966.

[33] Smock et Holt, 1962.

[34] Kreitler et al., 1974 a.

[35] Rump, 1968 a.

[36] Wartella et Ettema, 1974.

[37] Voir Cantor et al., 1963, ou Thomas, 1966, par exemple.

[38] Thomas, 1966; Day, 1967.

[39] Berlyne et Lawrence, 1964.

[40] Mis en évidence en particulier par White, 1966.

[41] Voir Reese, 1962.

[42] Etaugh et Turton, 1977.

[43] Différences signalées par Kagan et Lewis, 1965.

⁴⁴ Ils l'ont été par la suite dans Kreitler et al., 1974 b et 1975, et ils sont évoqués dans Kreitler et Kreitler, 1976. Mais on y apprend seulement à ce propos qu'une différence est observée (Hutt, 1970, l'avait d'ailleurs déjà notée) entre la curiosité des filles et celle (plus active) des garçons quand les stimuli sont des objets à manipuler. Ce qui ne paraît pas, à vrai dire tellement en rapport avec la différence en question, relative à la préférence (plus vive chez les filles) pour la complexité des images ...

⁴⁵ Eisenman et al., 1969.

⁴⁶ Hoats et al., 1963.

⁴⁷ Smock et Holt, 1962.

⁴⁸ De Munroe et al., 1976.

⁴⁹ Il faut dire qu'après les polygones d'Attneave à contempler, les polygones durs de Wohlwill à tâter, et les mous de Switzky à tripoter (voir note 6), on ajoute ici une variable de taille, qui embrouille tout (et complique l'interprétation).

⁵⁰ Thompson, 1953; Thompson et Kahn, 1955; et Zimbardo et al., 1957.

⁵¹ Voir Berlyne, 1960, p. 117.

⁵² Eisenman, 1967 a, 1967 b; Taylor et Eisenman, 1968.

⁵³ Ajoutons qu'Eisenman croit avoir montré, en outre, que la préférence pour la complexité dépend du développement «opératoire», expliquant (?) en substance que les images trop complexes défient les capacités d'assimilation des enfants de niveau préopératoire (la préférence pour la complexité serait plus nette chez les «conservants», les «incluants», etc ..., que chez les autres). Mais cette relation est nettement moins significative que la différence liée au sexe. Et l'on ne voit d'ailleurs pas très bien comment concilier ces deux sortes d'observation (au reste, les éléments de la théorie piagétienne auxquels il est fait allusion ne sont connus de l'auteur qu'à travers la glose d'un commentateur — J. L. Phillips, et l'usage qui en est fait n'est pas convaincant). Au sujet de cette relation entre le développement de la pensée logique et l'évolution des préférences esthétiques, signalons au passage les travaux très précis de Bradbury sur la transitivité et les préférences pour les couleurs, chez l'enfant (Bradbury, 1975; Bradbury et Nelson, 1973 b, 1974) et chez l'adulte (Bradbury et Nelson, 1973 a, 1974). Même si la fréquence des choix «irrationnels» diminue quelque peu avec l'âge (et si le statut des cas d'intransitivité n'est pas le même pour les jeunes enfants et les enfants plus âgés ou les adultes: voir Lehalle, 1973, 1974, 1975), le moins que l'on puisse dire est que le domaine des préférences n'y apparaît pas comme étant régi par l'exigence de rationalité, contrairement à ce que pouvait laisser croire un ancien travail de Smedslund sur la transitivité des préférences à 5 et 7 ans (1960: Smedslund était alors inconditionnel de Piaget; gageons qu'il accueillerait maintenant favorablement les données de Bradbury: voir Smedslund, 1977 a ou 1977 b ...).

⁵⁴ Turner et Arkes, 1975.

⁵⁵ Voir Eisenman, 1967 b.

Planche 4a

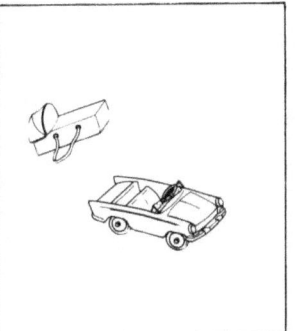  

 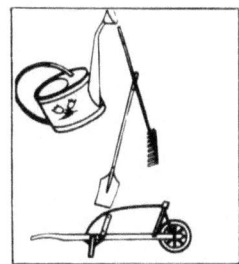 

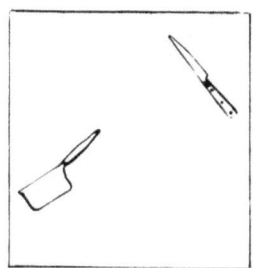 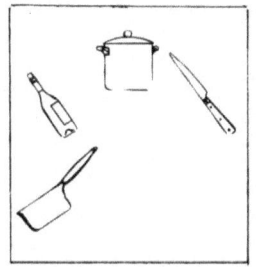 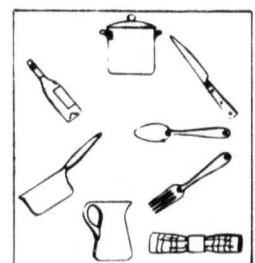

Planche 4b

Chapitre VI
Image et langage :
la liberté du lecteur d'images [1]

Il est banal (et un peu artificiel, comme c'est toujours le cas dans les décompositions entraînées par les efforts d'analyse) de distinguer, parmi les attitudes ou les types de réaction possibles devant une image, deux pôles extrêmes qui s'apparenteraient en quelque sorte à la contemplation d'une part (avec ce que cela comporte éventuellement d'agrément, de plaisir, voire de jouissance esthétique) et d'autre part à l'action (d'identification, de compréhension, de lecture, de déchiffrement ou de décryptage). Thibault-Laulan (1971 a), qui souligne cette opposition en avant-propos de son ouvrage sur « le langage de l'image », voit dans le « message esthétique » ou les « structures connotatives » de l'image l'origine du premier type de réactions (auquel sont consacrés les trois précédents chapitres), tandis que le « message sémantique » ou les « structures dénotatives » induiraient à l'action de déchiffrement.

Ces formules, que nous mettons exprès entre guillemets, témoignent d'un transport, dans le domaine de l'image, de concepts initialement élaborés pour d'autres champs d'application. A ce transport, on se livre d'ailleurs encore plus carrément dans d'autres études consacrées à l'image : on en trouve un exemple typique, presque caricatural, dans l'intéressante et suggestive « grammaire élémentaire de l'image » d'Albert Plécy (1971) [2], où l'on n'hésite pas à plaquer nombre d'éléments de la terminologie familière dans le domaine du langage (message, codage, vocabulaire, syntaxe, phrases, ponctuation, etc ...) [3]. Gombrich, historien de l'art, affirme que l'artiste peintre a besoin d'un vocabulaire, et précise que dans cette formule il s'agit de « tout autre chose qu'une vague métaphore » [4]. On va même jusqu'à parler d'« épellation » de l'image [5]. Cela incite à se demander dans quelle mesure l'image est comparable à un langage.

1. Statut analogique de l'image

Il est facile de mettre l'accent sur ce qui, à première vue, distingue une image d'un mot ou d'une séquence de mots.

D'abord, la plupart des images, considérées dans leur allure générale, « ressemblent » à ce qu'elles représentent ou signifient. C'est l'élément principal de la définition des images, pour certains auteurs [6]. Notons que cette conception n'est pas nouvelle : Vernant (1975) montre comment les Grecs définissaient l'image (picturale ou plastique), fruit d'une imitation, comme être de ressemblance ou de « semblance », pensant l'exclure ainsi du « champ de l'invention, de l'innovation, de la fabrication créatrice ». Il est vrai qu'une phrase peut aussi ressembler à ce qu'elle exprime : « le rythme d'une phrase au sujet d'un acte, ou même d'un objet, n'a de sens que s'il les imite » ... a écrit Mallarmé [7]. Mais qui parle couramment la langue des poètes symbolistes ? ...

Les images ont ainsi un « statut analogique » [8], ou (comme on dit parfois maintenant, dans un jargon à la mode qui nous vient d'Outre-Atlantique) une « iconicité » ou une « vertu iconale » [9] ..., qui n'existe évidemment pas dans le codage linguistique. Même le tableau abstrait ressemble souvent à quelque chose (ou, en tout cas, représente toujours quelque chose [10]). On parvient presque toujours à y deviner quelque silhouette ou contour subtilement ébauché ou suggéré. (Certes, à force d'imagination dans les ensembles purs de formes colorées de certains peintres contemporains, de l'Ecole « futuriste » par exemple : Gino Severini, Umberto Boccioni, Carlo Carrà ...).

Et à l'extrême limite opposée, si dans une image on réussit à reconstituer la mosaïque des sensations provoquées par l'objet ou la scène que l'on veut représenter, il est possible de pousser la ressemblance jusqu'à induire la confusion avec la réalité, comme dans le cas des images « en trompe-l'oeil » analysées par Gombrich (1971).

De ce point de vue, on pourrait aisément concevoir qu'un enfant est à même de percevoir un objet dans une image dès qu'il peut appréhender l'objet réel. Notons cependant qu'il ne suffit pas, pour être confondue avec la réalité, qu'une image soit hyper-réaliste, comme sont les oeuvres de certains peintres contemporains (le hongrois

Lazlo Mehes, l'anglais Celestino Valenti ou le suisse Peter Stampfli, par exemple) adeptes du mouvement né aux Etats-Unis dans les années 60, qualifié parfois d'art photographique, qui « se propose de restituer le vrai plus vrai que le vrai, s'attachant méticuleusement aux détails et à l'exacte ressemblance de l'objet » [11]. Encore faut-il imposer des règles d'observation, que le champ visuel soit limité au cadre de l'image, ce qui n'est en fait jamais réalisé.

2. Caractère linéaire du langage

Une autre différence fondamentale paraît naturellement opposer la communication par l'image au codage linguistique. Elle tient au caractère linéaire du langage. « Toute langue se manifeste sous la forme linéaire d'énoncés qui représentent ce qu'on appelle souvent la chaîne parlée » [12]. Le caractère vocal des langues naturelles en condamne, en effet, les messages à se dérouler dans le temps : deux unités du message ne sauraient « figurer au même point du temps ». Or, dans l'image, il n'y a pas cette succession d'unités dont chacune contribue à l'appréhension des autres (et y a-t-il d'ailleurs toujours unités identifiables ?), « les messages sont produits sur la trame de l'espace ». L'image est « discours (?) dont tous les messages possibles sont co-présents sur la page » (d'où la diversité des lectures possibles). C'est pourquoi, principalement, à la question de savoir si l'on a « raison de postuler un isomorphisme global entre le fonctionnement de l'image et celui du langage », Mounin (1974 a, à qui sont empruntées les formules ci-dessus, entre guillemets), propose de répondre non, résolument. Notons que Martinet s'exprime à peu près de la même manière : « la communication de type pictural [...] n'est pas linéaire, mais à deux dimensions » ... Si « le peintre peint [...] successivement les éléments de son tableau [...] le spectateur (en) perçoit le message comme un tout » [13].

3. Signe iconique et signe linguistique

Ces oppositions sont à rapprocher de celle que mettent en lumière Dubois et al. (1976) entre signe (?) iconique et signe linguistique, un des traits majeurs et spécifiques du second étant d'être « biface », c'est-à-dire constitué d'un signifiant — sa face sonore — et d'un concept ou signifié — son contenu. D'où la spécificité des opérations ou des figures dont certaines jouent sur les formes du signifiant (figures de l'expression), alors que d'autres mettent en relation deux ensembles signifiés (figures du sens ou du contenu). C'est ce dernier cas qui montre bien la différence entre le signe linguistique et le « signe » iconique : quand St John Perse écrit « le lit défait des sables ruisselants », seul est manifesté dans ce message le signifiant correspondant au concept « lit » et le concept « plage » n'est présent que par l'effet d'une relecture de « lit » imposée par le contexte. Rien de pareil dans l'image, quand par exemple elle présente un objet insolite en prenant certains traits d'un chat en les amalgamant à certains traits d'une cafetière : ce qui est manifeste et perçu est un objet global neuf, qui ne correspond pas à une seule forme connue. C'est sur le plan de la manifestation que s'établit la relation : chat et cafetière sont co-présents dans le dessin sans qu'il soit nécessaire de faire intervenir les concepts. Le signe iconique n'est pas biface.

4. Codes de la ressemblance et appréhension séquentielle de l'image

Pour massives qu'elles soient, en apparence, les oppositions que l'on vient de mentionner sont cependant à relativiser.

Pour reprendre une formule de Metz (1970 a), « l'analogique et le codé ne s'opposent pas de façon simple ». La ressemblance, faisant appel au « jugement de ressemblance », n'est-elle pas en fait, elle-même, et de plusieurs manières, quelque chose de codé ou de codifié ? L'analogie visuelle de l'image permet des variations, parmi lesquelles Metz propose justement de distinguer celles que l'on pourrait appeler « quantitatives » et des variations « qualitatives ». Dans le cadre des premières se pose, par exemple, le problème de la schématisation plus ou moins poussée, ou des divers niveaux de déformation, de réduction des dimensions ou d'échelle [14], de simplification, de stylisation (aussi bien du point de vue des formes que sur le plan des couleurs. Remarquons, en effet, au passage que le « noir et blanc » peut être vu comme une manière de « styliser » la réalité, en face du réalisme de la couleur [15]). Schématisation, déformation, réduction, simplification, stylisation, obéissent forcément à des règles conventionnelles. Les variations qualitatives tiennent au fait que l'on apprécie la « ressemblance » différemment selon les cultures et que, dans une même culture, il existe plusieurs « axes » de ressemblance (quand deux choses se ressemblent, c'est toujours sous un certain rapport). L'accent est mis ainsi sur le caractère systématique ou régulier de la ressemblance.

A propos des codes culturels de la ressemblance, on a justement fait remarquer, par exemple, que pendant longtemps on a vu le lion exactement comme on le représentait sur les blasons médiévaux, c'est-à-dire d'une manière fort éloignée de la réalité (qui n'aurait pas été reconnue si on l'avait dessinée telle qu'elle est), et rappelé comment on en a voulu aux impressionnistes d'avoir perturbé les habitudes en changeant le code de ressemblance [16]. Gombrich, qui évoque en les illustrant [17] de mémorables exemples de ces habitudes (de ces «véritables crampes de la perception», selon l'expression imagée d'Eco [18]), observe que «toutes les techniques graphiques sont fondées sur des formes de notations conventionnelles» qui contribuent à établir «les limites de la ressemblance» [19] (c'est un des sous-titres de l'ouvrage consacré par Gombrich à la «psychologie de la représentation picturale»). L'objet figuré appartient d'une certaine manière toujours à un univers de convention, quel que soit le réalisme de son apparence. «Toute image relève d'un univers de représentation symbolique qui répond à des conventions, à des usages socio-culturels et à des traditions ethniques historiquement datés» [20]. Durand et Bertrand citent à ce sujet l'anecdote de l'empereur de Chine s'étonnant qu'une des joues du portrait de Francois Ier fût toute sale (la peinture chinoise ignorait l'usage de l'ombre pour modeler les objets), et recommandent de ne pas oublier qu'il nous a fallu apprendre à lire ce qu'il y a de conventionnel dans ces formes sans poids ni épaisseur qu'on appelle des images [21]. «Quand nous entrons en contact visuel avec une représentation à deux dimensions, nous ne la mettons pas en relation immédiate avec le réel qu'elle représente, nous la déchiffrons par le relais de la culture [...] qui la manifeste et la transmet» [22].

Quant à l'opposition entre l'image et les mots fondée sur leurs caractéristiques temporelles, l'une étant source d'informations simultanées [23], les autres faisant l'objet d'une appréhension obligatoirement séquentielle et linéaire, il faut aussi l'envisager de manière critique. Cela est possible à la lumière de ce que l'on connaît expérimentalement sur les modalités comparées de lecture d'un texte et d'observation d'une image [24]. L'enregistrement des mouvements oculaires (ou les réponses obtenues à la suite de la projection de flashes successifs) montre que dans les deux cas l'information est recueillie grâce à un processus séquentiel, série de fixations discrètes ou discontinues (qui n'est d'ailleurs pas forcément linéaire à strictement parler, même dans le cas du texte).

5. Y a-t-il une syntaxe de l'image?

Cela dit, même si l'on peut sans difficulté poser en principe que «langage et figuration relèvent de la même aptitude à extraire de la réalité des éléments qui restituent une image symbolique de cette réalité» [25], l'image figurative n'est certes pas un langage, en ce qu'elle n'est pas composée par un ensemble de symboles, comparables aux lettres de l'alphabet, qu'il convient d'apprendre à déchiffrer à la manière dont on apprend à lire les mots et le discours écrit. Elle n'est pas un langage dont on peut apprendre le vocabulaire et la grammaire, comme un certain nombre d'auteurs se sont parfois laborieusement efforcés d'en accréditer l'idée [26]. « Il n'y a pas de vocabulaire de l'image comme il y a un vocabulaire de la parole » [27].

Il convient de s'interroger sur ce qu'il y a de véritablement conventionnel ou de prescrit par des règles formelles, comparables à celles de la syntaxe, dans la construction des images figuratives.

S'il y a une syntaxe de l'image, ce ne peut être que celle des choses représentées par l'image [28]. Or, même un objet dont la composition obéit à des règles (que l'on pourrait métaphoriquement caractériser comme syntaxiques), comme par exemple un visage humain vu de face, dont le nez est régulièrement situé en-dessous et à égale distance des deux yeux et au-dessus de la bouche, peut être figuré en image, correctement interprétable (et même par des enfants très jeunes) sans que ces règles soient forcément respectées [29]. Elles ne le sont pas toujours dans la caricature, où tout est permis, [30] ou dans les oeuvres de peintres comme Braque ou Picasso, pour ne citer que des exemples typiques et classiques, sans parler des images monstrueuses utilisées par les psychologues pour l'étude des réactions du bébé au visage humain ... [31].

Il en est de même des règles ou des lois de la perspective (l'art de représenter sur un plan les objets tels qu'ils paraissent vus à une certaine distance et dans une position donnée). La force de prescription de ces règles est-elle comparable à celle des conventions syntaxiques du discours écrit ? C'est ce qu'affirment les auteurs cités, théoriciens de l'image comme langage. Mais on peut aussi bien inverser ces règles dans les images, par exemple faire diverger des lignes parallèles au lieu de les faire converger, conformément aux lois de la perspective, ce que l'on voit souvent, sans d'ailleurs qu'on sache pourquoi, dans la peinture chinoise ou japonaise, ainsi que chez certains peintres du Moyen-Age, et aussi quelquefois dans les dessins d'enfants [32]. Ce qui est sûr alors, c'est que cette pratique ne répond pas à des règles systématiques. Par ailleurs, on sait bien qu'assez rares sont les peintres qui ont appliqué rigoureusement les règles de la perspective géométrique linéaire, sauf dans le cas des grandes réalisations en trompe-l'oeil [33] (on pense à Véronèse ou à Tiepolo). Et l'on sait bien aussi comment la peinture s'est développée sur le refus des conventions telles que la perspective linéaire, s'efforçant de suggérer l'espace sans recourir au tracé de lignes de fuite et à l'expression traditionnelle de l'éclairage et du volume [34].

Rien, en fait, ne permet d'affirmer que l'image n'est pas « syntaxiquement libre », qu'elle n'est pas pauvre en régularités prescrites, qu'elle n'est pas seulement « sémantiquement interprétable » [35]. C'est sans doute cela qui l'oppose de la manière la plus radicale au codage linguistique de l'information. Et c'est « de la littérature que de parler de codage et de décodage au lieu de parler d'élaboration et d'interprétation » [36], quand les éléments de l'image ne sont que lignes, formes, couleurs, valeurs, figuration de volumes, de la profondeur, de l'espace, suggestion de mouvement, procédés de composition, avec éventuellement des contenus culturels, des thèmes, ou la représentation d'éléments du paysage ou d'objets divers, tous éléments qui « se signifient », tandis que « le signe signifie » [37]. Au reste, s'il y avait des règles de construction, cela impliquerait, comme le fait observer Mounin [38] l'existence d'unités fonctionnelles parfaitement identifiées, comme il en existe en tout système sémiologique reconnu comme tel (langues, code de la route, cartographie, représentations graphiques diverses).

6. Liberté du lecteur d'images : questions pour le psychologue

Il faut ajouter que l'absence ou quasi absence de règles de construction s'accompagne d'une absence de règles d'interprétation. Ce qui n'implique pas, à priori, que celle-ci soit plus facile ou plus difficile que l'interprétation du langage écrit. La plasticité qui règne dans l'élaboration des images les rend simplement plus ouvertes aux interprétations, et les interprétations possibles (éventuellement contradictoires) sont d'autant plus nombreuses et plus denses que l'image est riche en information. A propos de la lecture des images à l'âge pré-élémentaire, Toubeau (1975) fait observer que « la prise de conscience de cette possibilité de pluralité des significations d'une même image (et qui la distingue du message verbal) est une de celles qu'il importe de favoriser très tôt chez les enfants ». Et Denise Escarpit (1973 a) a, d'une certaine manière, raison de mettre l'accent sur la liberté du lecteur d'image, en l'opposant à la situation d'apprenti soumis et dirigé de l'enfant devant un livre de lecture proprement dite. (En contrepartie, l'image permet d'exprimer une même réalité de manière probablement plus variée, « infiniment » plus variée affirme-t-on quelquefois, que l'écriture alphabétique : on a par exemple fait observer qu'on ne peut écrire le mot « amour » qu'en se servant des cinq lettres qui le composent tandis que l'image offre des composants d'un nombre infini pour évoquer l'amour [39]; mais combien d'allégories sont « fiables » ? [40]).

On voit bien que les vrais problèmes de la lecture des images ne sauraient être posés ni, a fortiori, résolus grâce au recours sauvage à des concepts linguistiques à la mode, ou à des métaphores trompeuses (si habituellement employées que l'on finit par les croire justes).

Cependant, l'appel que l'on peut faire, concernant l'image, à des notions relatives à la signification, la communication ou l'information ne saurait être confondu avec cette « intrusion » [41]. Il faut bien trouver une manière de parler utilement de « ces mystérieux fantômes de la réalité visuelle que nous appelons des images ». Disons que le discours poétique, dont cette formule de Gombrich [42] offre un spécimen, pour nécessaire qu'il soit, n'a pas ici plus de fécondité que le jargon de la linguistique. L'image est certes moyen de communication d'information (c'est même le plus ancien moyen : c'est l'écriture la plus ancienne, ayant précédé de plusieurs millénaires les écritures codifiées, toutes pictographiques à l'origine ; l'homme savait même la lire — traces de pattes d'animaux, etc. — avant d'avoir découvert les moyens de l'appliquer [43] ; l'écriture est probablement née du dessin, qu'elle a servi à codifier pour la commodité [44]).

Il est vrai, comme le fait encore observer Mounin (op. cit.), que poser une telle proposition générale c'est accepter d'appeler information à peu près n'importe quoi, dans la mesure où l'intention n'est pas toujours purement informative mais peut-être seulement d'émouvoir ou de stimuler. (Mais ne peut-on pas en dire autant des mots ? Et c'est peut-être de ce point de vue que le rapprochement est le plus facile à établir entre l'image et l'écriture en caractères de pure convention. Personne, sans doute, n'a mieux exprimé cette idée que Jean Cocteau dans la dédicace à Picasso de son premier album de dessins [45] : « les poètes ne dessinent pas. Ils dénouent l'écriture et la renouent ensuite autrement » [46]).

Si l'on veut bien faire abstraction de ce problème, il reste à savoir quels sont les facteurs de « lisibilité » d'une image, comment le « lecteur » peut être conduit à extraire le « message » privilégié d'une image (que souvent la diversité des interprétations possibles empêche de lire de manière univoque), à découvrir les éléments « pertinents », c'est-à-dire qui ont une fonction dans le message privilégié, ou qui contiennent l'information appropriée pour l'interprétation privilégiée (« un élément est pertinent s'il correspond à un choix de l'émetteur, c'est-à-dire si sa présence, opposée à son absence, a une fonction dans la communication projetée » — Mounin, op. cit. Il s'agit là, en fait, d'une notion-clé de la linguistique contemporaine et Mounin reconnaît que son emprunt est probablement le seul adéquat pour caractériser le traitement de l'image).

Ce sont des questions qu'une analyse attentive des réactions aux images devrait pouvoir contribuer à élucider.

Même si, pour tenter d'y répondre, il est réduit pour le moment à tâtonner (là où d'autres, il est vrai, «piétinent» [47]), ce sont des questions pour le psychologue, dont (faut-il le rappeler?) c'est la spécialité de chercher à découvrir des indices de régularité dans la conduite pour les mettre en rapport avec des traits objectifs de la situation qui l'a suscitée.

Les questions relatives aux modalités de lecture et aux conditions de lisibilité des images préoccupent à juste titre les spécialistes du livre pour enfants, et c'est précisément à partir de ce qu'ils en disent [48] qu'on été inspirées nos analyses empiriques résumées au cours du chapitre suivant, et suggéré le détour des réflexions précédentes, qui ont servi à les introduire.

Notes

[1] Ce chapitre a paru sous une première forme dans le Bulletin de Psychologie (voir Danset-Léger, 1980a).

[2] Président fondateur des «gens d'images», tragiquement disparu en 1977 dans sa «cathédrale d'images» des Baux de Provence: voir Macquet, 1977.

[3] Voir aussi Tissot, 1975, p. 68-69.

[4] Gombrich, 1971, p.118.

[5] Voir Porcher, 1977.

[6] Voir La Borderie, 1972, p.15.

[7] Cité par Sylvain Roumette, 1974.

[8] Selon une formule de Metz, 1970a. Bresson (1965, p. 34) fait également remarquer ce caractère analogique de certains systèmes de communication non linguistiques.

[9] Moles, 1968, d'après Thibault-Laulan, 1971, p.17.

[10] Voir remarque de Besse, 1974, qui qualifie l'image de «signe iconique».

[11] Dufrenne, 1973.

[12] Martinet, 1960, p.17.

[13] Martinet, 1960, p.19 et 21.

[14] Toubeau, 1975, passe en revue quelques-uns de ces types de réduction, à propos de la lecture de l'image à l'école maternelle.

[15] Voir notes de Fuzellier, 1976, à ce propos, et les travaux de Dwyer, qui envisage cette variable dans l'analyse de l'efficacité des illustrations pour l'enseignement (Dwyer, 1968).

[16] Voir Saint-Michel, 1975.

[17] Voir Gombrich, 1971, p. 108, le lion de Villard de Honnecourt, dessinateur du XIIe s., et p. 112, le rhinocéros d'Albert Dürer, au XVIe s.

[18] Voir Eco, 1970.

[19] Gombrich, 1971, p.69.

[20] Ferenczi, 1975.

[21] Voir Durand et Bertrand, 1975, p.98.

[22] Gauthier, 1976. Notons qu'une des dernières études de Berlyne (1976) offre des données positives sur cette question des influences culturelles sur le jugement de ressemblance, et que Serpell (1976) consacre un chapitre de son ouvrage consacré aux facteurs culturels du comportement au problème général de la perception des images (p. 88-111), chapitre qui rassemble également des indications positives sur les aspects évoqués ici.

[23] Bertin (1967, p.430) définit même l'«image» comme «forme visuelle significative perçue dans un instant de perception, d'un seul coup d'oeil» (précisant, il est vrai, qu'une même «figuration» peut inclure plusieurs images ...). En adoptant une telle définition, on voit mal, à vrai dire, comment justifier une opposition absolue entre le mot et l'image. En fait, le mot n'est-il pas «vu» souvent comme une image? (Saint-Michel, 1975, fait remarquer, par exemple, que le sigle S.N.C.F. se lit globalement).

[24] Voir Kolers, 1973, p. 25-26; et aussi Day, 1975, p. 172-175; et Goldstein, 1975.

[25] Leroi-Gourhan, 1965, t.II, p.210. D'autres disent la même chose autrement: Par exemple, «l'image et le langage sont des modes d'une même fonction sémiotique» (Jacquinot, 1974).

[26] Voir Kepes, 1944; Arnheim, 1954; Goodman, 1968. On trouvera dans Margolis, 1974, une intéressante critique des positions de Goodman, en particulier, sur l'«art comme langage».

[27] Gibson, 1971.

[28] Voir l'essai de Munier, 1963, p.91-92.

[29] Voir Kolers, 1973, p.37.

[30] Voir Duranteau, 1974.

[31] Comme on peut en voir des spécimens dans Kagan, 1968 (p. 217 et 226); ou dans Kagan et al., 1966; Haaf et Bell, 1967; Lewis, 1969; ou Haaf et Brown, 1976, par exemple.

[32] Voir Gibson, 1971.

[33] Voir Guillot, 1975.

[34] Voir Durand et Bertrand, 1975, p. 57-60.

[35] Voir Kolers, 1973, p. 38.

[36] Mounin, 1974a.

[37] Selon l'excellente formule de Focillon (1934) que nous rappelait personnellement Ignace Meyerson. Formule que rappellent d'autres, de Passeron (1969, d'après Laude, 1972): «la peinture ne signifie pas, elle exprime»; de Munier (1963, p. 89): «l'image est le monde se nommant».

[38] Cf. note 36.

[39] Voir Almasy, 1974.

[40] Voir Coste, 1975.

[41] Voir Metz, 1970a.

[42] Gombrich, 1971, p.27.

[43] Almasy, 1974; et 1975, p. 30.

[44] Convard, 1975.
[45] Exposé à la Galerie Proscenium, 35 rue de Seine à Paris, mars 1976.
[46] Ajoutons qu'il y a au contraire des cas où le dessin se fait écriture: dans la bande dessinée, en particulier: voir Fresnault-Deruelle, 1972b, p. 43.
[47] Voir Coste, 1975.
[48] Voir, en particulier, les remarques de Bertrand, 1970; Durand, 1970; Escarpit, 1973a, 1973b; Durand et Bertrand, 1975; Jean, 1975; Muller, 1975; Saint-Michel, 1975; Toubeau, 1975; Soriano, 1975a, p. 52.

Chapitre VII
Aspects de la lecture d'une image

Les modalités de lecture et les conditions de lisibilité des images posent des questions proprement psychologiques dont il est naturel qu'elles préoccupent les spécialistes de la littérature enfantine. Ce sont les remarques de ces spécialistes qui ont inspiré les analyses de comportements d'enfants dont les résultats seront évoqués au cours du présent chapitre [1], après avoir suggéré des éléments de réflexion au sujet du soi-disant « langage de l'image », qui ont fait l'objet du chapitre précédent, où l'accent est mis sur la pauvreté de l'image plastique en régularités prescrites, et sur le caractère trompeur des métaphores habituellement employées (« langage plastique », « syntaxe de l'image », etc.) et du recours sauvage à des concepts linguistiques à la mode.

Il va de soi que si les images de la littérature enfantine posent des problèmes spécifiques de lecture et de lisibilité, cela tient seulement au fait qu'elles sont destinées à des enfants et que ce sont effectivement des enfants qui les lisent. On ferait injustement tort à l'illustrateur pour enfants en pensant que sa démarche n'est pas comparable à celle de l'artiste peintre. L'un et l'autre ont recours aux mêmes procédés de représentation qui s'adressent, autant qu'à la sensibilité, à l'intelligence : formes et traits sur la surface plane de l'image doivent avoir une signification, renvoyer à des objets, s'organiser selon des rapports intelligibles, etc. De ce point de vue, l'expression « graphisme pour jeunes » est contestable (au moins autant que celle d'«art adulte» [2]) et comment ne pas donner raison à l'éditeur François Ruy-Vidal quand il répète, comme un leitmotiv, qu'il n'y a pas d'arts pour l'enfant, pas de couleurs pour enfants, pas de graphisme pour enfants, pas de littérature pour enfants, mais l'art, la couleur, le graphisme, la littérature ? ...[3].

Cela dit, il n'y a peut-être pas lieu d'envisager en termes obligatoirement restrictifs la spécificité de l'image du livre pour enfants, liée à celle du public bien déterminé auquel elle s'adresse, caractérisé en particulier par une relative inexpérience de la «réalité plastique» et des normes culturelles qui s'interposent entre elle et le regard, ainsi, bien entendu, que par des traits qui ne sont pas non plus ceux de l'adulte du point de vue de l'organisation et du fonctionnement cognitifs[4].

On n'est certes pas sûr, par exemple, que ce qui paraît «facile» à lire à l'adulte (images réalistes par exemple) l'est forcément pour l'enfant. Mais inversement, certaines audaces graphiques qui pourraient, a priori, paraître «difficiles» pour l'enfant jeune le sont-elles aussi souvent qu'on le croit spontanément ? [5] Est-il vrai que les illustrateurs sacrifient souvent la lisibilité des images quand ils sont surtout soucieux d'esthétique ? [6]

Comment élaborer des éléments de réponse à ce genre de questions autrement qu'en faisant parler des enfants dans le cadre de situations expérimentales ? Au reste, la lecture de l'image n'est pas seulement (et pas essentiellement ?) une activité visuelle. «L'image n'existe que parce qu'on y lit» [7]. Elle «est à l'intersection du regard et de la parole» ... Elle «sollicite la parole» [8].

1 Comment analyser les réponses d'enfants lecteurs d'images

Niveaux de lecture

«La lecture d'une image consiste à dépasser le stade de l'énumération des éléments reconnus, afin d'établir des relations entre ces éléments, de recréer une scène ...» C'est le point de vue d'un pédagogue soucieux d'«enseigner l'image» à des enfants jeunes [9]. Il évoque immanquablement la fameuse épreuve, dite des gravures, proposée au début du siècle par Binet dans une perspective génétique après avoir été utilisée dans une perspective différentielle [10], et intégrée dans l'Echelle Métrique de l'Intelligence, avec les trois niveaux d'énumération, de description et d'interprétation.

Rappelons [11] que dans cette épreuve le niveau le plus élémentaire de lecture consiste à seulement énumérer isolément personnages et objets représentés dans l'image, quel qu'en soit le nombre, sans établir aucun lien entre eux (sauf quelquefois par une conjonction ou locution conjonctive, ce qui ne constitue que des nuances secondaires de ce niveau de lecture rudimentaire, comme sont déclarés «nuances secondaires» la richesse et l'ordre d'énumération), un peu comme s'il s'agissait d'objets juxtaposés constituant autant d'images distinctes, et comme si le seul travail de déchiffrement consistait à les identifier une à une. Rappelons, en outre, que le niveau intermédiaire est atteint quand est décrite (au moyen d'une petite phrase, même incorrecte) l'action dans laquelle sont éventuellement impliqués personnages et objets représentés, ou simplement lorsqu'est adjointe une préposition du type sur, derrière, devant, avec, etc.; enfin que le niveau supérieur est caractérisé par l'indication, grâce à un commentaire ou un mot sobre (même sur un mode interrogatif ou négatif), du sujet ou du thème central de l'image, donnant de celle-ci une interprétation d'ensemble, quelle qu'en soit la valeur.

A ces distinctions de niveaux de lecture de l'image s'apparente une analyse assez ancienne de Amen (1941) où l'on oppose (d'après les réponses d'enfants d'âge préscolaire) l'aspect statique, chez les plus jeunes, des énumérations d'objets ou parties d'objets figurés sur des images, au caractère dynamique des descriptions produites par les plus âgés [12].

Précisons que d'après l'étalonnage le plus récent de l'épreuve de Binet, réalisé au début des années 60 sur des écolières et écoliers parisiens (à raison d'une cinquantaine d'enfants par âge) [13] on s'aperçoit (les indications qui suivent concernent indifféremment les deux sexes, entre lesquels on n'observe pas de différence) que seule la lecture descriptive donne lieu à des pourcentages de «réussite» qui augmentent régulièrement de 0 à 100 % entre quatre et huit ans, soit 0,25, 46, 80 et 100 % respectivement à 4, 5, 6, 7 et 8 ans, donnant ainsi sous cet aspect à l'épreuve une très bonne «sensibilité génétique», tandis que l'énumération est déjà manifestée massivement à trois ans, ne se développant guère au-delà, et que la lecture interprétative apparaît très discrètement à huit ans (4 %) et s'accroît ensuite plus ou moins régulièrement jusqu'au-delà de 14 ans: 20, 24,5, 49, 73,5 % respectivement à 9, 10, 12, 14 ans.

En dépit de ce qu'affirmaient avec enthousiasme Binet et Simon, en présentant l'Echelle Métrique, sur la «valeur exceptionnelle» de ce «test» (si exceptionnelle qu'ils le mettaient «au-dessus de tous les autres» et qu'ils n'auraient conservé que celui-là, s'il avait fallu n'en garder qu'un: grâce à cette épreuve, non seulement l'enfant «va parler, développer ce qu'il a de langage au service de ses idées, mais on lui laisse la liberté de regarder et de choisir dans l'image ce qui lui plaît; il va donc nous apprendre ce qui le frappe le plus, et en même temps quelle idée le dirige, quelle mentalité il a, comment il perçoit, comment il interprète, comment il raisonne » : Binet et Simon, 1908 [14]), il faut souligner que le niveau de lecture, au moins dans cette épreuve, ne dépend pas seulement du niveau de développement de l'intelligence ou du langage, mais aussi d'autres variables (d'ordre affectif, par exemple) et Zazzo [15] fait observer que des réponses de type infantile peuvent être données par des sujets intelligents, tandis que d'autres, moins doués mais plus mûrs, donnent une signification d'ensemble à l'image. On connaît bien les trois images de l'Echelle Métrique [16] : gravures en noir et blanc d'un style réaliste et désuet, mettant en scène un ou deux personnages avec des attitudes et dans un cadre diversement interprétables mais toujours dans un climat plutôt sinistre susceptible, en effet, de provoquer des réponses à composante émotionnelle (Rappelons que l'une de ces images, le déménagement, est la reproduction gravée d'un tableau d'un certain Geoffroy, extraite d'un numéro de « Lecture pour tous », publiée autrefois chez Hachette [17]).

Compte tenu de ces remarques, il n'est pas absurde de supposer que, d'une manière générale, le niveau de lecture des images dépend aussi en partie de leur thème, de leur contenu [18], de leur signification, de l'organisation de leurs éléments, de leur degré de complexité, de leur taux d'animation, de leur style d'exécution, etc.; qu'en somme, le déchiffrement spontané des images ne procède pas de la mise en œuvre d'un « schème » indifféremment appliqué à toutes les variétés d'images, et que par conséquent la « sensibilité génétique » de la tâche est tributaire de la nature des images.

Les propos de l'enfant lecteur d'images se prêtent aisément à une analyse susceptible de fournir des indications sur ces points, indications qui ne peuvent manquer, quel qu'en soit le sens, de contribuer de manière positive à répondre aux questions relatives aux conditions de lisibilité des images de livres pour enfants.

Longueur de lecture

La lecture de l'image est « moyen de communication et d'expression du jeune enfant » à l'âge de la prélecture [19], moyen d'expression d'autant plus active et originale qu'elle n'est pas guidée par un commentaire de l'adulte [20]. L'analyse des « niveaux » laisse à l'écart un aspect intéressant de la lecture de l'image envisagée de ce point de vue : la description (ou l'énumération) peut être plus ou moins riche ou abondante. Cela dépend naturellement de la fluidité verbale du lecteur, et l'on sait bien que sur ce plan la variabilité entre les individus et entre les groupes est quelque chose de très réel et que la maîtrise des moyens d'expression linguistique, croissante avec l'âge, en est forcément un des facteurs les plus notables. Mais, là encore, il semble aller de soi que les capacités peuvent s'actualiser différemment selon le caractère plus ou moins incitateur des situations. Il s'agit cependant d'une évidence vague et générale qu'il ne nous paraît pas sans intérêt de spécifier par une analyse comparative des quantités de verbalisation provoquée chez des filles et des garçons de différents âges, selon le thème et la facture des images.

Comment prendre la mesure de ces quantités, si ce n'est en procédant tout simplement à un décompte des mots, quels qu'ils soient, émis par chacun des enfants à propos de chacune des images qu'on leur présente? La méthode n'est certes pas sans inconvénients, mais elle est la plus claire et la plus aisément praticable, évitant des choix ou des décisions arbitraires ou difficiles à prendre.

Signalons que des auteurs américains [21] ont établi empiriquement, dans une optique pédagogique, une formule qui permet en principe d'évaluer dans quelle mesure (relative) une image est susceptible d'inciter des enfants à s'exprimer. La P.P.F. (Picture Potency Formula) tient compte de l'abondance et de la variété des objets figurés, de la diversité des couleurs, du nombre des personnages centraux, des enfants et des personnages en général, de la quantité des actions représentées, du nombre des animaux et des objets mobiles, de la taille de l'image, de la familiarité du thème. Cet inventaire pourrait laisser croire que c'est la complexité des images (voir le chapitre V) qui est largement en cause dans la longueur des verbalisations émises à leur sujet. Mais c'est probablement plus subtil: On a montré, en effet, que la corrélation est faible entre ces deux variables [22].

Pluralité de lecture

Il paraît clair a priori que les simplifications et certaines audaces graphiques entraînées par la stylisation sont susceptibles de nuire à la lisibilité d'une image et de favoriser la diversité des identifications et interprétations des éléments qui la composent. (Notons que la suppression des couleurs fait naturellement partie des simplifications susceptibles de réduire la lisibilité des images [23]).

L'embarras, face à des images ou éléments d'images peu lisibles ou équivoques, peut être reflété dans l'emploi de mots imprécis (ça, truc, chose). Mais l'indice le plus sensible est, d'après nos propres essais, le nombre de mots différents utilisés, et plus spécialement le nombre de substantifs (catégorie la plus nombreuses parmi les commentaires des enfants).

S'il est vrai, par exemple, que la stylisation, par son manque de précision ou les déformations qu'elle impose, rend les choses plus ambiguës et par conséquent laisse au lecteur davantage de liberté que le réalisme, cela devrait se refléter dans la diversité plus étendue des substantifs présents dans les productions verbales des enfants qui ont à lire les images stylisées.

Cependant, on peut douter que cela soit vrai d'une manière générale, et l'on peut même supposer au contraire que l'image réaliste, aux contrastes peu accusés, à la matière serrée, apparaît comme une masse moins bien différenciée (comme la photographie par rapport à l'image plastique en général [24]) et favorise de ce fait une lecture moins univoque, tandis que la netteté des aplats, les contours cernés, leur aspect géométrique plus ou moins accusé, les contrastes de tons, la simplification des objets et des plans, la clarté de composition, sont autant de facteurs favorables à la lisibilité des images stylisées. Dans ce cas, ce sont celles-là qui devraient donner lieu à lecture plus univoque et par conséquent à l'emploi des mots le moins divers à l'intérieur d'un groupe d'âge donné.

Découpage de lecture

L'information offerte dans une image, si peu complexe soit-elle, n'est jamais appréhendée autrement que par une série de fixations discrètes sur ses différentes parties, diversement « informatives » [25], c'est-à-dire d'une manière forcément séquentielle. En cela au moins, comme on l'a souligné au chapitre précédent, elle s'apparente en quelque sorte à l'information linguistiquement codée. Les méthodes d'enregistrement des mouvements oculaires, auxquels on a fait allusion à ce propos, le montrent très clairement.

On ne saurait, certes, affirmer a priori que la lecture de l'image, rend parfaitement compte des modalités de l'exploration visuelle, et d'autant moins si la lecture en question dépasse le stade de la simple énumération des éléments reconnus (et se rend ainsi quelque peu tributaire d'habitudes verbales concernant l'organisation grammaticale). Mais comment ne pas imaginer qu'à l'intérieur des verbalisations des sujets qui lisent une image il y a néanmoins reflet ou répercussion en quelque mesure de cet aspect dans l'ordre et la fréquence d'énonciation de ses parties, et d'abord, par conséquent, dans le découpage de celles-ci?

Précisons que la méthode que l'on suggère ici est celle dont Nanpon (1975) s'est inspiré pour l'analyse de l'organisation temporelle des réponses verbales d'enfants de six ans dans l'appréhension de quelques dessins naïfs.

Parmi les mots relevés, on retient ceux (substantifs pour la plupart) qui se rapportent explicitement à quelque partie de l'image, considérant que leur énonciation en manifeste le discernement. La liste dressée pour une image donnée, à partir des verbalisations émises par les différents sujets qui ont eu à la lire, permet d'établir un découpage des parties ou sous-parties lisibles de cette image par ces sujets. On tient compte évidemment du fait que plusieurs mots différents peuvent avoir le même emploi, se rapportant à un même fragment de l'image, et du fait aussi que deux parties distinctes de l'image peuvent être caractérisées par le même substantif par exemple, celui-ci pouvant ainsi se trouver dûment répété, quelquefois par le même sujet, dans deux emplois différents. Dans les deux cas, on retient seulement le fait que tel fragment de l'image est explicitement discerné, par quelque mot que ce soit.

Supposons que pour une image donnée les parties discernées par au moins quelqu'un d'un groupe de N sujets soient au nombre de n et qu'en fait chacun des N sujets ait émis un substantif pour chacune de ces n parties. Le rapport que l'on peut établir entre le nombre de ces parties lisibles et le total général de ce qu'on appellera (comme le fait Nanpon, empruntant à la terminologie des linguistes) les « occurrences » de lecture [26] se trouve, dans ce cas, réduit à sa valeur minimum $\frac{n}{nN} = \frac{1}{N}$, exprimant ainsi un accord idéal entre les sujets sur le découpage. (Précisons que si, par exemple, une image ne comporte que trois parties lues, une par 11 sujets, une autre par 5 sujets et la troisième par un seul sujet, le total des occurrences de lecture est 17.)

Dans la plupart des cas, les nombres d'occurrences de lecture varient d'une partie à l'autre (de N à 1) et la somme totale de ces nombres est inférieur à nN. Il est clair que plus elle est faible, plus le rapport est élevé, exprimant un désaccord d'autant plus marqué entre les sujets sur le découpage. A la limite, si chacune des n parties de la liste n'était lue que par un sujet, on aurait $\frac{n}{n} = 1$, valeur maximum exprimant le désaccord total, situation évidemment fort improbable.

Il paraît aller de soi que plus une image comporte d'éléments susceptibles d'être lus séparément, moins les sujets ont de chances d'énumérer ou d'énoncer tous exactement les mêmes. Autrement dit, plus le nombre des « parties ou sous-parties lisibles » est élévé, plus doit l'être également le rapport entre ce nombre et le total des occurrences de lecture, exprimant le degré de désaccord sur le découpage entre ces parties. On doit également s'attendre à observer que ce rapport est d'autant plus élevé que le nombre des occurrences de lecture est lui-même important (dans la mesure où, naturellement, les sujets font une lecture d'autant plus abondante que l'image offre davantage à lire ...

(Au vrai, on ne saurait affirmer a priori que cette formulation «d'autant plus que» soit parfaitement adéquate, ou du moins suffisamment précise. On peut en effet imaginer que le nombre des éléments lus progresse à une autre allure que le nombre des éléments lisibles.)

Cest bien ce qui ressort des données obtenues par Nanpon à partir des énumérations émises par une trentaine d'enfants de six ans invités à «dire tout ce qu'ils voient» dans une série de quatre dessins au trait représentant, aussi sommairement les uns que les autres, un personnage ou un animal dans un décor dépouillé.

Cependant, on peut imaginer que de telles régularités soient, dans certains cas, modulées, voire contredites, en raison de facteurs liés à la nature des images ou à des caractéristiques des lecteurs. L'accord sur le découpage peut dépendre plus ou moins étroitement de la quantité des parties discernables, selon l'organisation ou la clarté de composition de celles-ci, par exemple. Par ailleurs, chez des enfants jeunes, peu aptes à une exploration systématique des stimuli visuels, il peut y avoir des lectures fort différentes d'un sujet à l'autre, quelle que soit l'abondance des parties lisibles, etc.

C'est naturellement l'attente d'exceptions de ce genre à la règle la plus évidente a priori qui donne intérêt à l'analyse.

Ordre et fréquence de lecture

Le découpage des images, tel qu'on peut l'établir sur la base de la lecture qui en est faite, n'est pas aléatoire. S'il l'était, il est évident qu'à la limite chacun des lecteurs proposerait le sien et que cela se refléterait au niveau des valeurs du rapport utilisé dans l'analyse précédente comme indice du degré d'accord entre les sujets sur le découpage (ce qui n'est pas le cas). Cela dit, l'accord n'est jamais parfait dans un groupe. Pour une image donnée, il y a des différences de fréquence de lecture entre les divers éléments mentionnés dans le groupe. Par ailleurs, il faut bien voir qu'un accord entre les lecteurs sur le découpage d'une image en ses diverses parties ou sous-parties n'implique pas nécessairement que celles-ci soient lues exactement de la même manière (disons dans le même ordre) par tous les sujets.

Il y a lieu, par conséquent, d'examiner si la manière de réaliser ou d'actualiser ce découpage obéit à certaines régularités à travers la diversité des images et des groupes de lecteurs. On peut se demander, par exemple, quels types d'éléments sont le plus souvent et /ou le plus tôt lus; lesquels sont le plus souvent laissés à l'écart et/ou lus en dernier.

Précisons, bien que cela soit assez évident, que dans tel groupe la fréquence de lecture d'un élément donné d'une image correspond tout simplement au nombre des sujets de ce groupe qui ont lu cet élément (en ont mentionné, de quelque manière, l'existence ou la présence).

L'établissement de l'ordre de lecture d'un élément donné d'une image dans un groupe nécessite que cet ordre soit d'abord déterminé pour chacun des sujets et qu'ensuite il soit procédé à l'évaluation d'un rang moyen pour le groupe.

Si la prégnance, pour quelque raison, de certains éléments fait que ces éléments soient lus par tous les sujets ou la plupart d'entre eux, on peut s'attendre à ce qu'en outre ils le soient en priorité sur d'autres, moins souvent ou rarement mentionnés. La corrélation entre fréquence et ordre de lecture est quelque chose qui, a priori, paraît aller de soi. Disons même que cela ressemble à ces hypothèses triviales dont on a l'impression qu'elles ne valaient pas la peine d'une mise à l'épreuve expérimentale.

De fait, les résultats présentés par Nanpon vont nettement dans le sens d'une liaison positive entre la fréquence d'énonciation des éléments de l'image et l'antériorité temporelle de cette énonciation: les éléments le plus souvent mentionnés le sont avant les autres. (Rappelons qu'il s'agit de simples dessins au trait représentant des scènes animées).

Pourtant, s'il est vrai que, dans l'ensemble, la lecture des image est réalisée selon des niveaux et que fréquence et ordre de lecture constituent deux indices de l'importance relative accordée aux différentes parties de l'image, on peut imaginer que ces deux indices ne soient pas absolument interchangeables, autrement dit que la régularité de cette liaison positive entre fréquence et ordre de lecture soit susceptible de modulation, ou souffre des exceptions, en quelque mesure plus informatives que la règle, évidente a priori.

Ce pourrait être le cas dans des images qui n'offrent pas clairement plusieurs niveaux d'analyse (par exemple, personnages, animaux ou objets centraux d'une part, puis détails contribuant à la composition de ces éléments globaux à caractère d'unité d'autre part) ou qui, au contraire, en offrent davantage que d'autres (certaines images se prêtant mieux que d'autres à une lecture globale qui précède l'énonciation des principaux objets qu'elles contiennent et a fortiori celle des détails de ceux-ci, ce qui correspond à une observation assez banale, au reste bien établie sur le plan général de la perception visuelle [27]). Dans ce cas, il faut envisager trois plans de lecture. Or, cette manière de lire globalement les images n'est pas fréquente chez les jeunes enfants. Mais quand elle est pratiquée, elle l'est initialement. C'est pourquoi on peut s'attendre à relever, dans ce cas, des fréquences faibles associées à des rangs moyens très favorables dans l'ordre d'énonciation. Ce pourrait être le cas aussi des objets à caractère d'unité, que l'on n'omet pas souvent de mentionner dans la lecture des images qui n'en comportent pas de grandes quantités, mais qui, du point de vue de l'ordre d'énonciation, passent après certains détails prégnants faisant partie d'autres unités, soit parce qu'ils sont estompés ou quelque peu marginaux, soit parce qu'il s'agit d'objets peu familiers ou jugés difficiles à caractériser d'emblée; ou encore de certains détails prégnants par leur singularité, leur précision relative, ou leur association presqu'obligée à l'appréhension de l'élément global dont ils font partie (surtout quand l'image est pauvre en éléments globaux). Dans ce cas, il s'agit bien de détails, c'est-à-dire de parties de personnages ou d'objets, que l'on pourrait négliger de mentionner, ou dont on ne ferait état qu'à la fin dans une lecture normalement hiérarchisée de manière systématique. Mais il peut arriver que ces détails sautent aux yeux en quelque sorte, et se trouvent ainsi parfois très tôt énoncés, même quand ils ne le sont que par un petit nombre. Il peut arriver aussi qu'à l'inverse on ne les trouve énoncés qu'à la fin, tandis que peu de sujets négligent d'en faire état. Ce pourrait être le cas enfin chez des sujets trop jeunes pour savoir envisager séparément les niveaux de lecture.

Un des objectifs de cette dernière analyse est précisément de mettre en lumière d'éventuelles conditions de ce type. Un examen attentif de ces cas devrait permettre de saisir des aspects intéressants de la lecture des images par l'enfant.

2. Les effets du contenu de l'image

Les brèves indications données ici et dans ce qui suit sur les facteurs de la lecture de l'image (effets du contenu et du style graphique des images, différences liées à l'âge et au sexe des lecteurs) sont alimentées par les résultats d'une application des cinq principes d'analyse, exposés dans ce qui précède, à la lecture des quelques images (extraites, le plus souvent telles quelles, de livres pour enfants) qui figurent en réduction sur la planche 5, par une centaine

d'enfants de cinq ans et demi à six ans et demi environ. Chaque image représente soit une scène animée, soit un paysage inanimé. En voici les thèmes, au nombre de quatre :
a) une scène champêtre à deux personnages, deux enfants dans un champ de blé fleuri séparés par un épouvantail, et quelques oiseaux ;
b) une autre scène de campagne représentant un animal du genre batracien (grenouille ou crapaud) parmi des roseaux (?) que survole un gros insecte hyménoptère (guêpe ou frelon) ;
c) une scène d'intérieur figurant une jeune fille assise près d'une fenêtre, absorbée par un travail d'aiguille ;
d) un coin de paysage forestier.

Chacun de ces quatre thèmes est présent deux fois parmi les huit images : une fois traité de façon réaliste et une fois relativement simplifié ou stylisé, de telle sorte que l'on dispose de deux séries parallèles, approximativement appariées du point de vue du contenu significatif, mais différentes par le style d'exécution (chacune d'elles ayant été présentée à une cinquantaine d'enfants).

Ainsi, la scène de l'épouvantail (a) apparaît soit assez abondante en menus détails (modelé des visages, de la chevelure et des membres, suggérant le volume, dessin des yeux et de la bouche, motifs des vêtements, souplesse des mouvements aussi bien des personnages que de la végétation, dentelé des fleurs, etc.), soit simplifiée (dans les couleurs davantage en aplats, les formes plus géométriques, les contours plus anguleux, les gestes plus hiératiques, les éléments du visage seulement suggérés par des traits ou des points, etc.), grâce en partie à la technique du collage et des papiers ou tissus découpés, couramment employée dans les images de livres pour enfants.

La scène dans les roseaux (b) évoquerait presque, d'un côté, une image documentaire que l'on aurait tirée de planches d'« histoire naturelle », avec en plus une certaine légèreté dans les quelques touches de gouache du décor, tandis qu'elle ferait plutôt penser, dans l'autre série, tant par les formes que dans les teintes (figuration grossière et sans dégradés ni valeurs des éléments de végétation, anarchie relative des proportions, absence de profondeur, un certain humour dans l'expression) au style naïf et faussement maladroit des imitations de dessins d'enfants.

Pour la scène d'intérieur (c), le contraste des deux factures est à peu près du même genre que dans la scène de l'épouvantail : d'une part visage et mains finement dessinés, agencement rigoureux des plans, perspective clairement indiquée, ombres donnant l'impression du relief, etc. ; d'autre part assemblage de surfaces lisses, sans épaisseur, aux contours nets, accentuant le caractère d'«univers à deux dimensions» de l'image, à quoi il faut ajouter l'emploi quelque peu métaphorique de fil à broder pour la coiffure du personnage, dont les traits du visage et les extrémités sont simplifiés à l'extrême, le tout presque entièrement obtenu par la technique du collage.

Notons enfin, dans le dernier thème, celui du sous-bois (d), l'opposition, très marquée, entre le coin de paysage tout en nuances (où les verts plus ou moins dilués expriment à la fois la profondeur et la variété des essences d'arbres, avec une accentuation des détails à la racine d'un tronc au premier plan), et l'évocation dans un style très dépouillé, quasi symbolique, de la forêt par un rassemblement de fûts presque nus, approximativement parallèles et vaguement penchés, diversement colorés dans la gamme des verts et des ocres, à peine dégradés en épaisseur mais sensiblement décalés à la base pour signifier la profondeur, et uniformément tronqués par le haut de l'image, le sol quasiment vierge étant parsemé de rares feuilles de fougère passablement schématisées.

Parler du contenu comme variable est évidemment imprécis. En fait, les effets du contenu peuvent être considérés sous trois angles : nombre des parties discernables, taux d'animation, organisation des parties.

Nombre des parties discernables

Une image offre d'abord plus ou moins à lire, en ce sens qu'elle inclut un nombre plus ou moins important d'éléments discernables susceptibles d'être énoncés séparément. La richesse de la lecture dépend naturellement de celle de l'image, regardée de ce point de vue. Mais, en moyenne, la proportion des éléments lus diminue quand s'accroît le nombre des éléments lisibles. Autrement dit, et plus précisément, la quantité de lecture varie comme le logarithme de ce qui est lisible dans l'image (tout au moins aux âges considérés). Pour fixer les idées, disons que si dans la lecture que font les sujets d'une image à 10 éléments lisibles séparément on relève en moyenne à peu près la moitié de ces éléments, on n'en relève plus que le quart environ dans la lecture que font les sujets d'une image à 40 éléments.

D'autre part, plus une image donne à lire, plus elle est susceptible de découpages variés en ses éléments graphico-sémantiques. Autrement dit, les lecteurs s'accordent d'autant moins parfaitement, sur le découpage qu'ils font de l'image en ses parties ou sous-parties, que celles-ci sont nombreuses. Mais il faut ajouter que cette relation souffre des exceptions. Il arrive, en effet, que certaines images relativement pauvres en éléments séparément discernables soient lues de manière sommaire et fort variable d'un sujet à l'autre. Cela semble être le cas des paysages inanimés. A la limite, on peut même observer que le désaccord entre les sujets paraît d'autant plus accentué que la lecture qu'ils font de l'image est sommaire (cas du paysage inanimé en facture réaliste, où les parties sont malaisément discernables).

Taux d'animation

Une autre série d'effets du contenu semblent pouvoir être attribués au taux d'animation de l'image par des personnages humains. Les images les plus animées donnent lieu aux lectures les plus abondantes, et celles qui ne comportent aucun personnage humain aux lectures les plus brèves.

D'autre part, il semblerait que la présence de personnages humains dans un décor favorise une meilleure organisation de la lecture, fournissant en quelque sorte naturellement l'élément inducteur susceptible de mieux systématiser l'exploration générale de l'image (c'est dans le cas des images animées que la liaison paraît le plus étroite entre fréquence et ordre de lecture des éléments de l'image).

Ajoutons qu'en revanche ce sont les paysages inanimés qui se prêtent le plus facilement à une lecture globale (pour ne pas dire interprétative).

Organisation

Enfin, un troisième aspect du rôle du contenu peut être vu dans l'effet, sur le niveau de lecture, de particularités liées à la disposition spatiale des éléments de l'image. En effet, certaines images favorisent mieux que d'autres une lecture descriptive (définie par opposition à l'énoncé purement énumératif des composants de l'image). L'exemple le plus typique est celui de la scène où l'on voit des oiseaux perchés sur les bras des personnages ou nichés dans un chapeau. Dans ce cas particulier, qui comporte en outre quelque chose d'un peu insolite et en même temps de relativement plaisant pour des enfants jeunes, il est clair que l'énoncé de rapports spatiaux (énoncé forcément descriptif) se trouve en effet facilité.

Gageons même qu'à cause de cela les éléments de cette image seraient mieux retenus que ceux de son homologue où, comme on l'a fait remarquer, ils ne sont pas aussi clairement « intégrés ». Un certain nombre d'expériences ont montré en effet que, d'une manière générale, des enfants retiennent d'autant mieux les éléments d'une image que ceux-ci se trouvent plus étroitement organisés entre eux, par exemple dans une scène [28], ou emboîtés les uns dans les autres comme, ici, l'oiseau dans le chapeau de l'épouvantail (s'il s'agit d'une clé, d'une chaussure et d'une boîte, comme dans Horowitz et al., 1969, on se souvient mieux de ces objets quand la clé est dans la chaussure et celle-ci dans la boîte), ou intégrés *dans* une action [29], même, et surtout, insolite (on se rappellera plus facilement les composants d'une image qui représente un cochon tenant sa guitare en bandoulière, plus encore s'il en joue, qu'une guitare près d'un cochon: voir Hale et Piper, 1974), ou *par* une action, à condition naturellement qu'elle soit rendue de manière compréhensible (ce n'est pas toujours évident pour les enfants jeunes avec les images humoristiques de Brooks, 1977, où des objets inanimés sont équipés de membres qui leur permettent, à une fourchette de porter une chaise, à une cloche de lancer un cadenas, à un réveil-matin de donner un coup de pied à un cerf-volant, etc ...).

D'autre part, il est possible d'interpréter certaines de nos observations, également relatives aux niveaux de lecture, en termes d'effets de l'organisation spatiale, en mettant l'accent sur l'expression graphique du relief ou des différents plans du réel. On s'aperçoit, en effet, que sur les huit images données à lire celle qui est lue au niveau descriptif par la quasi totalité des enfants (scène d'intérieur réaliste) et celle qui l'est le plus rarement (grenouille stylisée) sont en même temps celles qui comportent respectivement le plus et le moins d'indices de la profondeur, de la perspective et de la succession des plans. On sait que, d'une manière générale, les performances qui mettent en jeu l'activité perceptive dépendent autant de l'organisation du stimulus que du niveau développemental des sujets [30].

3. Effets du style graphique

La variable du style graphique est évidemment de celles qui alimentent souvent la discussion quand la question de la lisibilité des images est posée. Des données que nous avons recueillies, on ne saurait tirer des réponses définitives et tranchées. Au moins est-il possible, à partir de ces données, de proposer quelques points d'appui.

Effets favorables du réalisme

Précisons d'abord que dans ce qui vient d'être dit concernant l'expression du relief et de la profondeur il y a lieu de souligner que l'image apparemment la plus « profonde » (et le plus souvent lue au niveau descriptif) est de facture réaliste, tandis que celle d'où le relief et la perspective paraissent le plus absents (et qui se trouve le moins souvent décrite) est stylisée. Ce n'est pas un hasard. La suppression des indices du relief (ombres, dégradés, convergence de lignes, etc.)

fait partie des modalités possibles de la simplification entraînée par la stylisation. C'est donc, si l'on veut, un point en faveur du réalisme, dans la mesure où la lecture serait d'un meilleur niveau quand l'image offre des indices d'organisation spatiale qui le permettent.

Les résultats de l'analyse en termes de niveaux de lecture appellent une seconde remarque, plus précise. La lecture descriptive des images est quelque chose qui se développe, comme on aura l'occasion plus loin de le rappeler à nouveau en évoquant les différences liées à l'âge. C'est un fait bien connu, que nous n'avons pas eu de mal à confirmer. Mais, de ce point de vue, les résultats les plus nets sont obtenus avec la série des images réalistes, singulièrement chez les sujets de sexe masculin. Ces indications concernant la régularité sous l'angle du développement donnent aux conduites un caractère de prévisibilité que l'on peut regarder, d'une certaine manière, comme étant à mettre au crédit du réalisme des images.

Enfin, si, comme on l'a suggéré, la liaison étroite entre la fréquence et l'ordre de lecture des différentes parties d'une image (les parties plus souvent énoncées l'étant avant celles qui le sont plus rarement) est le fait d'une lecture cohérente et hiérarchisée, guidée par une exploration systématique de l'image, il faut observer qu'une tendance en faveur du réalisme se dégage encore ici, dans la mesure où les corrélations les plus faibles sont relatives à des images stylisées (Epouvantail, Intérieur, Forêt), tandis que les plus élevées sont relatives à des images réalistes (Epouvantail et Intérieur).

Effets favorables de la stylisation

Les procédés de la stylisation (tels qu'on les a décrits sommairement) ou tout au moins certains d'entre eux, clarifient l'image. C'est en partie pour cela qu'on en fait usage, en particulier dans l'illustration des livres pour enfants. Ils font gagner en netteté ce que parfois ils font perdre en précision (en partie seulement, car la stylisation, en tant qu'elle est abréviation, peut être aussi favorable à la figuration en ce qu'elle favorise la participation constructive du lecteur, tout au moins du lecteur adulte [31]).

On observe que, dans la plupart des cas, c'est le gain qui l'emporte, si l'on considère que l'emploi des mêmes substantifs par les différents sujets est un indice de la clarté de l'image et si l'on juge, à l'inverse, que plus une image comporte d'ambiguïtés plus seront variés, d'un sujet à l'autre, les mots utilisés pour la lire.

4. Différences liées à l'âge

Rappelons que les analyses dont les résultats sont récapitulés ici portent sur des enfants de cinq ans et demi et six ans et demi, environ. C'est donc, en moyenne, une année d'âge qui sépare les deux groupes d'enfants que nous avons examinés. Une année d'âge au cours de cette période de la vie des organismes humains est, au moins dans nos cultures, une durée considérable, à la fois pour les changements qui interviennent sur le plan des moyens intellectuels (ce qu'en disent les psychologues du développement cognitif ne fait que préciser la connaissance intuitive que l'on a de cette réalité) et pour les modifications souvent radicales imposées dans le régime des apprentissages et le programme des renforcements.

C'est particulièrement vrai pour ce qui touche aux progrès réalisés dans l'exploration et le déchiffrement du « monde visuel ».

Les quelques observations indiquées ici, concernant la lecture des images, ne démentent évidemment pas ces considérations générales.

En dehors de la confirmation du fait global, établi autrefois par Binet, relatif au développement de la lecture des images au niveau descriptif, on retiendra d'abord deux faits interprétables comme indices d'une moindre capacité à cinq ans et demi d'exploration attentive et de lecture cohérente et systématique des images. Le premier a trait au découpage. Le second est relatif à la relation entre l'ordre et la fréquence de lecture.

On a fait remarquer que, d'une manière générale, plus une image offre d'éléments graphico-sémantiques séparément lisibles par les sujets d'un groupe donné, moins ceux-ci s'accordent sur le découpage de l'image en ces éléments. Il est en effet très improbable que tous les sujets fassent une lecture parfaitement exhaustive de l'image, n'omettant d'en mentionner aucune partie, sous-partie ou détail. Etant incomplètes, les lectures sont la plupart du temps différemment incomplètes, en quelque mesure. Et d'autant plus différemment que l'image est riche en parties, sous-parties ou détails séparément énonçables. C'est précisément ce qu'exprime la corrélation positive entre la richesse de l'image et le désaccord sur son découpage. L'absence de corrélation signifierait que les sujets font à peu près la même lecture, c'est-à-dire énoncent à peu près tous les mêmes éléments de l'image, que celle-ci en comporte peu ou qu'elle en inclue un grand nombre. Cela peut être le cas si la plupart des sujets se cantonnent dans une lecture sommaire et stéréotypée en quelque sorte, énonçant invariablement et sans plus les quelques éléments centraux les plus prégnants, qui ont alors évidemment toutes chances d'être les mêmes pour tous.

On peut imaginer que la corrélation soit négative : si une image est passablement floue, aux contours mal cernés, aux éléments malaisément séparables, il se peut que les lectures en soient d'autant plus différentes d'un enfant à l'autre qu'elles sont sommaires, aucun élément n'étant plus prégnant que d'autres (cas de la forêt réaliste). La corrélation positive est cependant le cas normal et le plus probable. De fait, les valeurs obtenues (les groupes d'âge étant considérés séparément) sont toutes positives. Notons cependant qu'elles ne sont pas toutes élevées, et que justement les valeurs les plus faibles (non significatives) sont relatives au groupe de cinq ans et demi (et à des images stylisées).

Quant à la liaison entre l'ordre et la fréquence de lecture des éléments des images, on s'aperçoit également que les valeurs les plus faibles du coefficient de corrélation qui l'exprime (valeurs non significatives) sont le fait du groupe de cinq ans et demi. Une autre tendance développementale paraît devoir être retenue. Des analyses portant sur les niveaux et sur la longueur de la lecture, il ressort que les plus jeunes ont tendance à être, si l'on veut, plus à l'aise avec les images stylisées (qu'ils décrivent mieux et qui les font davantage parler que les images réalistes), tandis que les plus âgés auraient au contraire des productions d'un meilleur niveau avec les images réalistes.

5. Différences liées au sexe

Les filles et les garçons réagissent-ils de la même manière au cours d'une tâche de déchiffrement d'images ? Disons que sur ce point les hypothèses a priori que l'on pourrait formuler auraient bien des chances de paraître gratuites, faute de sources d'inspiration, empiriques ou théoriques. On se souvient par exemple que les auteurs du re-étalonnage de l'Echelle Métrique n'ont observé aucune différence entre filles et garçons à l'épreuve des gravures de Binet. Il semble qu'on ait trouvé des différences liées au sexe dans les modalités d'appréhension des images par des enfants jeunes [32], mais il s'agit de résultats qui sont seulement relatifs à la reconnaissance ou au rappel (où l'on voit que les filles sont supérieures aux garçons).

Mais ce n'est pas, croyons-nous, une raison suffisante pour attribuer assurément au hasard des faits qui se dégagent d'une analyse exploratoire comme ceux que nous évoquons ici, même s'ils n'apparaissent que sous la forme de tendances.

Or, du point de vue des niveaux de lecture, c'est chez les garçons que les résultats sont le plus nets et le plus réguliers : c'est pour eux (et pour les images réalistes) que se vérifie le plus clairement la « sensibilité génétique » de la conduite de lecture descriptive.

On a relevé en outre que, du point de vue de la longueur de lecture, la tendance générale à lire plus brièvement les images stylisées à six ans et demi qu'à cinq ans et demi se trouve accentuée chez les garçons.

Des données concernant la « pluralité de lecture », il ressort enfin que si, par exception, la plus grande variété de lecture, indice de la présence d'ambiguïtés, concerne les images stylisées (par exemple, la grenouille identifiée comme tigre, chien, girafe, crocodile, tortue ou crabe, l'abeille comme mouche, papillon, araignée, fourmi, moustique, cigale, libellule ou oiseau, l'ouvrage de la couseuse comme nappe, couverture, dessin, le siège sur lequel elle est assise comme chaise, fauteuil, tabouret, banc, coussin ou ... chat, le rideau comme poteau ou comme arbre), la règle générale étant, semble-t-il, que les images réalistes donnent lieu à lecture moins univoque, les exceptions sont seulement le fait des garçons.

6. Entrer dans l'image

La saisie des images n'est pas immédiate, ni globale. Elle l'est d'autant moins que les images sont riches et complexes. Il faut que l'oeil, « comme s'il s'accoutumait à l'obscurité »[33], en repère les éléments et les organise. Il s'agit bien d'un véritable processus de lecture, avec ce que cela implique d'analyse. « Entrer dans l'image ... y cheminer, c'est un acte qui a une durée, qui se perfectionne et s'affine avec l'âge »[34], mais que les auteurs de livres d'images pour enfants ont sûrement, dans une certaine mesure, les moyens de faciliter.

Les observations que nous avons présentées, à partir d'un examen attentif des productions verbales d'enfants de cinq et six ans, provoqués à « raconter » des images simples de livres construits pour eux, n'avaient, au fond, pas d'autre prétention que d'illustrer ces propositions, de manière modeste et limitée mais positive.

Il va sans dire que ces observations laissent à l'écart bien des aspects de la lecture des images par l'enfant jeune (ne serait-ce que les manifestations de la compréhension des modalités d'expression du mouvement dans l'instantané de l'image fixe), auxquels nous consacrerons d'autres études, qui seront présentées ailleurs.

Notes

[1] Pour un exposé détaillé de ces résultats et des expériences qui ont permis de les obtenir (exposé déjà publié sous forme condensée dans Danset-Léger, 1980 b), on pourra consulter Danset-Léger, 1977.
[2] Employée par Soriano, 1975 a, p. 53.
[3] Voir Laure; 1975; Soriano, 1975 a, p. 461.
[4] Voir Durand et Bertrand, op. cit., p. 22-23.
[5] Voir Toubeau, 1975.
[6] Voir Jean, 1975, p. 120.
[7] Metz, 1970 a.
[8] Durand et Bertrand, op. cit., p. 150 et 106.
[9] Voir note 5.
[10] Voir Binet, 1903, ch. XI.
[11] D'après Zazzo et al., 1966, vol. 2, p. 16-20.
[12] Cette analyse de Amen est citée par Schnall (1968), puis Kasdorf et Schnall (1970), qui l'appliquent à l'étude du développement de la lecture de séries d'images présentées successivement.
[13] Voir Zazzo et al., op. cit., vol. 1, p. 127.
[14] D'après Zazzo et al., op. cit., vol. 1, p. 126.
[15] Zazzo et al., op. cit., vol. 1, p. 128.
[16] Voir Binet et Simon, 1954, p. 42, 44 et 46.
[17] Binet, 1903, p. 176 et p. 212.
[18] Notons que Mialaret et Malandain (1962), puis surtout Malandain (1967), ont déjà proposé quelques remarques utiles sur cette question à propos de la compréhension du film fixe chez l'enfant d'âge scolaire.
[19] Escarpit, 1973 a; Gamarra, 1974, p. 67; Fagerlie, 1975; Soriano, 1975 a, p. 54, insistent sur la même idée.
[20] Ce que fait justement observer Malandain, 1967.
[21] Manzo et Legenza, 1975.
[22] Au moins quand les images sont des dessins au trait, et les sujets des étudiants japonais ...: Voir Tone et Muraoka, 1975.
[23] Voir en particulier Travers, 1969, p. 63; et Travers, 1973.
[24] Ce que font remarquer Durand et Bertrand, 1975, p. 16.
[25] Voir Schissler, 1969; Antes, 1974; Antes et Stone, 1975.
[26] Soit $\dfrac{n}{\Sigma \, (nij \; Nij)}$
[27] Voir les recherches de Navon, 1977, et la littérature qu'il passe en revue.
[28] Mandler et Stein, 1974; Baumeister et Smith, 1979.
[29] Odom et Nesbitt, 1974.
[30] Voir Elkind et Weiss, 1967, par exemple.
[31] Ce que notent justement Crabbé-Declève et Jean-Dekoninck, 1974.
[32] Voir Marks, 1973; Peek, 1974; Berry et al., 1974.
[33] Analogie suggérée par Durand et Bertrand, op. cit., p. 27.
[34] Durand et Bertrand, op. cit., p. 27.

Planche 5

Chapitre VIII
L'association des images et ses problèmes [1]

Au-delà de leur fonction descriptive, par quoi elles présentent les objets et les personnages figurés, en précisent les coordonnées, les désignent en quelque sorte d'une manière statique, les images peuvent avoir une fonction proprement narrative et servir à constituer un récit, à raconter une histoire.

1. Le paradoxe du récit en images

A première vue, il y a pourtant quelque paradoxe à parler de récit en images, à moins de considérer que les rapports d'images en séquence relèvent de la linguistique et qu'il y a une syntaxe d'association des séquences d'images [2], ce qui n'est pas évident.

Dans leur essai sur l'image dans le livre pour enfants, Durand et Bertrand [3] posent clairement les termes de ce paradoxe, en rappelant, d'une part, qu'une histoire, ou un récit, n'est pas simple collection d'actes indépendants, ni chronologie de faits incoordonnés, mais expression d'une série de modifications d'un état initial, suite d'événements orientés vers une fin, processus de transformation, flux ininterrompu, enchaînement d'actions, déroulement, évolution, développement, bref, expression du temps; d'autre part que l'image dessinée, peinte ou gravée, ou même sculptée, tout entière figée sur son support, est le produit d'un « art de l'espace » dont l'immobilité est le lot, où règne la simultanéité, contrairement à ce qu'il en est dans les « arts du temps » [4], moyens d'expression comme le cinéma, la danse, la musique, ou même le langage quand il sert à la poésie (sous la forme de l'écriture ou de la parole) qui, eux, ont naturellement vocation narrative dans la mesure où il leur faut la durée pour communiquer. On peut avoir l'impression, en particulier, que la nature même de l'image dresse un obstacle infranchissable à l'expression de certaines articulations indispensables à l'intelligence du récit.

2. Apprivoiser le temps

Ainsi, au moment d'envisager l'étude des réactions d'enfants aux images associées constituant un récit, se pose la question préalable de savoir comment l'image peut être organisée de manière à suggérer assez précisément le changement continu, l'écoulement de la durée, de manière à faire saisir l'avant et l'après, le passage d'un événement à un autre, comment on peut essayer de « ruser avec l'espace, spéculer sur l'étendue », pour « briser la fatalité du temps immobile », et finalement « apprivoiser le temps » [5] en quelque mesure, et quels problèmes cela pose pour la lecture des images.

Une image isolée peut toujours suggérer le temps si la scène qu'elle représente inclut des personnages ou des objets manifestement en cours de mouvement. Mais si un mouvement (ou un ensemble de mouvements simultanés) ne peut se concevoir, en effet, sans une certaine durée, il ne constitue pas en soi un récit, sinon de « type symbolique » (premier mode de narration graphique distingué par Luquet, correspondant au réalisme visuel [6]). L'élaboration d'un véritable récit en images passe obligatoirement par la création d'une discontinuité artificielle dans le continu de l'espace plastique, imposant un réel temps de lecture et un dévoilement progressif des différents états de l'action. On peut le réaliser en soumettant au lecteur une composition trop vaste pour être saisie autrement que si l'on y effectue un certain parcours, composition regroupant dans un même espace homogène plusieurs épisodes de la même histoire, selon un procédé utilisé couramment dans la peinture italienne de la Renaissance, dont paraissent être inspirées certaines illustrations d'ouvrages pour enfants [7], et qui font penser un peu à la narration graphique de type successif à répétition que discernait Luquet parmi les productions d'enfants, type correspondant au réalisme intellectuel, en contradiction avec l'expérience visuelle [8]; ou bien, selon un procédé narratif plus répandu et moins déroutant, composition nettement morcelée ou cloisonnée où sont juxtaposés, en autant d'images autonomes enfermées ou non dans un cadre, les moments successifs du récit, à parcourir en un sens défini conforme à l'enchaînement chronologique des actions.

Parmi les exemples les plus anciens d'application de ce dernier procédé on cite généralement d'abord la fameuse tapisserie de Bayeux, du XIe siècle, qui raconte sur 70 m de long (avec une frange illustrant les fables d'Esope) les aventures du roi saxon Harold et la conquête de l'Angleterre par Guillaume «le Bastard» et ses normands; l'ensemble des fresques de la légende de la Découverte de la croix, à Saint-François d'Arezzo, oeuvre de Piero Della Francesca, au XVe siècle; la série des peintures de Rubens consacrée à la vie de Marie de Médicis; les séquences de petits tableaux scéniques juxtaposés de l'Ecole de Cologne, au XIIe siècle, un récit en 80 images sur toile, qui décrit la conquête du Mexique par les Espagnols et la fin du royaume aztèque, dessiné vers 1560 par des artistes indiens du peuple Tlascala (images dont quelques-unes sont reproduites dans un article de l'écrivain cubain Alejo Carpentier, 1972, et que la Bibliothèque nationale de Paris a récemment exposées en fac-similés [9]). On cite encore les suites de bas reliefs au format répété représentant les stations successives du chemin de la croix, du palais de Pilate au calvaire, qui entourent les églises chrétiennes depuis le XIVe-XVe siècle; les passages de la Bible qui ornent le plafond de certaines églises de Franconie, en particulier à Nuremberg, un incunable du XIVe-XVe siècle composé d'une suite de 32 bois gravés, où l'on trouve à la fois les scènes et des exégèses du Cantique des Cantiques [10]; ou certains emplois anciens du vitrail. Mais on évoque aussi des productions, encore plus anciennes, des Grecs ou des Romains (la frise du Parthénon, les sculptures de la colonne Trajane), ou de l'art égyptien, et jusqu'aux graffiti des cavernes.

3. Le système des bandes dessinées et sa spécificité

Ces exemples, qui jalonnent l'histoire (et la préhistoire) des histoires en images, sont le plus souvent invoqués (dans le souci de lui conférer «l'ancienneté constitutive de toute tradition culturelle légitime» [11]) pour montrer que ce qu'on appelle aujourd'hui la bande dessinée à des origines lointaines. (Bien qu'il ne soit pas certain que ces soi-disant ancêtres de la bande dessinée aient toujours visé la transmission d'un message à un public analphabète ou peu alphabétisé, et aient été autre chose que des ornements, et bien qu'il soit également douteux que les premiers auteurs de bandes dessinées se soient inspirés de ces oeuvres artistiques de l'Antiquité, du Moyen-Age ou de la Renaissance.)

Soulignons cependant que la bande dessinée, telle qu'elle se présente actuellement et que la définissent les spécialistes de la « stripologie » [12], est devenue (surtout depuis les premières bandes à « bulles »), un genre auquel ne saurait être assimilé tout récit en images, et singulièrement la pure et simple histoire sans paroles où ce sont vraiment les images qui racontent par leurs propres moyens, telle qu'elle se trouve offerte à la lecture d'enfants non lisants dans les albums de littérature enfantine conçus pour l'âge de la prélecture.

Précisons en effet, en vue de mettre en lumière, par contraste, les problèmes posés par la lecture de l'histoire sans paroles des albums pour enfants, comment ce moyen d'expression si clairement particulier qu'est la bande dessinée, dont on ne conteste généralement plus aujourd'hui l'importance et l'intérêt a beaucoup d'égards (et au sujet duquel s'élabore tout « un appareil de célébration et de conservation » gage de son « implantation dans le champ de la culture savante » [13]) est défini, parmi les abondants, savants et fervents discours qui lui sont consacrés depuis quelques années [14].

La bande dessinée est un système de communication reposant sur le jeu dialectique entre une série de dessins reproduisant les états successifs d'une action et des textes sommaires, qui commentent cette action ou reproduisent les paroles des personnages. Cette définition de Moles [15] met clairement et justement l'accent sur le lien essentiel texte-image, car c'est en effet ce lien qui spécifie le système et l'accord entre les auteurs est unanime sur ce point, à travers des formulations diverses : association du texte et du dessin [16]; rapport complexe entre texte et image [17]; enchaînement serré d'images incluant un texte concis « intégré » aux images [18]; système sémiotique constitué d'éléments graphiques et d'éléments textuels liés entre eux [19]; conjugaison de deux codes [20]; « infusion du verbal au domaine iconique » [21]; système de dépendance interne image-texte [22]; étroite imbrication d'un système iconique et d'un système linguistique [23], si étroite que parfois le texte y prend « fonction imageante » et le dessin « fonction linguistique [24] (quand, par exemple, les lettres des onomatopées revêtent certains caractères du dessin, et quand la figuration de coupures de journaux fait passer un discours trop long), ce que Fresnault-Deruelle (1976) caractérise en termes d'« iconiciation du verbal » et de « purification » ou « désincarnation » de l'image, atteignant le signe pur, ou glissant du pictogramme à l'idéogramme; ou, tout simplement, « un monde où les gens sont nécessairement bavards » [25].

Or, à quoi sert le texte dans la bande dessinée ou, plus généralement, dans l'histoire en images quand celle-ci n'est pas muette ?

Par son rôle d'ancrage ou de contrôle (Barthes, 1964), ou sa fonction répressive [26], il sert dans une certaine mesure à fixer un sens, et un seul, aux images, au risque de l'appauvrir, en gommant les incertitudes, dissipant les ambiguïtés, comblant les lacunes, parfois en révélant la forme. Il sert, autrement dit, à combattre la polysémie de l'image, puisqu'en effet, comme l'a écrit Barthes (dans l'article cité plus haut, auquel se réfèrent les sémiologues de l'image), « toute image est polysémique », impliquant une « chaîne flottante de signifiés dont le lecteur peut choisir certains et ignorer les autres ». Elle peut l'être indifféremment par un excès ou un défaut de sens. Le texte intervient nécessairement, en particulier, comme le font remarquer Durand et Bertrand [27], dans des situations où la conduite des personnages suppose un minimum de motivations complexes, sur le plan psychologique, motivations que l'image est souvent incapable de traduire. De fait, la presque totalité des mimiques, expressions, jeux de physionomie, et la majorité des gestes et attitudes, que l'on rencontre dans les images de bandes dessinées, ont rapport à quelques sentiments élémentaires (peur, colère, etc.), à des conduites interpersonnelles universellement comprises (agression, secours ...), ou à des actions banales (marcher, manger, lire, etc.), constituant ainsi un gestuaire très réduit [28]. L'image-unité (dont peut éventuellement rendre compte un lexème, unité minimale de signification) est polysémique. A fortiori les images associées le sont-elles, dont seul un énoncé peut évidemment rendre compte. Ce qui confirme la difficulté d'une démarche qui va de l'image vers le récit, comme c'est le cas dans les histoires sans paroles [29].

Par sa fonction de relais [30], d'enchaînement, de mise en relation, de cohésion, le texte sert en outre à lier les images entre elles, favorise la fluidité du déroulement de l'action et de la lecture [31], resserre le temps. Par son double aspect de communication entre les personnages, et d'information pour le lecteur (qui se retrouve aussi dans les récitatifs raccordant deux images), il transmet au fur et à mesure de la lecture le savoir nécessaire à la compréhension du récit [32].

Il faut encore souligner ici un autre trait du système des bandes dessinées.

La bande dessinée se caractérise par la mise en oeuvre de codes et de conventions graphiques, provoquant en quelque mesure un autre type de lecture que la lecture traditionnelle. On y trouve, en effet, tout un système calligraphique expressif pour figurer le bruit, un répertoire abondant de bruitage par onomatopées (résultant d'une utilisation idéogrammatique de la lettre et de la ponctuation [33]), de nombreux signes conventionnels pour noter l'éclatement, le choc, ou le mouvement, tout un langage de signes et de traces pour traduire le bond, le vol, la trajectoire, l'impact, un emploi codifié de différents contours et formes des ballons, un code gestuel (voir, par exemple, l'ensemble des conventions graphiques signifiant le tremblement, et qui n'ont [34] qu'un rapport incertain avec notre perception visuelle de cet état chez autrui), etc. Tout dans la bande dessinée est convention, et sa lecture est d'autant plus facile qu'elle est hypercodée [35].

A des degrés très divers, ce qui vient d'être rappelé, concernant les traits spécifiques de la bande dessinée proprement dite (récit récréatif), peut être appliqué à des séries d'images de genres voisins. A des productions de genre essentiellement narratif, plus réalistes, mais dépourvus du dynamisme des bandes dessinées (apparenté à celui, bien que fort différent, des «dessins animés»), romans d'images où le récit est plus souvent rapporté (au lieu d'être direct): le cinéroman italien (produit après la seconde guerre mondiale), suite de photos de films sur lesquels figurent en surimpression des bribes de texte et de dialogues permettant l'enchaînement du récit, le photoroman, qui en est dérivé tout naturellement, le roman-bande, ainsi bien entendu que les fameuses bandes d'Epinal fin de siècle, à visée pédagogique, éditées par la dynastie des Pellerin, bien que souvent plus près du texte illustré que de l'histoire en images (comme l'ont été d'ailleurs, à leur origine, certaines bandes dessinées célèbres, comme les «Pieds nickelés» de Forton).

Naturellement, cela peut aussi être appliqué, dans une certaine mesure, à la bande dessinée non récréative, utilitaire, la «bande dessinée comme moyen» [36], genre beaucoup plus restreint où la figuration narrative est ordonnée soit à la communication d'information (qu'il s'agisse de recette de cuisine, ou d'initiation à la vie sexuelle [37], à la psychanalyse freudienne [38], ou à la philosophie [39]), soit à l'action commerciale, politique ou religieuse (l'Evangile existe en bandes dessinées [40]).

4. L'histoire sans paroles

Brièvement évoquées ici, seulement pour de nécessaires oppositions, les analyses descriptives du système des bandes dessinées font apparaître et valoir, implicitement, quels sont les moyens et les avantages, les limites et les problèmes de construction des histoires sans paroles destinées aux enfants jeunes, suite d'images construites pour tout dire sans le secours si puissant des codes et conventions.

Moyens et avantages

Reconnaissons d'abord [41] que l'image plastique manifeste une incontestable aptitude à s'organiser en récit de manière autonome. C'est un fait que, sans mots, on peut raconter une histoire, grâce aux ressources d'expression narrative de l'image plastique, liées aux possibilités que l'on a d'y faire pressentir la durée, de lui faire « déborder son cadre temporel » [42], conditions déterminantes dans l'association des images-unités. Le récit figuré raconte une histoire dans laquelle généralement l'homme, plus ou moins stylisé, ou une créature plus ou moins humanisée, joue un rôle central. Cette histoire est signifiée par une série d'images fixes, assemblées en feuilles semi-mobiles dans l'album (qui offre un cadre adéquat au découpage du récit visuel en scènes successives dont chacune peut se déployer sur une page entière) ou disposée côte à côte en bandes (lisibles de gauche à droite et/ou de haut en bas, comme des lignes d'écriture; mais possiblement aussi de gauche à droite puis de droite à gauche, et ainsi de suite: « boustrophédon », comme dans l'écriture grecque primitive; ou bien en étoile, en cercle ou, comme dans les « Winter Counts » canadiens, en spirale à partir d'un centre, comme dans le jeu de l'oie), dispositif plus raide et monotone que l'album, mais qui peut favoriser l'établissement de liens et faciliter les retours en arrière et les comparaisons. Chaque image fixe est censée représenter un moment de l'histoire, et la suite de ces moments, prélevés à intervalles irréguliers sur la durée de l'histoire, correspond ainsi au déroulement chronologique des événements racontés. Ce sont les attitudes, les gestes, les expressions figurées qui, dans leur contexte, ont toute la charge d'exprimer la participation des personnages à ces événements. Et l'on sait bien que les enfants (même très jeunes, sous certaines conditions [43]), sont très sensibles à ce « langage » (ou à ce support de la communication), en particulier à l'expression des visages, lorsqu'elle réussit à rendre évidente la relation entre les personnages. (On peut considérer, dans une certaine mesure, qu'il y a un code relatif aux expressions figurées du visage, fondé sur une combinatoire de la configuration de la bouche, du nez, des yeux et des sourcils, qui n'est pas spécifique au système des bandes dessinées [44]. On a montré [45], avec 16 combinaisons différentes, que ce code est déjà accessible à cinq ans.)

Il est évident que la figuration par une suite d'images de la succession temporelle des événements d'une histoire repose sur une convention fondamentale, celle de la répétition des mêmes personnages et des mêmes thèmes à travers des situations diverses et des changements de décor ou d'angle de vision (changements que même des enfants seraient tout à fait capables d'accepter en continuant de croire à l'identité des éléments répétés [46], surtout depuis que la télévision contribue à faire acquérir très tôt un certain nombre de « réflexes de lecture » des images en succession [47]. C'est d'ailleurs cette répétition qui donne cohésion à des scènes parfois disparates mises bout à bout. Notons que cette convention de répétition paraît si bien admise que si le dessinateur s'avise, par fantaisie, de faire enjamber par un personnage la limite d'une vignette à la suivante dans une bande, il obtient immanquablement un effet humoristique ou déroutant pour l'enfant jeune, qui se trouve perturbé quand les conventions les plus élémentaires ne sont pas respectées [48].

Parmi les avantages du récit figuré, où l'image fixe porte seule la responsabilité de la narration, essayant de tout dire par ses propres moyens, il faut souligner l'élimination, au moins relative, des références socio-culturelles que les très jeunes enfants sont dans l'incapacité de saisir dans le système des bandes dessinées. Il faut aussi souligner le caractère fort approprié de ce moyen de communication pour un public analphabète, et son utilité pour faire accéder celui-ci à d'autres moyens plus élaborés, par l'initiation et les premiers entraînements à la lecture proprement dite, et même à l'écriture, dans la mesure où « l'image elle-même exige une lecture où le langage est déjà impliqué »[49]. Mais il convient aussi de mettre l'accent sur son utilité pour aider à transposer dans l'univers du graphisme l'expérience, d'abord vécue dans la réalité concrète, des lois logiques sur lesquelles repose tout schéma narratif (principes de non-contradiction, d'irréversibilité, loi de causalité, etc.) [50].

Enfin, avant de mettre ensuite l'accent sur l'inévitable limitation des ressources d'expression narrative de l'image plastique, il convient ici (même s'il est moins accessible aux enfants qu'à l'adulte) de faire état d'un genre narratif où l'image peut quelquefois en dire plus que les mots, et dire ce qu'éventuellement les mots ne sauraient dire : le genre d'histoires sans paroles humoristiques. On cite volontiers les célèbres séries de dessins muets de Wilhelm Bush, un des premiers maîtres de ce « langage international où le dessin reste efficace au-delà du sens des mots qui l'expliquent » [51]. (Nous pensons quant à nous à certaines des « aventures de Monsieur Poche », imaginées par Alain Saint-Ogan, l'inventeur de Zig et Puce, une des premières bandes françaises à bulles). Disons que ces exemples ne sont pas forcément convaincants pour tout le monde, mais que chacun a certainement le souvenir d'une histoire sans paroles où le comique s'impose uniquement par l'image (par des mécanismes que Violette Morin [52] a tenté d'analyser).

Limites

On a déjà, implicitement, indiqué un aspect général de la difficulté de lecture des histoires sans paroles de l'album pour enfants, en imputant la facilité relative de lecture des bandes dessinées à leur hypercodification.

Certaines limites du récit exclusivement figuré peuvent être indiquées ici plus précisément.

On doit s'attendre, en principe, à ce que la série des images qui représentent les phases d'une action, par exemple, articule ces phases en autant de maillons que l'exige l'intelligibilité de l'événement figuré. A cette observation de bon sens, Brémond (op.cit.) ajoute que, dans le système des bandes dessinées, on fait couramment, et sans dommage, l'économie d'une application stricte de ce principe. Se déchargeant, au fond, sur le commentaire et les dialogues du soin de raconter l'histoire, la bande dessinée peut en effet choisir de montrer seulement les instants spectaculaires de l'action. « Elle choisit, non l'image qui signifie le moment, mais le moment qui fait image », et peut se permettre de décomposer une opération simple, un temps bref, mais exceptionnellement fort, tendu, dramatique, pendant lequel l'action stagne en quelque mesure (un individu qui tombe d'un avion, par exemple), en plus d'images qu'il n'est utile à sa compréhension. (Si l'on a bien compris, c'est ce que décrit Fresnault-Deruelle [53] en termes d'inflation ou de boursouflure de l'« aspectuel », au détriment de la progression du récit, figé en quelque sorte pendant quelques images). Inversement, tel laps de temps, riche en segments complexes et significatifs, moments « pendant lesquels l'action s'est nouée ou dénouée, a ouvert des perspectives, en a obstrué d'autres » [54], importants par conséquent pour l'intelligence de l'intrigue, mais sans éclat, peut y être elliptiquement condensé par l'image.

Ces observations font clairement apparaître un aspect de la pauvreté de l'histoire sans paroles, liée à la contrainte de tout dire par l'image, ce qui ne peut se faire qu'au détriment de la densité, et par conséquent de l'intérêt du récit.

Un autre aspect des limites du récit exclusivement figuré concerne les attitudes, gestes et expressions par quoi s'exprime la participation des personnages à l'histoire. Quand ces personnages ont une conformation, des mimiques et des gestes humains, on a déjà noté (à propos des fonctions du texte dans la bande dessinée) la relative étroitesse de la gamme des nuances affectives et des jeux de physionomie que sait traduire le dessin, et le répertoire est forcément encore plus réduit quand les figures humaines sont stylisées. A fortiori peut-on douter de la richesse des possibilités de l'image, de ce point de vue, quand les personnages ont, comme c'est souvent le cas en littérature enfantine, une constitution anatomique et morphologique interdisant certains gestes ou mimiques proprement humains [55], pour la réalisation desquels certains organes sont absolument indispensables (on ne saurait tout exprimer avec une trompe d'éléphant, par exemple).

Un troisième aspect des limites de l'histoire sans paroles est relatif à la restriction, dans le temps et l'espace, des possibilités de déplacement imposée aux personnages mis en scène. Impossible en effet, sans risquer d'égarer le lecteur, surtout s'il est jeune, d'y envisager ces hiatus temporels et spatio-temporels, ces bonds entre images rapportant des scènes survenues à des moments non strictement contemporains, ou ces transports de personnages d'un lieu dans un autre éventuellement fort éloigné, ou bien encore ces passages d'un moment d'une intrigue à la représentation d'un moment d'une autre, dont est faite la bande dessinée (où l'on voyage beaucoup dans l'espace et dans le temps, au moins autant qu'on y parle ...), et qui sont susceptibles de provoquer des effets comiques ou dramatiques ou des effets de suspense très efficaces: « Bon ou mauvais, le suspense est le centre même du message des bandes dessinées » [56], et Fresnault-Deruelle répète justement partout [57] que les personnages de bandes dessinées vivent toujours intensément. On ne saurait en dire autant des personnages des histoires sans paroles.

Privé du secours des paroles ou d'un commentaire, le passage d'une image à l'autre doit obligatoirement se faire sans heurt, à la manière, si l'on veut, des images successives servant (dans les bandes dessinées) de support à une longue conversation (des images en accolades, dans le jargon des stripologues).

En somme, la visualisation intensive du contenu du récit, dans les histoires sans paroles, a son revers: la structure narrative y est en effet presque obligatoirement d'une extrême simplicité (pour ne pas dire d'une grande indigence), à tel point, ajoutent Durand et Bertrand, qu'il est peut-être impropre de parler à son sujet d'intrigue, et qu'on la définirait plus justement comme « un développement autour d'un élément moteur » ... [58] En fait, précisent encore ces auteurs, « il s'en faut de beaucoup que tous les livres pour enfants proposent de véritables récits par l'image ». La simplification est en effet d'autant plus obligée que le récit s'adresse à des enfants jeunes, qui ne maîtrisent pas encore les lois logiques (les catégories du « narré ») sous-jacentes à toute construction narrative, et dont l'apprentissage se fera en même temps que celui des conventions du récit figuré [59].

Certains albums sans texte de la littérature enfantine paraissent avoir été conçus pour aider l'enfant dans cet apprentissage. On s'y préoccupe d'assurer une liaison explicite entre des images très simples. Un modèle du genre [60] consiste en un «jeu de formes», ou une «association d'images bâtie sur la seule métamorphose des formes»[61], où chaque image engendre la suivante de façon quasi-naturelle (un peu à la manière des recherches formelles du cinéma d'animation), ou «la coïncidence est parfaite entre la représentation et les différents moments» du «récit». Cependant, reconnaissent Durand et Bertrand, quelque chose y manque pour que ce soit un vrai récit, incarné, «situé» dans le temps et l'espace, autre chose qu'un «récit visuel à l'état brut», ou un simple «moteur de récit»; il y a simplement une temporalité pure, diffuse, la suggestion d'une durée qui se confond avec la durée de la perception et de la «lecture». Au fond, le temps n'y est pas vraiment représenté. (On peut certainement en dire autant d'autres tentatives où l'élément moteur ou la dynamique est un jeu de lignes ou de couleurs [62]).

Notons que les formes des «aventures» en question sont toujours parfaitement reconnaissables et nommables, permettant une lecture où le langage est forcément impliqué (une bulle devient un ballon, qui à son tour se transforme en pomme, qui engendre un papillon, lui-même se métamorphosant en fleur, puis en parapluie, etc.), et qu'il ne saurait être question, sans le truchement d'un texte, de faire jouer ainsi dans un récit visuel des formes sans signification. Deux exemples de la littérature enfantine contemporaine illustrent bien cette impossibilité. Il s'agit d'une part des aventures de «Petit bleu et Petit jaune» [63], tentative de création d'un récit par de simples taches de couleur en aplat, et d'autre part d'une suite de compositions de signes coloriés non figuratifs, d'aspect géométrique, intitulé «Le petit chaperon rouge» [64]. Un rapide examen des images de ces deux histoires montre qu'elles seraient inintelligibles (les images elles-mêmes, et à plus forte raison leurs enchaînements) telles quelles, sans le texte qui donne la clef (très discrètement, mais constamment présent dans le premier cas, absent seulement en apparence dans le second, où c'est le souvenir des thèmes du conte de Perrault qui en tient lieu). Des observations de Denise Escarpit [65] confirment, s'il en était besoin, cette évidence, en tout cas pour ce qui est de l'histoire en taches de couleurs.

Cependant, dans l'initiation au récit par des suites d'images sans paroles, les formes, mêmes reconnaissables, n'ont certes pas le privilège de faire naître la coordination entre les images. Durand et Bertrand [66] s'attachent à montrer comment le contenu intelligible de chaque image peut aussi bien y parvenir, évoquant les « Trente histoires en images sans paroles à raconter par les petits enfants », construites au siècle dernier par Jean Perrot et Fernand Fau, sur le principe de la bande dessinée (division en deux, trois ou quatre unités représentant les épisodes à déchiffrer et enchaîner en paroles), « mini-récits » (« à parler », préfèrent dire Durand et Bertrand, plutôt que « sans paroles ») où l'aspect esthétique est sacrifié au profit du sens, et qui semblent avoir inspiré certaine production du Père Castor où l'on a puisé les éléments du matériel expérimental qui a permis les observations évoquées au chapitre suivant.

Problèmes

Quelles que soient les limites de l'entreprise, « le récit figuré cherche à atteindre la continuité absolue, la représentation intégrale d'une suite d'événements ». Comme si, ajoutent Durand et Bertrand à qui sont empruntés encore ces formules, on pouvait « concurrencer la vie, la restituer dans toutes les étapes de son perpétuel renouvellement ». C'est un objectif dont on a bien vu, dans ce qui précède, qu'il ne saurait être qu'idéal. Tout récit est fait de lacunes, ne pouvant tout dire ou tout montrer. A fortiori cela est-il vrai du récit en images fixes et muettes. C'est pourtant « un trait caractéristique de l'album pour enfants que cette volonté de supprimer l'entre-image », aussi complètement que possible [67].

Là est, en effet, le problème principal des histoires sans paroles, surtout si elles sont destinées à des enfants jeunes. Une fois établies, en principe, les opérations fondamentales de fragmentation de l'espace, de multiplication de l'image et d'instauration d'un sens de lecture, il s'agit d'exclure le sous-entendu, dont s'accommode si bien le système des bandes dessinées, « art de l'ellipse » [68], de rompre les blancs, combler les vides, réduire les inévitables zones de silence, d'aider à faire naturellement les raccords, à inventer des étapes intermédiaires ; il s'agit d'inciter à lire entre les images.

C'est au service de cet impératif que le dessinateur doit s'efforcer d'établir un équilibre entre la ressemblance et la différence d'une image à l'autre, trouver les moyens d'enchaîner l'image, faire en sorte qu'elle ne soit pas close.

Il faut d'abord que l'histoire puisse « s'égrener d'image en image, toutes différentes et cependant complices les unes des autres ».[69] D'une image à l'autre, la situation s'est modifiée, quelque chose s'est passé, ce qui se traduit par des variations des formes, des objets et de leur position, éventuellement des couleurs, par des changements dans les attitudes et expressions des personnages, etc. [70]. Ces modifications doivent être assez subtiles sans l'être trop. Deux images consécutives doivent être à la fois semblables et différentes. Trop semblables, elles peuvent paraître se répéter. Trop différentes, elles risquent de défier les efforts de comparaison et les tentatives de coordination. Il est bon que chaque image apporte un élément d'information supplémentaire et un seul [71]. Il s'en faut quelquefois de peu, de ce point de vue, pour qu'à la lecture d'une suite de représentations indépendantes d'éléments de la réalité puisse être substituée la lecture d'images en tant qu'éléments d'une séquence narrative, la compréhension d'une histoire.

Enchaîner l'image: qu'est-ce à dire? Cette expression résume l'idée que l'image de l'histoire sans paroles ne saurait être libre, que sa place doit être déterminée, que l'ordre de succession des images doit être irréversible (l'effet ne pouvant précéder la cause), créant ainsi un véritable circuit visuel orienté vers une fin, où, sans à-coups, «circule un sens», où les faits représentés se trouvent davantage logiquement et solidairement articulés qu'arbitrairement juxtaposés [72].

L'image, enfin, doit être ouverte. Cette exigence, liée à ce qui vient d'être dit, doit être précisée. On peut le faire en s'inspirant surtout, là encore, de certaines pages de l'essai de Durand et Bertrand [73], riche en formules suggestives, que l'on reprend ici, au moins en substance, en les regroupant. Une image n'est susceptible d'être combinée avec d'autres que s''il est clairement manifeste qu'elle prolonge l'image qui l'a précédée et annonce la suivante, si elle permet d'imaginer la scène immédiatement antérieure et d'en pressentir ou devancer la poursuite, le développement, ou le possible prolongement, poussant ainsi ses racines vers un en-deçà et un au-delà. Autrement dit, si ce qu'elle représente a une certaine épaisseur, suggère un certain étalement du temps, lui fait déborder en quelque sorte son cadre temporel en dilatant la durée du présent figuratif immobile, présent qui au fond est un leurre dans la mesure où, fait de la conjonction du passé et de l'avenir et portant en lui des indices de l'un et de l'autre, il n'est pas rigoureusement homogène. Bref, si elle n'est pas close, comme l'est un item d'une planche de catalogue ou d'imagier, domaine par excellence de l'intemporel et de l'immobile où les tout jeunes enfants découvrent la réalité figurative. Ajoutons qu'à ces notations, qui se trouvent alimentées, dans l'essai de Durand et Bertrand, par l'analyse descriptive de quelques albums pour enfants, font écho des observations de Brémond (op. cit.), à propos de la bande dessinée, sur la «condensation du temps dans l'instantané» de l'image, chaque instantané signifiant, «en même temps que lui-même, un certain laps de temps avant et après lui» [74].

5. L'étude des réactions de l'enfant aux images associées

L'enfant, lecteur d'histoires en images

Les essais, les études et les exposés auxquels on s'est référé jusque-là sont le fruit du travail et de la réflexion d'historiens, de pédagogues, de sémiologues, de linguistes, de philosophes ou sociologues de la communication, de théoriciens ou de praticiens de l'information, voire de dessinateurs, de critiques d'art, de « professeurs de littérature enfantine » ou de « professeurs de bandes dessinées »

Le psychologue a, certes, grand intérêt à se servir des apports de ces différents spécialistes, et peut être aussi quelquefois, en s'efforçant de discerner les idées fécondes [75], à s'inspirer de leur esprit d'analyse en vue de mieux maîtriser les situations qu'il construit. Trouver les moyens appropriés à la spécification des stimuli est, en effet, une des tâches fondamentales auxquelles doit s'appliquer le psychologue, singulièrement pour l'étude de l'appréhension des images [76].

Cependant, si ces rapports sont suceptibles d'éveiller la curiosité du psychologue, surtout lorsque sont abordés les problèmes fondamentaux (comme les rapports de l'espace et du temps dans la lecture des bandes dessinées, ce qui est justement le cas dans plusieurs études parues dans le volume de la revue « Communications » consacré à celles-ci), ils ne sauraient la satisfaire.

Rien d'autre, à la vérité, ne peut y répondre qu'un examen des conduites du sujet, en l'occurence du sujet lecteur d'histoires en images. C'est cet examen (qui implique des tâches plus ingrates et onéreuses et aboutit à des résultats plus modestes que la méditation sur la structure des situations et des objets) qu'il faut maintenant envisager.

Disons d'abord que, sur ce terrain, les auteurs consultés sont la plupart du temps fort discrets. Et pour cause : le sujet est « la bête noire de la sémiologie » [77].

Il serait injuste, cependant, de ne pas reconnaître la préoccupation essentiellement pédagogique et le souci des réactions de l'enfant dont un certain nombre d'entre eux sont manifestement animés. Denise Escarpit pose des questions explicites sur ce que peut saisir l'enfant des relations spatio-temporelles entre les images, et donne un signalement de ses difficultés les plus courantes, relatives à la compréhension de l'entre-image [78]. Jean fait part de remarques au sujet du rôle des histoires sans paroles dans les premiers entraînements à la lecture [79]. Lentin (1975) s'attache à montrer comment mettre en évidence la précocité des capacités de lecture de suites d'images. M.T.

Gauthier dit l'intérêt à connaître les démarches de l'enfant et suggère un « itinéraire » [80]. Des propos de Convard (1975) et de Saint-Michel (1975) témoignent d'une attention aux conduites de l'enfant. Gerda Muller (1975), illustratrice, confie qu'elle imagine toujours un enfant à côté d'elle, qui réagit à ce qu'elle dessine, et elle se demande s'il va comprendre, etc. Et l'essai de Durand et Bertrand sur « l'image dans le livre pour enfants », dont on a souligné la richesse d'information et la finesse d'analyse, abonde en allusions à ce que fait, comprend ou sait l'enfant lecteur d'images et, d'une manière générale, aux problèmes de la lecture et de la lisibilité des images proposées aux enfants.

Quant aux sémiologues, il serait facile quelquefois de les prendre en délit de référence implicite au sujet lecteur.

Mais il faut ajouter que, si suggestives et pénétrantes qu'elles puissent être, les remarques présentées par ces différents auteurs, fondées sur l'observation courante, l'intuition ou la réflexion, ne sauraient tenir lieu de conclusions établies sur la base de réactions systématiquement recueillies et analysées.

Signalons pourtant que trois au moins des auteurs cités dans ce qui précède ont tenté de réunir des données empiriques relatives aux modalités de lecture des suites d'images. Malandain (1967) a fait commenter les images successives de films fixes (qui en comportent une dizaine) par deux cents enfants d'âge scolaire, et mis en évidence la difficulté des plus jeunes (jusque vers la fin de la scolarité primaire) à en saisir l'enchaînement. (Mais l'auteur prévient que les séquences d'images en question « n'étaient pas toujours très compréhensibles, même pour un adulte » ...). Thibault-Laulan (1971a) a fait lire des images, également en succession (images de film), à plus de trois cents lycéens (préadolescents et adolescents), au cours d'une expérimentation complexe (et quelque peu discutable) destinée à mettre en lumière « les processus de signification ». D'une analyse un peu compliquée des résultats, on retient en particulier que tous ne comprennent pas la même histoire. D.Escarpit (1972) présente le compte rendu (déjà signalé au chapitre II) d'une expérience (ou d'une pré-expérience, corrige-t-elle dans le texte) réalisée auprès d'enfants de classes maternelles. Les données recueillies sont principalement constituées grâce à la lecture collective d'histoires en images sur les genoux de la maîtresse, procédure justifiée par le « besoin des autres » éprouvé par l'enfant « pour exprimer ce qu'il perçoit, sent et pense ». En fait, ce qu'on obtient le plus souvent est un « brouhaha créé par la participation active de tous les enfants » ... « d'où l'on peut extraire très peu de choses » [81].

La recherche psychologique

Cela dit, la littérature psychologique inclut quelques travaux axés plus ou moins directement sur les problèmes de la lecture par l'enfant des images associées, travaux où l'on trouve analyses et interprétations des produits de comportement systématiquement provoqué.

Dans la plupart d'entre eux, le comportement provoqué est de mise en ordre d'images présentées en vrac, un peu à la manière des épreuves de sériation, où des bâtonnets en désordre sont à disposer par ordre de taille croissante ou décroissante. Chaque image représente un moment d'une courte histoire que le sujet est prié de reconstituer en bon ordre. C'est un type de tâche bien connu des testologues de l'intelligence, puisque, depuis son invention par le psychopédagogue belge Decroly (1914), on la propose, sous l'appellation de test d'arrangement d'images, dans un certain nombre d'échelles composites américaines (en particulier dans celle de Wechsler pour adultes et pour enfants [82]), sans doute à cause de ce qu'elle permet la manifestation de la capacité de saisir une situation dans sa totalité (rappelons que le subtest d'arrangement d'images présente une forte corrélation positive avec celui des cubes de Kohs), et peut-être aussi parce qu'en raison du thème des images elle offre, souvent mieux que d'autres tests, un moyen de prendre la mesure d'un aspect de l'«intelligence sociale» [83].

Il semble que la plus ancienne publication relative à l'examen des conduites de mise en ordre d'images constituant un récit (en vue d'une analyse des mécanismes et non pas dans une perspective de classement psychométrique) soit celle de Kraft et Piaget (1925). Il s'agit en fait d'une première tentative d'analyse des notions de temps chez l'enfant (reprise plus tard dans Piaget, 1946), notions que l'on ne peut atteindre qu'en s'adressant aux «opérations d'ordre causal qui établissent un lien de succession entre les causes et les effets par le fait même qu'elles expliquent les seconds au moyen des premières» («le temps est lié à la causalité et au cours irréversible des choses» ...«Il est aux opérations explicatrices ce qu'est l'ordre logique aux opérations implicatrices»)[84]. Pour déterminer le lien temporel que l'enfant introduit entre les événements d'un mini-récit à reconstruire quand «ces événements sont caractérisés par une causalité très simple» (chute d'un objet, par exemple), on lui présente quelques images distribuées au hasard et on l'invite à les sérier dans l'ordre convenable (à la fois temporel et causal). Kraft et Piaget montrent ainsi un fait apparemment paradoxal: que la construction de la suite irréversible des événements suppose la réversibilité de la pensée (c'est-à-dire des «opérations», permettant le parcours dans les deux sens), ce qui n'apparaît pas avant sept ou huit ans. « Faute de cette réversibilité opératoire nécessaire à la confrontation des divers ordres possibles, le sujet n'aboutit pas à l'ordre correct et reste fixé, de façon irréversible, au premier ordre venu, tandis que, dès huit ans, la réversibilité opératoire lui permet de reconstituer l'ordre réel et irréversible des événements » [85]. Plus loin, Piaget ajoute que « la traduction de la succession dans le temps en une suite linéaire (unidimensionnelle) ne va pas nécessairement de soi, mais suppose l'unicité du temps, c'est-à-dire la possibilité de raccorder tous les rapports d'avant et d'après en une seule série temporelle », et que, d'autre part, « c'est [...] faute de savoir élaborer un récit que l'enfant ne parvient pas à comprendre le procédé des images successives » [...], « les deux difficultés de penser le temps sous la forme d'une suite linéaire et de représenter les événements par une série d'images distinctes se suivant dans l'espace » n'en constituent qu'une seule en réalité. [86]. Notons qu'une des conduites remarquables de l'enfant jeune (avant huit ans, environ) signalées par Piaget[87], après l'avoir été d'ailleurs par Luquet [88], consiste en la difficulté de considérer comme identiques à eux-mêmes les personnages individuels reproduits plusieurs fois de suite sur des images différentes (difficulté à laquelle on a déjà fait allusion à propos des moyens de la narration graphique). « Ce n'est pas faute de recognition perceptive que l'enfant se comporte ainsi, précise Piaget [89], c'est tout simplement qu'il trouve plus simple de juxtaposer pêle-mêle une suite de petites histoires disparates que d'en construire une seule dans laquelle les mêmes personnages réapparaissent en des situations différentes. Cette non-identification des personnages constitue ainsi une sorte d'indice clinique de la difficulté à construire des récits ordonnés » [90].

Parmi les travaux plus récents, une étude de Hurstel (1966), qui se réfère aux interprétations piagétiennes dont on vient de rappeler l'essentiel, s'attache à l'analyse des conditions d'apparition progressive de la notion d'ordre des événements chez l'enfant de trois à six ans, à partir d'une série d'images en désordre. Ecartant les problèmes posés par la découverte des liens de causalité entre images, Hurstel s'intéresse à la manière dont l'enfant dégage un ordre de l'ensemble des faits, et aux relations qu'il établit entre cet ordre et les images présentées. La tâche proposée consiste dans l'habillement d'une poupée. Sur chaque image figure le dessin d'un habit. Il s'agit donc d'ordonner les images en fonction de l'ordre d'habillement. On s'aperçoit en particulier que c'est vers quatre ans que les enfants commencent à passer de la disposition figurative à une disposition spatiale conventionnelle gauche-droite.

Signalons, en outre, un article de Quin (1976) où sont présentées des observations (vaguement rapportées, sans autres précisions, aux « idées de Wallon », aux « thèses de Piaget » et à la glose de Tran-Thong relative à l'oeuvre de ces deux auteurs) sur les difficultés d'ordination des images [91] chez l'enfant de quatre à six ans, et où l'on constate surtout que les images d'une série donnée sont plus souvent ordonnées de manière cohérente lorsqu'elles peuvent l'être de diverses manières (telle histoire en six images, dont on s'aperçoit qu'elle ne souffre pas moins de huit ordres cohérents possibles, est finalement ordonnée « correctement » par presque tous les sujets de six ans ...); et une étude psycho-pédagogico-sémiologique (en espagnol) de Tora Tortosa (1972) sur l'ordination par des enfants de six à douze ans de « vignettes » de bandes dessinées, en vue d'analyser les conditions du décodage des messages verbo-iconiques. Et retenons, enfin, deux études américaines qui concernent également l'examen des conduites d'enfants soumis à ce type d'épreuve: la thèse de Swayze (1969), où l'on observe les progrès réalisés entre cinq et douze ans, progrès que l'on interprète à la lumière de la théorie opératoire de Piaget, et un article très précis d'Ann Brown (1976b), récemment repris et précisé par Schmidt et al. (1979), qui rapporte une recherche originale réalisée avec des enfants de quatre à dix ans. Ceux-ci sont invités à reconstruire une suite (déjà vue) d'images racontant une histoire, en puisant dans un stock où les images de la séquence déjà vue sont mêlées à d'autres, qui conviennent plus ou moins bien pour les remplacer (= équivalentes ou contradictoires). La recherche porte en fait sur la mémoire des images en séquences narratives. On s'aperçoit qu'à tous les âges c'est le thème général de l'histoire qui est retenu plutôt que la série exacte des images ou, selon la terminologie proposée par Baggett (1975) dans une étude réalisée avec des sujets adultes, sur la mémoire d'histoires en images, l'information implicite ou conceptuelle plutôt que l'information explicite ou de surface.

La tâche de mise en ordre d'images présentées en vrac, en vue de construire un récit, est une épreuve souvent compliquée pour l'enfant jeune (inégalement compliquée, et Piaget lui-même convient [92] que les difficultés varient selon le contenu des images considérées). Il est vrai que l'examen des conduites de l'enfant au cours de ce type d'épreuves peut être une voie d'approche des problèmes posés par la compréhension des histoires en images. Mais, dans les albums pour enfants, celles-ci ne sont pas à construire à proprement parler. Elles sont à lire comme elles se présentent. Et, là encore, les choses peuvent être plus ou moins facilitées, comme on l'a vu précédemment en passant en revue les problèmes posés au dessinateur. La manière la plus directe de mettre en évidence les difficultés de lecture des images associées est de soumettre effectivement celles-ci à la lecture à haute voix des sujets (c'est l'itinéraire préconisé par M.T. Gauthier).

On peut les soumettre une à une, en suivant l'ordre convenable, par exemple en employant la technique du film fixe (comme cela est fait dans les travaux de Mialaret et Malandain [93], avec des enfants d'âge scolaire). Quand un enfant feuillette régulièrement les pages d'un album dont chacune des pages ou des doubles pages correspond à une étape figurée du récit, c'est bien de cette manière que les images lui apparaissent. Encore peut-il toujours procéder à des retours, en vue de contrôles ou de comparaisons.

Une des recherches les plus analytiques, portant sur la lecture de suites d'images présentées en succession temporelle, est due à Kasdorf et Schnall (1970). Leur méthode consiste à montrer, par exemple, à des sujets de 7, 12 et 20 ans environ, d'abord une carte représentant une feuille d'arbre verte, puis une seconde où la même feuille commence à virer à l'ocre, puis une troisième et une quatrième où elle achève de prendre la couleur de l'automne. Dans une autre série, les sujets voient une bougie qui se consume progressivement de la première à la quatrième image. Une troisième suite de quatre images représente un canot à voile qui fait, par étape, un tour sur lui-même. Ces mêmes types de changement graduel (de couleur, de forme ou de position) sont appliqués, dans d'autres séries d'images, soit encore à des objets familiers, mais auxquels ces changements sont inappropriés (un personnage passe du vert au rouge, un crayon fond comme une bougie, une maison pivote sur 180 degrés), soit à des formes géométriques (un hexagone, un rectangle, un losange subissent respectivement le même sort en quatre images). Les quatre images défilent régulièrement (deux secondes chacune, avec un blanc d'une seconde entre deux cartes), puis on doit dire immédiatement ce qu'on a vu. Il est clair qu'on peut lire ces séquences d'images de deux manières : en se livrant simplement à la description de chacune des images, ou bien en « intégrant » celles-ci, grâce à l'emploi d'un verbe convenable exprimant le changement progressif que « raconte » en quelque sorte la séquence en question. Les résultats montrent les progrès avec l'âge de l'intégration spatio-temporelle des images. Bien que les auteurs ne se réfèrent pas à Piaget (leur argumentation s'inspire de la psychologie développementale de Werner), on ne peut s'empêcher de rapprocher ces résultats d'un aspect important du développement cognitif (relatif à la saisie et à la représentation mentale des transformations) que mettent en évidence de manière très démonstrative les épreuves diverses de conservation [94], et de façon plus explicite encore les expériences concernant l'imagerie cinétique ou transformationnelle [95]. Mais les résultats de Kasdorf et Schnall montrent aussi l'influence, à tous les âges, du contenu des images : l'intégration est le plus marquée avec les objets familiers qui changent d'aspect de manière appropriée (surtout quand le changement concerne la forme ou la position). Elle l'est le moins avec les figures géométriques.

Il semble (comme on a déjà eu l'occasion de le noter à propos des moyens de la narration graphique) que la disposition des images côte à côte soit susceptible d'aider l'enfant à établir un lien entre elles, et qu'elle favorise, mieux encore que les feuilles semi-mobiles de l'album, les confrontations et retours en arrière nécessaires à l'intelligence du récit. La littérature psychologique contient finalement peu de travaux (si même il en existe vraiment) relatifs à la lecture par l'enfant jeune d'histoires en images présentées dans ces conditions, qui paraissent pourtant les plus favorables.

C'est pourquoi nous avons entrepris de recueillir nous-même les données empiriques illustrant les questions posées au chapitre suivant.

On ne saurait cependant manquer de rappeler ici l'existence de la vieille épreuve des « images de Dawid » [96], destinée à l'étude ou à la mesure de la compréhension par l'enfant de suites d'images. Les images de Dawid sont des bandes fort courtes puisqu'elles sont constituées seulement de deux images représentant le début et la scène finale d'un récit très simple, que le sujet est invité à raconter. Par exemple, on voit sur la première image un jeune garçon qui lève un bâton sur un chien; sur la seconde image, le garçon à son pantalon déchiré et pleure. Une autre histoire commence ainsi : un bouledogue est attaché à un arbre, à une branche duquel est suspendu un panier de provisions; un vagabond est là qui a l'air de se demander comment il pourra s'emparer du panier sans être mordu. Sur la seconde image, le bouledogue a sa corde tout enroulée autour du tronc de l'arbre et, la laisse étant ainsi raccourcie, le voleur vide le panier [97]. Comme la deuxième image est très étroitement la conséquence de la première, il s'agit bien d'une épreuve de compréhension (lire entre les images), et non d'invention (même si elle demande une certaine dose d'imagination) [98]. Des indications sur la lecture, par des enfants de quatre à douze ans (dix garçons et dix filles de chaque âge), des deux histoires données en exemple existent [99] sous la forme (d'ailleurs peu claire) de percentilages (établis par Margairaz [100]). On constate que la parfaite compréhension (inférée de la mention des points essentiels qui composent l'histoire) est évidemment surtout le fait des plus âgés, mais aussi, là encore, que la difficulté dépend largement du contenu des images: il y a des lectures tout à fait correctes dès quatre ans dans un cas, et pas avant dix ans dans l'autre ...

Notes

[1] Une première version (abrégée) de ce chapitre a paru dans le Journal de Psychologie: Danset-Léger, 1978 a.

[2] Voir Thibault-Laulan, 1971 a, p. 23; 1971 b, p. 62.

[3] Voir Durand et Bertrand, 1975, p. 91 et suivantes.

[4] Cette dichotomie (que l'on retrouve dans les discours des sémiologues: voir Lotman, 1975), qui s'appuie philosophiquement sur Kant (voir éd. de 1944, p. 54-55), est fondée psychologiquement sur l'observation courante. Mais elle serait à nuancer, compte tenu des connaissances psychologiques actuelles sur l'appréhension des images (voir Molnar, 1977).

[5] Ces formules entre guillemets sont des emprunts à Durand et Bertrand, op. cit., p. 85, 88, 91 et 94.

[6] Voir Luquet, éd. 1967, p. 161, 170 et 172.

[7] Voir le célèbre « Pierre l'Ebouriffé », adapté de l'ancien ouvrage d'Heinrich Hoffmann (Der Struwelpeter, 1845), déjà signalé au chapitre IV, ainsi que des oeuvres plus récentes, dont Durand et Bertrand (op. cit., p. 33, 127 et 129) donnent des extraits significatifs.

[8] Voir Luquet, op. cit., p. 163 et 171.

[9] Voir Grand, 1976.

[10] On peut en voir la reproduction de deux vignettes dans Sidorov, 1972.

[11] Boltanski, 1975.

[12] C'est ainsi que celui qui paraît maintenant le plus actif d'entre eux, Fresnault-Deruelle, lors d'une communication au 1e Congrès de l'Union Internationale d'Etudes sémiotiques de Milan, en 1974, a proposé d'appeler l'étude scientifique de la bande dessinée.

[13] Voir note 11.

[14] En fait, depuis le phénomène Astérix. Voir, entre autres, pour se faire une idée de l'abondance de ces discours, la bibliographie commentée présentée à la fin du n° 24 (1976) de la revue Communications, consacrée à la bande dessinée examinée sous son aspect sémiologique. Il s'agit d'une sélection, dictée « par la recherche d'une certaine rigueur scientifique », parmi l'ensemble des études sur la bande dessinée, études qui, selon les rédacteurs de ce numéro, « ne se comptent plus ... ».

[15] Voir Moles, 1971, p. 32.

[16] Convard, 1975.

[17] Durand, 1971.

[18] Roux, 1970, p. 8-9, et Gillon, 1977.

[19] Jean, 1975, p. 119.

[20] Fresnault-Deruelle, 1970.

[21] Fresnault-Deruelle, 1975 b.
[22] Fresnault-Deruelle, 1972 a, p. 20.
[23] Fresnault-Deruelle, 1972 a, p. 193.
[24] Fresnault-Deruelle, 1972 b, p. 43.
[25] Fresnault-Deruelle, 1972 b, p. 35.
[26] Fresnault-Deruelle, 1972 b, p. 43.
[27] Voir Durand et Bertrand, op. cit., p. 151.
[28] Ce qu'observe Brémond, 1968.
[29] Ce que note Picquenot, 1976.
[30] Barthes, 1964.
[31] Fresnault-Deruelle, 1972 a, p. 59.
[32] Fresnault-Deruelle, 1970, 1972 a, p. 57, et 1972 b, p. 44.
[33] Voir Lindekens, 1976; et Toussaint, 1976.
[34] Ce que fait remarquer Brémond, op. cit.
[35] Voir Saint-Michel, 1975.
[36] Fresnault-Deruelle, 1975 a.
[37] Voir Schwadtke, 1975.
[38] Voir Siméon et Ariel, 1976.
[39] Voir «La philosophie en bande dessinée», de Denis Huisman pour le texte (on l'aurait deviné), préfacée par Jean Guitton (c'est plus inattendu), Hachette, 1977.
[40] «Jésus, fils de Marie» (Editions Univers Media, 1977) est un album (le premier d'une série de dix) qui se démarque nettement des bandes religieuses d'autrefois (surtout cantonnées dans les vies de saints) pour rejoindre la bande dessinée la plus classique. Principalement inspiré de l'Evangile de Luc, il met en scène tous les passages où Marie est présente. Entreprise discutable (cf. Chartier, 1977), en dépit de la caution de deux évêques et d'un pasteur, dans la mesure où, paraît-il, les enfants s'identifient peu aux héros de bandes dessinées, et où l'utilisation de personnages historiques dans des bandes dessinées, «au lieu d'en accentuer la réalité, accélère leur transfert dans l'univers mythologique des enfants», risquant ainsi d'en «amenuiser la dimension historique». Discutable aussi à cause du mode d'écriture des évangiles, construits selon un processus récurrent, de telle sorte que les événements n'ont de sens que pour un lecteur averti de la fin de l'histoire ... Mais au moins est-on sûr que l'album est lu quand il est acheté, avouent les auteurs ...
[41] Avec Durand et Bertrand, op. cit., p. 86.
[42] Durand et Bertrand, op. cit., p. 109.
[43] Voir Deutsch, 1975; Murray et Lee, 1977.
[44] Harrison (1964, d'après Davis, 1972), en particulier, l'a montré.
[45] Voir Bradshaw et McKenzie, 1971.
[46] Contrairement à ce que prétendait Luquet (op. cit., p. 172) et à ce qu'a rapporté Piaget (1946, p. 235 et 261-262), tous deux critiqués sur ce point par Malandain (1967) à propos de la compréhension du film fixe chez l'enfant (voir plus loin: «La recherche psychologique»).
[47] Selon Fresnault-Deruelle, 1972 b, p. 46; Toubeau, 1975; Muller, 1975.
[48] Voir note 35.
[49] Durand et Bertrand, op. cit. p. 88.
[50] Voir Durand et Bertrand, op. cit., p. 130.
[51] Voir Blanchard, 1969, p. 144. Blanchard montre un exemple de ces bandes (p. 131). On peut en voir un autre dans l'essai de Durand et Bertrand (op. cit., p. 34-35).
[52] Voir Morin, 1970.
[53] Voir Fresnault-Deruelle, 1976.

54 Durand et Bertrand, op. cit., p. 92.
55 Voir Brémond, op. cit.
56 Martinez, 1972, p. 171.
57 Voir Fresnault-Deruelle, 1970; 1972 a, p. 32; 1972 b, p. 75 ...
58 Durand et Bertrand, op. cit., p. 42.
59 Durand et Bertrand, op. cit., p. 130.
60 Longuement analysé par Durand et Bertrand, p. 46-48 et 131-133.
61 Il s'agit des «aventures d'une petite bulle rouge» (Illustration et idée de Iela Mari, Paris, l'Ecole des Loisirs, 1968).
62 Voir l' «Aventure d'une ligne droite qui change perpétuellement de fonction» présentée par Blanchard, op. cit. p. 248; ou le scénario en quatre images «construit en fonction du seul langage des couleurs» dont Fresnault-Deruelle, 1972 b, p. 66, montre un spécimen.
63 «Picollo blu, Piccolo giallo», imaginé par le dessinateur italien Leo Lionni. Edition française: Paris, l'Ecole des Loisirs, 1970 (Edit. Italienne: Milan, Emme Edizioni).
64 Oeuvre de Warja Honegger-Lavater, Paris, Adrian Maeght (Edit.), 1965, dont Durand et Bertrand présentent un échantillon (p. 54).
65 Voir D. Escarpit, 1972, p. 100; et 1973 a.
66 Voir Durand et Bertrand, op. cit., p. 134-136.
67 Durand et Bertrand, p. 141.
68 Roux, 1970, p. 47.
69 Durand et Bertrand, op. cit., p. 96.
70 Voir Escarpit, 1973 a; 1973 b, p. 200.
71 Sur ce point, voir les remarques de Mialaret et Malandain (1962) à propos des images présentées en succession.
72 Voir Durand et Bertrand, p. 134, 95, 97, 91, 141.
73 Voir, en particulier, p. 134-5, 109 et 103.
74 Voir aussi des remarques d'autres auteurs: Jean, 1975, p. 120; M.T. Gauthier, 1973, n° 2.
75 Ce qui n'est pas toujours chose facile, en particulier dans les productions des sémiologues, où fourmillent les idées utiles et formules heureuses, à travers un discours abstrus (qui «oeuvre à maintenir la différence structurale de la bande dessinée dans son rapport au désir» ... ou «indexe rigoureusement la configuration originale d'un désir pris dans des structures d'une inquiétante spécificité» ...: Covin et al., 1976), discours où, confessons-le, le psychologue positif a généralement quelque peine à trouver son compte.
76 Voir Schissler, 1969.
77 Covin et al., 1976.
78 Voir Escarpit, 1973 a; et 1973 b, p. 200.
79 Voir Jean, 1975, p. 120.
80 Voir M.T. Gauthier, 1973, n° 2.
81 Escarpit, 1972, p. 89-90.
82 La dernière version de l'échelle de Wechsler (le WISC révisé 1974) comporte 12 items d'arrangement d'images (renouvelés ou rendus plus clairs pour les trois quarts, par rapport au WISC adapté en France par le Centre de Psychologie Appliquée: voir Petrosko, 1975).
83 Voir à ce propos les observations de Wechsler, 1956, p. 109, et de Brannigan, 1975.
84 Piaget, 1946, p. 6 et 7.
85 Piaget, 1946, p. 6 et 7, repris de Kraft et Piaget, 1925.
86 Piaget, 1946, p. 11 et 12.

[87] Piaget, 1946, p. 235 et p. 261-262.

[88] Voir Luquet, op. cit., p. 172.

[89] Piaget, 1946, p. 262.

[90] Malandain (1967) juge cette interprétation contestable, dans une certaine mesure, observant que si les enfants n'identifient pas les personnages d'une histoire présentée à l'écran (en images fixes) c'est que, spontanément, ils ne confrontent pas les différents dessins. La preuve en est, ajoute-t-il, que les mêmes images présentées «sur papier» (?) donnent lieu à progrès considérable dans l'identification.
Quant à la compréhension de l'aspect successif et ordonné des événements d'un récit, Ann Brown (1975, 1976 a) a montré qu'elle n'est pas aussi tardive que ce qu'en a dit Piaget autrefois (pouvant faire illusion, à cet égard, une certaine faiblesse, à l'âge pré-opératoire, sur le plan des capacités de mémoire et d'exposition, et naturellement aussi, ce qu'ont montrés des travaux de Tabouret-Keller, 1960, en particulier, sur le plan de la maîtrise de l'expression, par la forme des verbes, de la localisation d'une action ou d'un événement dans le temps).

[91] Il s'agit d'un matériel pédagogique publié aux Editions «L'Ecole»: «Raconte — 55 historiettes en images», de C. Le Boeuf (chaque histoire de ce matériel comprend de quatre à six images).

[92] Voir Piaget, 1946, p. 235.

[93] Voir Mialaret et Malandain, 1962; Malandain, 1967.

[94] Telles qu'elles sont décrites, par exemple, dans Piaget et Inhelder, 1941, ou Piaget et Szeminska, 1941.

[95] Décrites dans Piaget, Inhelder et al., 1966, et en résumé dans Piaget et Inhelder, 1963.

[96] Voir Dawid., 1911, p. 104 et suivantes, cité dans un ancien ouvrage de Claparède, 1940, p. 268 à 272.

[97] Ces deux exemples sont reproduits dans Claparède, 1940, p. 269 et 271.

[98] Ce que fait remarquer Claparède, op. cit., p. 270.

[99] Claparède, op. cit., p. 272.

[100] Margairaz est co-auteur, par ailleurs, avec Piaget, d'une étude sur l'interprétation des images de Dawid chez l'enfant (cf. Margairaz et Piaget, 1925) à laquelle Piaget se réfère encore dans «Le développement de la notion de temps» (1946, p. 12, 235 et 262), en mettant notamment l'accent sur les échecs observés avant huit ans.

Chapitre IX
Aspects du déchiffrement des histoires en images à l'âge de la prélecture

L'ensemble des réflexions et observations dont il est fait état au chapitre précédent inspire un certain nombre de questions précises, auxquelles on s'efforce, maintenant, d'apporter des éléments de réponse, obtenus grâce au recours à l'expérimentation [1]. Ces questions ont trait à l'ordre de lecture des images en fonction de leur disposition, à la compréhension de la convention de répétition des mêmes personnages, objets ou thèmes, à travers la diversité des situations figurées, à la capacité de tenir compte du contexte dans l'interprétation d'une image, de lire entre les images, de rapporter les points essentiels qui jalonnent le déroulement chronologique des événements racontés en images, et finalement, surtout, à la capacité de produire un discours qui témoigne d'une véritable intégration spatio-temporelle des images, condition d'une lecture correcte des histoires sans paroles.

1. L'ordre de lecture des images

Les histoires en images se présentent sous l'aspect d'une juxtaposition de vignettes autonomes figurant les moments successifs du récit. Le sens de lecture de ces moments successifs, conforme à l'enchaînement chronologique des actions, est indiqué par la disposition spatiale conventionnelle (gauche-droite, haut-bas, etc ...). Mais il n'est pas imposé absolument. Chacun des lecteurs est laissé libre de commencer où il veut, de poursuivre par où il l'entend, d'aborder l'histoire à rebours, de sauter une étape, voire de mélanger deux ou plusieurs histoires figurant sur une page ou sur une double page d'album.

Or, comment de ce point de vue, s'y prennent spontanément les enfants à l'âge de la prélecture ?

Une enquête sur ce point peut être guidée par une confrontation du discours parlé avec les images, et aussi par l'indication des pointages du doigt qui accompagnent généralement la lecture d'enfants jeunes.

Les indications sur l'ordre de lecture exposées ici, ainsi que celles qui seront données ensuite sur d'autres aspects du déchiffrement des images associées, sont fondées sur l'analyse du comportement d'une soixantaine d'enfants de cinq à six ans (fréquentant l'Ecole Maternelle) face à quelques histoires en images (qui figurent, en réduction, sur les 4 planches numérotées 6 a à 6 d dans le présent volume). Il s'agit de treize « histoires » en quatre images composant un album conçu pour être « lu » et compris sans le support d'aucun texte [2]. Chacune des histoires met en scène deux ou trois personnages humains (enfants), qui jouent dans un cadre de plein air, parfois accompagnés d'animaux familiers. Six d'entre elles sont disposées verticalement pour une lecture de haut en bas. Dans ce cas, les quatre images, dont la superposition occupe une page entière, ont chacune un format panoramique (voir planche 6 a). Il est utile d'en signaler ici brièvement les thèmes, ainsi que les étapes, en vue de mettre en lumière clairement la logique de l'agencement séquentiel des images (les numéros correspondent à l'ordre établi dans l'album).

(2) Les bûches : (a) deux garçons chargent un tas de bûches dans un chariot, (b) qu'ils emmènent ensuite, l'un tirant, l'autre poussant, vers le bûcher, où (c) ils procèdent au déchargement, et d'où (d) ils repartent, l'un tirant toujours le chariot, l'autre s'y faisant porter.

(3) Les chapeaux : une fille et un garçon sur la plage balayée par le vent (a) voient leurs chapeaux s'envoler vers la mer; (b) le garçon court les rattraper, puis (c) les rapportent, applaudi par la fille; (d) tous deux se recoiffent et d'une main empêchent les chapeaux de s'envoler à nouveau.

(6) Les deux chiens : (a) un enfant s'apprête à lancer une balle dans la direction d'un buisson, sous le regard d'un grand chien genre épagneul, prêt à s'élancer pour la rapporter; (b) un petit teckel qui était tapi derrière le buisson bondit sur la balle pour s'en emparer avant l'épagneul; (c) il y est parvenu et le rapporte à l'enfant, tandis que

l'épagneul ramasse une branche comme pour éviter de revenir bredouille; (d) l'enfant gratifie en même temps les deux chiens, les caressant chacun d'une main.

(7) Les champignons : (a) trois enfants (deux garçons et une fille) longeant la clôture d'un champ parsemé de champignons se disposent à la franchir; (b) chacun franchit la barrière à sa manière : le grand garçon par-dessus, la fille par-dessous, le petit garçon par la porte; (c) cueillette des champignons; (d) barrière franchie à nouveau, en route pour le retour avec le panier rempli.

(10) Jeu de quilles : (a) un garçon va lancer une boule dans un jeu de (sept) quilles, sous le regard d'un chien assis derrière lui et d'un partenaire assis près des quilles; (b) le partenaire assis annonce de la main la chute de deux quilles et ramasse la boule, puis (c) se prépare à jouer à son tour, tandis que le premier le remplace auprès des quilles et que le chien commence à donner des signes d'agitation; (d) devançant le deuxième joueur, le chien, comme s'il avait compris le jeu, s'est précipité dans le jeu de quilles, les renversant toutes, à la stupéfaction des deux enfants riant aux éclats.

(11) Oies et moutons : (a) un jeune pâtre, à la tête de quelques moutons, vient à la rencontre d'une jeune bergère qui le salue de la main, adossée à un arbre et entourée de son petit troupeau de trois oies; (b) le bélier qui précède deux brebis se met à foncer tête baissée sur les oies apeurées, et le pâtre, bras levé, tente de l'arrêter, tandis que la bergère se protège derrière l'arbre; (c) brandissant son bâton, le pâtre court après le bélier qui fonce tête baissée contre l'arbre; (d) calmé, le bélier suit maintenant sagement les deux troupeaux réunis, conduits par la bergère et le pâtre (celui-ci se retourne pour surveiller l'animal délinquant du coin de l'oeil).

Les images de six autres histoires sont disposées horizontalement, pour une lecture de gauche à droite. Dans ce cas, les quatre images, couvrant la moitié supérieure ou inférieure d'une double page, ont un format carré (voir planche 6 b). En voici les thèmes et les scènes successives :

(4) Toboggan : (a) Deux jeunes garçons, s'affairent laborieusement pour arc-bouter une planche à un pommier, l'un la supportant à bout de bras, l'autre s'efforçant de la hisser pour l'adapter à l'arbre; (b) ce dernier est maintenant parvenu au sommet de la planche inclinée et, dans les branches du pommier, commence la cueillette, sous le regard attentif de l'autre, resté en bas, prêt à recevoir les fruits; (c) ceux-ci sont envoyés un à un sur la planche, au pied de laquelle l'enfant demeuré en bas stoppe leur course; (d) le grimpeur prend le même chemin que les pommes pour descendre de l'arbre, les bras

levés, comme sur un toboggan, tandis que l'autre remplit ses poches.

(5) Trois pommes : (a) Vu de face, tranquillement assis sur un muret, un jeune garçon (exactement de même apparence que le ramasseur de pommes de l'histoire précédente) porte une pomme à sa bouche, en ayant deux autres en réserve (dans sa poche et posée près de lui), tandis qu'en arrière-plan un autre garçon semble s'approcher, sous le regard d'une petite fille qui reste en retrait; (b) le deuxième garçon, qui se trouve maintenant assis auprès du premier, s'est emparé de la pomme posée sur le mur et paraît solliciter l'approbation de son possesseur, dont la mimique exprime clairement qu'il est favorable à ce partage, tandis que la petite fille restée sur place en arrière-plan commence à s'approcher à son tour; (c) tandis que la petite fille accoste maintenant les deux mangeurs de pomme, qui la dévisagent, le premier porte la main à sa poche d'où dépasse la troisième pomme et (d) la lui tend avec le sourire (et celui de son compagnon).

(8) Chaise à porteur : (a) deux fillettes s'amusent à faire courir un jeune enfant, attentives à ce qu'il ne trébuche pas; (b) le jeune enfant est quand même tombé et pleure, tandis que les deux filles s'occupent à le relever et le consoler; (c) accroupies, elles lui proposent leurs bras entrecroisés pour qu'il s'y assoie; (d) l'enfant a obtempéré puisque, la mine réjouie, il se trouve maintenant installé entre les deux filles qui se sont redressées, assis sur leurs avant-bras disposés en chaise à porteur, et se retenant à leurs cous.

(9) Equilibre : (a) Pieds nus, étendant les bras pour faire balancier, un jeune garçon avance prudemment le long d'un tronc d'arbre fraîchement abattu (retenu de rouler par des tenons fixés au sol), suivi par une petite fille qui l'imite, en étant manifestement moins bien assurée; (b) la petite fille est tombée, le garçon s'arrête et se retourne, (c) va l'aider à se redresser puis à remonter sur le tronc; (d) les deux enfants reprennent leur marche d'équilibristes mais, cette fois, le grand garçon va veiller sur la petite fille, la laissant en tête de l'expédition et lui tenant un bout de la robe.

(12) Les cochonnets : (a) Deux petits cochons, au bord de leur auge vide, regardent avidement arriver les deux seaux pleins que porte un jeune porcher accompagné d'une petite fille; (b) tandis que le garçon verse le contenu d'un des seaux dans l'auge, où un des cochons plonge déjà son groin, la tête du deuxième cochon disparaît jusqu'aux oreilles dans l'autre seau encore plein posé sur le côté, au scandale de la petite fille qui lève un bras et pointe du doigt le spectacle, le visage indigné; (c) relevant la tête enfouie dans le seau, le cochon soulève en même temps le seau où la tête reste coincée, ce

qui paraît bien amuser maintenant les deux enfants, ainsi que l'autre petit cochon qui, les pattes avant dans l'auge, se redresse pour considérer ce qui fait s'esclaffer les enfants ; (d) ceux-ci ont entrepris joyeusement d'aider le prisonnier à se libérer de cette situation inconfortable : le garçon a pris l'animal dans ses bras et la fille a tiré sur le seau, dégageant une tête penaude et dégoulinante qui semble faire beaucoup rire l'autre cochon.

(13) La balançoire : (a) Avec l'aide d'un grand garçon, et sous l'oeil d'un petit chien, un petit garçon et une petite fille disposent, pour faire une balançoire, une planche en équilibre sur un point d'appui central constitué par un tronçon d'arbre (que des tenons fixés au sol empêchent de rouler) ; (b) une fois les deux jeunes enfants assis chacun à un bout de la planche, on constate un déséquilibre qui empêhe le jeu, déséquilibre que le grand garçon semble avoir l'idée de corriger car il soulève déjà le chien pour le hisser sur la planche ; (c) le chien est maintenant sur la planche, au niveau central du point d'appui, et, orienté vers la petite fille, poids léger qui demeure en position haute, semble prêt à monter vers elle, qui d'ailleurs l'y invite par un geste du bras, sous le regard attentif du partenaire toujours au niveau du sol et du grand garçon debout, mains sur les hanches ; (d) parvenu à la hauteur de la petite fille, qui l'entoure maintenant fermement de son bras, le chien a permis de faire la tare, puisque la balançoire est désormais en équilibre et va pouvoir osciller régulièrement : les deux garçons font, d'un bras, un geste de victoire.

Une seule histoire est construite sous la forme de deux bandes superposées de deux vignettes carrées, organisées pour être lues de gauche à droite et de haut en bas (voir planche 6 b, en haut). Elle remplit la première page de l'album (les histoires verticales et les histoires horizontales se succédant ensuite selon une alternance double).

En voici le thème et le signalement des quatres images :

(1) Poney : (a) un garçon, chevauchant un poney, vient (levant la main comme pour annoncer son secours) à la rencontre d'une petite fille qui peine à faire avancer son jeune chien récalcitrant, dont elle tire désespérément la laisse ; (b) la petite fille porte le chien jusqu'à la hauteur du garçon qui le prend en charge avec précaution, sous le regard complice (?) du poney qui a tourné la tête pour observer la scène qui se passe sur son dos ; (c) la petite fille se hisse à son tour sur le poney, derrière le garçon qui, tenant le chien d'un bras, l'aide de son bras disponible ; (d) à califourchon sur le poney, qui repart au trot, la petite fille, qui a repris le chien dans ses bras, est maintenant bien installée derrière le garçon, qui surveille son chargement du coin

de l'oeil et se laisse lècher la joue par le chien, comme en signe de reconnaissance.

Précisons que les 13 histoires ne sont pas ordonnées dans l'album en fonction de leur difficulté de lecture. En « avertissement », un classement par ordre de difficulté croissante est cependant indiqué : n° 8, 9, 2, 3, 10 (« les plus simples »), puis n° 1, 4, 5, 6, 7, 12, 13, 11 (« les moins faciles »). Mais on ne dit pas sur la base de quel type de données cet ordre est établi. On pourrait imaginer a priori qu'une histoire a été jugée d'autant plus difficile à lire que l'intrigue en est plus compliquée. Et comme rendre compte d'une intrigue plus compliquée ne peut se faire que par un discours plus long, on pourrait alors supposer que la difficulté indiquée par les auteurs (ou l'éditeur) de l'album corrèle avec le nombre de mots utilisés pour lire les histoires. Or, si ce n'est pas vraiment le cas quand on considère les textes (longs de moins de 50 à plus de 200 mots) rédigés ici pour décrire les images, cette supposition se trouve en effet confirmée lorsqu'on examine la lecture spontanée faite oralement par des adultes.

La première observation à faire concerne l'effet notable de la disposition des images. La plupart des enfants, bien que dûment avertis de la présence de deux histoires par double page (c'est toujours une double page qui s'offre au regard), n'ont pas toujours su faire la distinction entre les images de l'une et celles de l'autre dans le cas particulier de la superposition de deux histoires horizontales sur toute la largeur de la double page (histoires 4-5/ 8-9/ 12-13 : voir planche 6 b) : précisons bien que, dans ce cas, une page contient la moitié d'une histoire, superposée à la moitié d'une autre.

La plupart du temps, ce sont les deux pages, et non les deux histoires, qui sont lues successivement (sinon séparément).

Quant à l'ordre de lecture des quatre images de chaque page constituée ainsi de deux histoires tronquées, on s'aperçoit qu'il y règne une assez grande fantaisie : très peu d'enfants adoptent un ordre homogène conforme au sens de lecture conventionnel (de gauche à droite et de haut en bas). Pour les autres, on trouve une certaine diversité de parcours : outre le sens conventionnel gauche-droite/ haut-bas, on relève les parcours haut-bas/gauche-droite, gauche-droite/bas-haut, bas-haut/gauche-droite, ou boustrophédon (en tournant, comme dans l'écriture grecque archaïque, dont les lignes allaient successivement de droite à gauche puis de gauche à droite, imitant le déplacement du boeuf au labourage [3]), c'est-à-dire première colonne de bas en haut puis deuxième colonne de haut en bas, ou première ligne de gauche à droite puis deuxième ligne de droite à gauche, ou deuxième ligne de gauche à droite puis première ligne de droite à gauche. Le seul type de parcours jamais observé est celui qui commencerait en diagonale.

L'embarras des enfants, que reflète cette instabilité du parcours de lecture, est évidemment provoqué par l'hétérogénéité des deux moitiés (supérieure et inférieure) de la page, envisagée ici à tort comme unité.

Disons tout de suite que les enfants sont quasiment provoqués à commettre cette erreur, pour peu qu'une première vue d'ensemble de la double page, faisant apparaître (en dépit du fait, regrettable, que la séparation est toujours moins large entre deux histoires qu'entre les deux pages) les indices contribuant à l'unité perceptive de chaque histoire (couleur du fond, objets et personnages répétés, numéros en marge), n'ait pas précédé la lecture proprement dite. En effet, les trois premières histoires de l'album, tenant chacune sur une simple page (et singulièrement la première, qui apparaît seule), induisent forcément une attitude (un « set », comme disent les psychologues) que le lecteur est amené à garder pour la lecture des suivantes (et d'autant plus facilement que l'unité-page est une réalité à quoi l'enfant est tôt familiarisé). La situation des deux histoires suivantes (la quatrième et la cinquième), où le set entraîne à l'erreur, apparaît alors un peu comme un piège. Ensuite, les deux histoires qui tiennent chacune sur une page viennent renforcer positivement le set, qui induit à nouveau le lecteur en erreur pour les deux suivantes, et ainsi de suite jusqu'à la fin ...

Cela dit, les sept histoires qui figurent sur une seule page sont généralement lues en bon ordre.

Les images ne font pas toutes l'objet d'une description ou d'une évocation dans tous les cas (sans d'ailleurs que cela nuise forcément à l'exposé intelligible de l'histoire, comme on le verra plus loin : voir « lecture des points de l'intrigue »). Mais, encore une fois, l'ordre des étapes est respecté presque toujours.

Découpées dans quatre exemplaires de l'album, les images de quatre histoires à vignettes carrées ont été disposées de quatre manière différentes, et proposées à lire soit en diposition horizontale, soit en disposition verticale, soit en deux lignes superposées, soit enfin en deux colonnes (voir planches 6 c et 6 d).

Des comparaisons établies, il ressort nettement que les dispositions horizontales (une seule ligne, à lire de gauche à droite) et verticale (une seule colonne, à lire de haut en bas) sont les plus favorables à la lecture des images en ordre correct. Et c'est la disposition en deux colonnes juxtaposées qui est ici la plus défavorable.

Quand les histoires sont disposées en une ligne ou en une colonne, l'erreur la plus fréquente consiste à procéder à rebours du sens conventionnel gauche-droite ou haut-bas. On observe rarement d'autres types de parcours.

Pour les histoires disposées en carré (soit en lignes, soit en colonnes), l'ordre du déchiffrement des images n'est pas aléatoire, même quand cet ordre ne correspond pas à la séquence logique des étapes du récit.

Théoriquement, les quatre images d'une histoire sont ordonnables de 24 manières possibles.

Or, la configuration en carré permet, si l'on veut, de classer ces 24 manières en six catégories, d'inégales grandeurs, tenant compte de certaines conventions familières de lecture :

- une ordination conforme à l'habitude occidentale de la lecture et de l'écriture, soit ligne supérieure de gauche à droite puis ligne inférieure également de gauche à droite.

- une ordination par colonnes, celle de gauche, de haut en bas, puis celle de droite, également de haut en bas (comme les colonnes des journaux).

- trois autres ordinations par lignes lues toutes les deux dans le même sens (gauche-droite, comme dans la lecture normale, mais en commençant par la ligne inférieure, ou droite-gauche, en commençant soit par la ligne inférieure, soit par la ligne supérieure).

- trois autres ordinations par colonnes, lues toutes les deux dans le même sens (haut-bas, comme dans la lecture des journaux, mais en commençant par la colonne de droite, ou bas-haut, en commençant soit par la colonne de droite, soit par la colonne de gauche).

- huit ordinations, par lignes ou colonnes, en inversant la direction quand on passe d'une ligne à l'autre ou d'une colonne à l'autre, c'est-à-dire en tournant (comme dans l'écriture grecque primitive boustrophédon), soit dans le sens des aiguilles d'une montre, soit en sens inverse, et en commençant par la ligne supérieure, la colonne de droite, la ligne inférieure, ou la colonne de gauche.

- enfin, huit ordinations commençant par deux images disposées en diagonales.

Or, il apparaît très clairement que deux des catégories distinguées se trouvent priviliégiées, quelle que soit la disposition des images (en lignes ou en colonnes).

En effet, presque tous les enfants se répartissent entre la lecture par lignes conforme à l'habitude occidentale d'une part, et d'autre part la lecture « en tournant » (boustrophédon), aucune des huit figures de cette dernière catégorie n'étant apparemment priviligiée.

Il y aurait ainsi deux tendances, devant cette configuration en carré des images. L'une, tôt apprise et renforcée, à lire par lignes successives de gauche à droite, en procédant de haut en bas. L'autre, sans doute plus « naturelle » et spontanée, à procéder de proche en proche, c'est-à-dire en passant toujours d'une image à une autre qui lui est contiguë, ce qui exclut le passage direct à une image opposée en diagonale (exclusion peut-être pas sans rapport avec la difficulté, observée au même âge, dans la reproduction des lignes obliques ou des diagonales ...[4]).

Est-ce à dire que les enfants qui lisent en bon ordre les images disposées en lignes le font sans égard à l'articulation logique des scènes du récit, simplement en vertu de la première tendance que l'on vient de signaler ?

On pourrait l'imaginer, dans la mesure où parfois la moitié des sujets à qui sont présentées des histoires en colonnes en déchiffrent les images comme si elles étaient présentées en lignes.

En fait, il y a interaction avec le sens des histoires.

On observe, en effet, que la seule manière qui soit stable et régulière (s'appliquant à toutes les histoires quand elle apparaît chez un enfant) est celle qui consiste à lire par lignes successives de gauche à droite, en procédant de haut en bas, mais seulement si cet ordre coïncide avec celui de l'articulation logique des images.

D'ailleurs, les enfants qui sont dans ce cas sont les plus âgés.

2 L'identité des personnages et des thèmes

L'expression, par une série d'images ordonnées, de la succession temporelle des phases d'un récit repose, a-t-on souligné (voir chapitre VIII) sur l'indispensable convention de la répétition des mêmes personnages, des mêmes objets et des mêmes thèmes, à travers une certaine diversité de situations, d'accessoires, de décors ou de perspective.

La lecture de l'histoire ainsi figurée implique donc naturellement la capacité d'envisager comme identiques à eux-mêmes ces éléments (principalement les personnages) reproduits plusieurs fois de suite sur des images quelque peu différentes. Cela exige évidemment une confrontation de ces différentes images.

On a rappelé que la non-identification des personnages répétés, couramment observée chez l'enfant jeune (avant huit ans ...) selon d'anciens travaux de Luquet, puis de Piaget, pouvait être considérée comme un « indice clinique de la difficulté à construire des récits ordonnés » [5].

Mais on a également fait état du jugement réservé que pouvaient inspirer ces données anciennes, rapportées de manière peu précise.

On donne ici quelques éléments susceptibles d'éclairer sur cet aspect, d'après nos propres observations.

A défaut de jugements explicites portant, par exemple, sur le nombre des protagonistes dans telle histoire, jugements que l'on aurait pu provoquer par un interrogatoire ad hoc, on se trouve réduit à tenter de déceler des indices dans l'organisation du discours des lecteurs.

Or, ces indices ne manquent pas.

Un des plus fréquents est relatif au changement d'article en cours de lecture. Indéfinis au départ, pour la présentation des protagonistes ou du thème de l'histoire, les articles sont définis dans la suite, indiquant sans ambiguïté que l'on décrit bien un développement qui a sa source dans les virtualités de la scène initiale, aux éléments de laquelle on se réfère.

Par exemple (histoire 1) :

(a) C'est *un* petit garçon (...) sur *un* cheval (...). Sa sœur est en train de tirer *un* chien.

(b) ... elle s'approche *du* petit garçon (...), lui donne *le* chien.

(c) ... elle veut bien monter sur *le* cheval.

(d) ... ils partent.

Ou bien (histoire 1) :

(a) *un* petit garçon (...) sur *un* poney, *une* petite fille tire son chien.

(bc) *le* petit garçon fait monter *le* chien et puis *la* petite fille.

(d) ils sont montés tous les deux.

Ce changement d'article peut être relevé dans au moins un des récits de presque tous les enfants de cinq à six ans que nous avons examinés.

On observe aussi fréquemment le remplacement, en cours de lecture, d'un substantif par un pronom personnel, indiquant également que, dans la suite de l'histoire, on se réfère aux éléments présentés au départ, en évitant de les nommer aussi précisément à nouveau.

Les exemples donnés ci-dessus (surtout le premier) illustrent en même temps ce cas. En voici deux autres, encore plus typiques.

(Histoire 2) :

(a) ... le petit garçon et puis l'autre petit garçon (...) vont mettre les bûches (...).

(bc) *ils* vont *les* mettre là.

(d) et puis après, *ils* s'en vont.

(Histoire 4) :

(a) un petit garçon (...) veut lancer une balle au chien.

(b) et *il la* lance, puis le chien court après, mais c'est un autre chien qui *l'*attrape.

(c) et puis l'autre chien *la* donne au petit garçon ...

(d) après, *il les* caresse tous les deux.

Cette substitution par pronom personnel s'observe dans au moins deux des récits de chacun des enfants.

L'identité, dans l'esprit du lecteur, des personnages, des objets ou des thèmes figurés dans les quatre images de l'histoire, peut être aussi inférée à partir d'autres indices, un peu moins précis que ceux dont on vient de faire état, et parfois moins aisément décelables.

Soit à partir de la mention répétée d'un même thème d'action qui progresse. Par exemple :

(Histoire 10) :

(a) ... il joue (...) avec celui-là (qui) est assis.

(b) ... ils continuent la partie.

(c) ... maintenant, ils continuent toujours.

(d) maintenant, ils continuent, mais le petit chien a tout fait tomber.

Ou bien (histoire 2) :

(a) ils amènent des pierres pour faire la maison.

(b) après, ils poussent la charrette pour la faire.

(c) après ils sont en train de la faire.

(d) après ils ont fini.

On trouve de tels exemples chez un enfant sur deux.

Soit à partir d'une manière en quelque sorte cumulative de raconter l'histoire, ne mentionnant que ce qui s'ajoute à l'image précédente, et achevant par une récapitulation. Par exemple :

(Histoire 5) :

(a) ... il mange des pommes.

(b) ... un autre petit garçon (...) est venu à coté de lui.

(c) ... une autre petite fille (...) est venue.

(d) puis là, tous les petits enfants, ils mangent des pommes.

On relève des exemples de ce type, ou s'en approchant, chez quelques enfants.

Ajoutons qu'une analyse attentive de certains récits peut conduire à créditer le lecteur de cette capacité de saisir que les éléments répétés à travers la suite des images ne sont pas autant d'éléments différents, sans toutefois que l'on parvienne à caractériser de quelque manière les indices qui en témoignent. Voici un exemple,

(Histoire 10):

(a) le chien, il regarde et puis lui, il lance la balle

(b) et puis après, il en a fait deux tomber

(c) et puis après, lui il est prêt à lancer la balle

(d) et puis après, le chien il court vite pour faire tomber tout.

Finalement, on s'aperçoit que les cas d'absence totale d'indices décelables de la compréhension par le lecteur de l'identité des éléments reproduits plusieurs fois de suite ne sont pas fréquents à cinqsix ans. Les cas très clairs de lecture séparée des images et de non-identification des personnages sont très rares.

En voici un exemple, il s'agit des histoires 10 et 11 lues de la manière suivante:

(a) là, ils sont en train de jouer (aux quilles)

(b) eux aussi, ils jouent.

(c) eux aussi

(d) et puis lui est en train de défaire toutes les quilles, le chien

et

(a) le fermier et la dame du fermier

(b) et lui aussi c'est un fermier

(c) c'est pareil

(d) c'est pareil

3 Lecture ouverte

Une image, a-t-on dit (voir chapitre VIII), n'est susceptible d'être combinée à d'autres que s'il est manifeste qu'elle prolonge celle qui l'a précédée et annonce la suivante, si ce qu'elle représente suggère un étalement du temps, lui fait déborder son cadre temporel, dilatant la durée du présent figuré, par nature immobile; en somme, si elle n'est pas close comme l'est une planche ou un item d'imagier.

Cet impératif d'ouverture de l'image associée à d'autres dans une histoire est naturellement au service de la lecture, qui doit s'y accorder, c'est-à-dire être elle-même une lecture ouverte.

Faire une lecture ouverte d'une image associée à d'autres dans une histoire, c'est essentiellement tenir compte de celles-ci. Très souvent, dans un récit en images, l'interprétation juste des éléments d'une situation figurée (mouvements, attitudes ou mimiques d'un personnage, par exemple) est conditionnée par cette prise en compte de l'image précédente ou de l'image suivante (ou des deux).

Il n'est certes pas évident que l'enfant à qui est destiné le récit en images s'en montre toujours capable. Et l'on pourrait peut-être aussi considérer comme «indice clinique de la difficulté à construire des récits ordonnés» (Piaget) une incapacité de cette manière de lecture ouverte des images.

La présente analyse a donc pour objectif de déceler, dans les propos des sujets, des indices d'«ouverture» de la lecture.

Remarquons d'abord que les indices relevés dans l'analyse relative à l'identité des objets reproduits plusieurs fois témoignent d'une lecture ouverte. Par exemple, évoquer par un pronom personnel un objet nommément désigné au début est évidemment une manière de lire qui tient compte de ce qui précède.

On peut cependant en trouver d'autres, qui concernent l'interprétation des images. On en donne ici quelques exemples, parmi les plus typiques.

Dans la première histoire («poney»), la seconde image montre une situation qui, présentée isolément, pourrait être interprétée au moins de deux manières. Deux enfants tiennent un petit chien dans leurs deux mains, le garçon étant assis sur un poney et la fille debout près du poney. Seule la prise en compte de l'image précédente ou de la suivante permet de savoir que c'est la fille qui tend le chien au garçon, et non pas l'inverse. Or, tous nos enfants lecteurs ont interprété correctement l'image.

Dans l'image suivante de la même histoire, on voit la fille en train de monter à son tour sur le poney. Mais on pourrait dire aussi bien qu'elle est en train d'en descendre, si on considérait l'image isolément. Or, presque tous nos lecteurs la voient monter.

Enfin, sur la dernière image, les deux enfants et le chien sont sur le poney et celui-ci démarre. Il ne serait pas du tout évident qu'il s'agit d'un départ (l'idée en est justement exprimée par quelques enfants) sans les préparatifs indiqués précédemment.

Dans la deuxième histoire (« bûches »), on voit d'abord deux enfants qui tendent les bras comme s'ils se tendaient mutuellement la même bûche. Impossible de savoir s'ils chargent ou déchargent la charrette, à moins de tenir compte de la suite (ce que font manifestement presque tous nos lecteurs), qui montre qu'il s'agit d'un chargement.

L'étape du déchargement (troisième image de la même histoire), considérée isolément, comporterait la même ambiguïté. Or, la majorité des enfants l'interprètent correctement.

Enfin, quand le transport à vide (dernière image) est interprété (ce qui est parfois le cas) comme un départ pour un nouveau chargement, il est également évident que l'on tient compte de ce qui précède.

Les images de la troisième histoire (« chapeaux ») montrent deux enfants qui perdent leurs chapeaux à cause du vent, les rattrapent et (dans la dernière image) les recoiffent. La dernière image n'est correctement interprétée qu'à la lumière des épisodes antérieurs. Autrement, on peut très bien voir deux enfants qui portent la main à leur chapeau pour saluer, par exemple. La majorité des lecteurs précisent que les enfants se recoiffent.

La sixième histoire (« chiens ») montre d'abord un garçon qui va lancer une balle pour que son chien, qui la suit des yeux, la rapporte. Mais, dans la seconde image, un autre chien surgit qui, dans la première, était caché. Si bien caché qu'il y est seulement découvert (par quelques enfants) après coup (par retour en arrière), derrière le buisson d'où on le voit surgir dans la deuxième image.

Dans la dernière image de la septième histoire (« champignons »), on voit trois enfants qui marchent dans l'herbe le long d'une clôture. La lecture qu'en font la plupart des enfants comporte l'idée d'un départ du lieu où ils se trouvent actuellement représentés. Or, cette interprétation, correcte, ne s'impose absolument que parce qu'elle est induite à partir des épisodes précédents.

La même observation peut être faite à propos de la dernière image de la onzième histoire (« oies et moutons »), interprétée en termes de départ par la majorité des enfants.

A un moment de l'histoire 9, on voit un garçon aider une fille à monter sur un tronc d'arbre abattu. Or, le lecteur qui tient compte des épisodes précédents précise qu'il l'aide à remonter plutôt qu'à monter.

L'interprétation juste, donnée parfois, de la dernière image de l'histoire 12 (« cochons »), suggérant les efforts des enfants pour libérer la tête du cochon du seau où elle se trouvait coincée, n'est possible que si l'on tient compte de l'image précédente.

Au total, on parvient sans peine à déceler chez presque tous nos lecteurs de cinq-six ans, la présence non douteuse d'au moins un indice de prise en compte, pour la lecture d'une image, des éléments contenus dans une ou plusieurs des autres.

4. Lecture entre images

Tout récit, a fortiori tout récit en images fixes et muettes, est fait de lacunes, ne pouvant naturellement tout exprimer de manière explicite. On a souligné (chapitre VIII) qu'il s'agissait là du problème essentiel des histoires sans paroles destinées à des enfants jeunes. En dépit de la volonté des créateurs d'albums pour enfants de supprimer l'entre-image aussi complètement que possible, il reste en effet toujours des « trous », que le lecteur doit combler. Il le fera d'autant plus aisément que seront mieux équilibrées ressemblance et différence entre images consécutives, que celles-ci seront mieux articulées, qu'en chacune d'entre elles se trouvera plus largement « dilatée » la durée du présent figuratif immobile.

Ces conditions sont évidemment remplies de manière inégale parmi nos histoires en quatre images.

En outre, il est probable que les enfants sont inégalement en mesure de lire entre les images, et possible qu'une incapacité observée de ce point de vue soit susceptible aussi de refléter la « difficulté à construire des récits ordonnés » à partir d'une séquence d'images fixes.

Une quatrième analyse vise donc à rechercher dans les propos des sujets des indices de lecture entre les images.

L'analyse des propos d'enfants de cinq-six ans fait ressortir essentiellement trois cas.

Dans le premier, on évoque le cours d'une action dont l'image montre seulement l'état d'achèvement ou le résultat.

Par exemple, de la petite fille qui se trouve auprès du poney monté par le garçon, dans la première histoire, on dit qu'« elle s'(en) approche »; du garçon qui se trouve dans la charrette vide, dans la deuxième histoire (« bûches »), on dit qu'« il (y) monte »; du garçon de la troisième histoire qui court après les chapeaux, ayant laissé à terre sa serviette de bain, on dit qu'« il pose » celle-ci; de l'enfant qui, dans la cinquième histoire (« pommes ») se trouve assis près du personnage principal représenté seul au début, on dit qu'« il est venu » à côté de celui-ci; de la fille qui, dans la septième histoire (« champignons »), se trouve à plat ventre au pied de la clôture, on dit qu'« elle est montée » dessus et qu'« elle est tombée »; de l'enfant que l'on a vu courir au début de la huitième histoire (« chaise ») et que l'on voit ensuite se faire relever par les deux filles, on précise naturellement qu'« il est tombé »; du bélier de la onzième histoire (« oies et moutons »), dont la bergère cherche à se protéger, on dit qu'« il s'(en) était approché »; du cochon que l'on voit, dans la onzième histoire, coiffé d'un seau, on dit qu'« il a levé la tête »; des enfants sur la balançoire (treizième histoire), on dit qu'« ils (y) montent », etc.

Dans un second cas, on évoque le cours d'une action dont on a vu l'amorce et dont on voit le résultat.

Par exemple, dans la sixième histoire (« chiens »), le « lancement » de la balle, et le « départ » du chien; dans la septième histoire (« champignons »), le « passage » du garçon par-dessus la clôture; dans la huitième histoire (« chaise »), l'« installation » de l'enfant sur les bras croisés des filles; dans la dixième histoire (« quilles »), le « lancement » de la boule; dans la treizième histoire (« balançoire »), l'avancée du chien jusqu'à la fille pour établir l'équilibre, etc.

Enfin, dans le troisième cas, on évoque la fin d'une action que l'image montre en cours (ou en début) de réalisation: le déchargement complet de la charrette de la deuxième histoire (« bûches »), le rattrapage des chapeaux de la troisième histoire, ou celui de la balle de la sixième histoire (« chiens »), le saut du garçon juché sur la clôture de la septième histoire (« champignons »), etc.

Au total, on arrive à déceler chez presque tous nos lecteurs de cinq-six ans la présence d'au moins l'un ou l'autre de ces indices de lecture entre images.

Signalons au passage que la onzième histoire (« oies et moutons »), que l'éditeur de l'album signale comme étant la « moins facile » de toutes, est justement celle qui paraît donner le moins de possibilité de lecture entre images (un examen attentif des images de cette histoire pourrait conduire à imputer ce fait au médiocre équilibre des ressemblances et différences entre les images).

5. Lecture des points de l'intrigue

Il peut sembler qu'un moyen de prendre la mesure de la compréhension par l'enfant du déroulement chronologique des événements racontés en images consiste à procéder au recensement, dans son discours, des points essentiels qui jalonnent ce déroulement. C'est ainsi, comme on l'a rappelé (chapitre VIII), que s'y était pris autrefois Claparède avec les « images de Dawid » [6].

Chaque image est censée représenter un moment de l'histoire, et le déroulement en question correspond à la suite des moments ainsi représentés.

Cependant, en raison de la simplicité obligée des thèmes proposés à des enfants jeunes, il s'avère que les quatre images ne correspondent pas forcément à autant de moments cruciaux pour la compréhension de l'intrigue. On s'aperçoit, en effet, que celle-ci peut être condensée quelquefois en deux ou trois points principaux comme on le suggère dans ce qui suit.

Histoire 1 (poney) - deux points :

(a) le chien récalcitrant que la fille ne parvient pas à faire avancer.

(bcd) la solution du transport en commun sur un poney que montait le garçon.

Histoire 2 (bûches) - quatre points :

(a) chargement pour rentrer le bois

(b) transport

(c) déchargement

(d) retour à vide (en s'amusant avec le véhicule).

Histoire 3 (chapeaux) - trois points :

(a) le vent emporte les chapeaux vers le large

(bc) on les rattrape et on les ramène

(d) on se recoiffe

Histoire 4 (toboggan) - trois points :

(a) installation d'une planche inclinée pour grimper au fruitier,

(bc) cueillette et envoi des fruits

(d) descente en toboggan.

Histoire 5 (pommes) - trois points :

(a) l'enfant mange une de ses trois pommes

(b) il en donne une à un camarade venu le rejoindre

(cd) il donne la troisième à une petite fille venue à son tour les rejoindre.

Histoire 6 (chiens) - quatre points :

(a) le garçon lance la balle pour que son chien la rapporte

(bc) mais c'est un autre chien qui surgit, s'en empare et la rapporte,

(c) le premier chien trouve quand même une branche à rapporter,

(d) et les deux chiens sont également félicités.

Histoire 7 (champignons) - trois points :
   (ab) franchissement de la clôture pour cueillir les champignons
   (c) cueillette
   (d) retour

Histoire 8 (chaise) - trois points :
   (a) un jeune enfant court avec deux grandes filles
   (b) il tombe, elles le relèvent
   (cd) et le prennent sur leurs bras entrecroisés.

Histoire 9 (équilibre) - quatre points :
   (a) marche de deux enfants (en équilibre) sur un tronc abattu
   (b) chute de la petite fille
   (c) secours du grand garçon
   (d) nouveau départ où le garçon retient maintenant la fille par la robe.

Histoire 10 (quilles) - trois points :
   (ab) aux quilles, le premier joueur fait un score médiocre
   (c) le partenaire se prépare à tirer à son tour
   (d) mais le chien le devance et, d'un bond, abat toutes les quilles.

Histoire 11(oies et moutons) - quatre points :
   (a) rencontre du bélier et de la gardeuse d'oies
   (b) charge du bélier provoquant la panique chez les oies et leur gardienne
   (c) intervention autoritaire du berger
   (d) retour en commun, le calme revenu.

Histoire 12 (cochons) - quatre points :
   (a) le petit porcher apporte deux seaux pleins pour remplir l'auge des cochons.
   (b) mais, tandis qu'il verse le premier, un cochon se sert déjà directement dans le second.
   (c) et tellement goulûment qu'il y reste coincé
   (d) jusqu'à ce que le jeune porcher l'en dégage, aidé de la petite fille qui l'accompagnait.

Histoire 13 (balançoire) - trois points :
   (a) installation de la balançoire
   (b) constat du déséquilibre entre les deux partenaires installés
   (bcd) recours au chien pour faire le poids.

Il est possible (bien que ce ne soit pas toujours évident), de relever dans les propos des sujets la mention de chacun des points indiqués dans cette grille, à condition de ne pas tenir compte de certaines incorrections dans l'identification des objets présentés, quand les incorrections n'entraînent pas de déformation de l'intrigue (par exemple, bûches perçues comme des pierres ou des briques dans l'histoire 2, pommes prises pour des cerises dans les histoires 4 et 5, champignons pour des fraises (!) des pommes (!), ou des œufs (!) dans l'histoire 7, quilles prises pour des bouteilles dans l'histoire 10, oies pour des cygnes ou des canards dans l'histoire 11, cochons pour des chèvres (!) dans l'histoire 13).

Expérience faite, on s'aperçoit que la plupart des enfants de cinq-six ans examinés produisent plusieurs fois des récits incluant les points essentiels.

Précisons encore au passage que la onzième histoire (« oies et moutons »), la « moins facile » de toutes selon l'éditeur de l'album, est effectivement celle dont les éléments essentiels de l'intrigue sont le moins souvent complètement restitués.

6. L'intelligence du récit en images

Insuffisance des critères précédents

Il faut admettre que les résultats des analyses précédentes sont loin d'être négatifs. Les enfants de cinq-six ans examinés sont, en effet, assez largement capables de lire dans l'ordre des images d'une histoire sans paroles (quand on ne les induit pas, comme exprès, en erreur ...), d'en identifier les personnages et les objets reproduits plusieurs fois de suite, d'interpréter une scène dans son contexte (en prenant en compte les éléments d'information contenus dans les scènes adjacentes), de lire entre les images ce que celles-ci ne montrent pas explicitement, de produire un discours où l'on parvient à retrouver les points essentiels de l'intrigue.

Pourtant, la considération de ces différents aspects, suggérée par les réflexions dont on a fait état précédemment (chapitre VIII), ne conduit pas à la conviction d'avoir touché à l'essentiel de ce qui fait la lecture intégrée des images associées, et qui contribue de manière décisive à l'intelligence de l'histoire que celles-ci racontent.

Sans doute peut-on, en effet, décrire la suite des images en respectant l'ordre qui correspond à la chronologie des événements de l'histoire, y reconnaître les mêmes personnages, en donner une interprétation approximativement correcte à la lumière du contexte, imaginer des segments qui prolongent l'action figurée et, au total, appréhender l'ensemble des actions dont l'intrigue est constituée, sans pour autant produire un discours qui témoigne d'une véritable intégration spatio-temporelle des images.

Mais quel critère permet de décider si tel discours en témoigne et tel autre non?

A la recherche d'un révélateur de cet aspect, soumettons les histoires en quatre images à quelques lecteurs adultes, en vue de comparer à leurs productions celles des enfants dont il est question dans ce qui précède.

Confrontation avec les discours de lecteurs adultes

La comparaison peut porter précisément sur le nombre des mots, dont on s'est assuré qu'il reflétait, chez l'adulte, la complexité relative des intrigues (voir plus haut: «l'ordre de lecture des images»).

L'adulte, invité à raconter une histoire simple, figurée en quatre images, dégage en effet, en intégrant celles-ci, l'essentiel de l'intrigue et le fait en un discours forcément d'autant plus long que l'intrigue dont il faut rendre compte est plus compliquée.

Sur la base de la longueur des discours produits par l'adulte à partir des 13 histoires, on peut ainsi établir un ordre qui devrait correspondre, au moins approximativement, à celui de la complexité des intrigues. En comparant cet ordre avec celui que l'on peut établir aussi sur la base de la longueur des discours d'enfants, il semble a priori que l'on ait quelque chance de pouvoir détecter parmi ceux-ci les lecteurs qui, éventuellement, savent dégager l'essentiel de l'intrigue, en intégrant les quatre images comme le fait l'adulte. Ceux qui, de ce point de vue, lisent comme l'adulte, même s'ils le font en général moins sobrement, plus maladroitement, ou de manière incomplète, devraient donner des récits classables à peu près de la même manière que ceux de l'adulte, du point de vue de la longueur.

Il reste alors à tenter de dégager ce qui caractérise la structure de ces récits émanant de lecteurs plus tôt experts que les autres.

Il ressort d'une analyse de ce type, à laquelle on s'est livré, que les récits de trois enfants sur dix sont ordonnés (selon leur longueur) de manière comparable à ceux de lecteurs adultes.

Expression du temps et de la causalité

Pour tenter de dégager des traits distinctifs des productions de ces trois enfants, que les analyses antérieures ne permettaient pas de discerner, on envisage ici un aspect dont on a souligné l'importance (chapitre VIII): la maîtrise des notions de temps et de causalité.

On a rappelé comment Piaget avait procédé autrefois pour déterminer le lien temporel que l'enfant introduit entre les événements d'un mini-récit, caractérisés par une causalité très simple, supposant qu'on ne pouvait analyser la notion de temps chez l'enfant qu'en s'adressant aux opérations d'ordre causal qui établissent un lien de succession entre les causes et les effets qui en découlent dans le temps. Sa méthode, maintes fois reprise, consistait à présenter à l'enfant quelques images distribuées au hasard pour voir s'il parvient à les sérier dans l'ordre convenable (à la fois temporel et causal), raccordant les rapports d'avant et d'après en une seule série temporelle.

La question que l'on se pose ici est du même ordre, à ceci près que les images se trouvent déjà, matériellement, correctement sériées. C'est, par conséquent, dans la manière de les lire qu'il s'agit de déceler des indice de la maîtrise des notions de temps et de causalité.

L'analyse porte donc sur le contenu des discours produits par les lecteurs des images, et plus précisément sur la catégorie des mots de liaison ou d'organisation susceptibles d'exprimer des rapports de temps et/ou de causalité (mots du « système fermé » que distingue Winter, 1977, à la suite d'autres linguistes ou grammairiens, par opposition au « système ouvert » des substantifs, verbes et adjectifs).

Ce qui frappe d'abord est la régularité d'emploi de locutions exprimant une relation indifféremment temporelle ou spatiale (après, et après, puis, puis après, et puis, et puis après, puis là, et puis là).

Il est clair que ces locutions, par quoi se trouvent introduits le plus souvent le signalement ou la description de chacune des images (et reliés parfois entre eux les éléments de la description), ne sauraient être assurément retenues comme indices de l'établissement par l'enfant d'un lien temporel entre les scènes représentées.

Un certain nombre de locutions contribuent, en revanche, clairement (d'après le contexte) à donner une dimension temporelle au discours. Il s'agit d'adverbes (ou d'expressions ayant valeur d'adverbes) marquant l'apparition dans le temps (maintenant, alors, tout d'un coup, déjà), ou la persistance d'un état ou d'une action à un moment donné (toujours, encore, pas encore), de prépositions ou conjonctions présentant l'avènement d'une circonstance nouvelle (mais, voilà que), de conjonctions, prépositions ou locutions exprimant une relation de concordance ou de simultanéité (quand, pendant que, pendant ce temps là), d'antériorité ou de postériorité (avant, tout à l'heure).

D'autres termes, locutions, tours, y expriment de quelque manière une relation de causalité (en un sens parfois assez large) : tellement

... que (suivi d'une proposition de conséquence), parce que, pour, pour que, ou pour pas que (avec subordonnée de conséquence), si ... alors, maintenant que (employé comme conjonction de subordination à valeur causale).

Lorsqu'on fait le total, pour chacun des enfants examinés, de ces catégories d'expressions du temps et de la causalité, on s'aperçoit que les valeurs obtenues se distribuent anormalement, avec un mode correspondant aux valeurs inférieures (courbe en i), et quelques valeurs supérieures déviantes.

Or, l'intérêt de cette analyse tient justement dans le fait que ces valeurs déviantes concernent uniquement les trois enfants dont on a vu précédemment qu'ils produisent des récits classables à peu près de la même manière que ceux de l'adulte, du point de vue de la longueur relative (celle-ci reflétant probablement quelque chose de la complexité relative des intrigues).

On ne saurait en dire davantage.

Il est certain que de l'emploi des termes il est toujours imprudent d'inférer que sont comprises les notions que ces termes sont censés véhiculer. On sait, par exemple, que le maniement verbal des chiffres et même le comptage précédent souvent la véritable maîtrise du nombre. Il en est de même pour ce qui est des notions de temps et de causalité [7].

Il est également vrai que les termes employés par l'adulte sont plus variés, et quelque fois plus subtils (on trouve, dans les récits des adultes, des mots ou des expressions du temps ou de la causalité qui jamais n'apparaissent dans les discours de nos enfants de cinq-six ans : ensuite, enfin, finalement, tandis que, après avoir ... , à ce moment là, juste au moment où, en même temps, à nouveau, désormais, une fois ... ; de manière à, de façon à, car, en effet, donc, puisque, étant donné que, etc.); mais cela, que l'on observe également, et encore plus nettement, au niveau de l'expression des rapports spatiaux (le long de, loin de, dans le fond, vers, sur, en-dessous, de l'autre côté de, au pied de, à travers, tout en haut, au bord de, contre, entre, à la hauteur de, au sommet de, en arrière-plan, sous, en retrait, où, par-dessus, en tête de, au niveau de, etc ... , sont des termes rencontrés seulement dans les discours des adultes), n'est peut-être imputable qu'à l'accroissement normal du vocabulaire.

Il n'empêche, en tout, cas, que la coïncidence entre les résultats de la présente analyse et ceux de la précédente n'est sans doute pas fortuite et a de quoi, semble-t-il, permettre d'avancer quelque peu dans la connaissance de ce qui caractérise la lecture intégrée d'une série d'images racontant une histoire, lecture intégrée dont se montraient déjà capables, dans une certaine mesure, trois enfants sur dix, dès avant six ans.

Intégration des images

L'intégration spatio-temporelle des images, associées pour constituer un récit, est la condition d'une lecture correcte des « histoires sans paroles ». Les observations précédentes suggèrent qu'elle implique davantage que la capacité d'établir des liens et de lire entre les images, d'y reconnaître la permanence des personnages, etc.

Il faut admettre cependant que ces observations n'ont pas abouti à l'établissement de critères précis permettant de déterminer directement et assurément si tel discours témoigne ou non de cette intégration. Tout au plus (mais ce n'est peut-être pas négligeable) ont-elles permis d'envisager plus clairement l'examen comparatif, de ce point de vue, des productions d'enfants lisant des histoires en images.

Voici, à titre d'exemple, comment est racontée une même histoire par deux garçons (X et Y) du même âge (5 ans 10 mois), crédités de la même manière dans les analyses relatives à l'ordre de lecture, l'identité des personnages, l' « ouverture », la lecture entre images, et la restitution des points essentiels de l'intrigue.

Il s'agit de l'histoire n° 2 (bûches):

X) *« Il y a un monsieur et un petit garçon qui met du bois dans la charrette; et puis après, ils l'emmènent pour d'abord remettre le bois avec les autres; et puis après, lui, le petit garçon donne les bouts de bois au papa; puis après, le petit garçon monte dans la carriole, et puis le papa le traîne ».*

Y) *« Lui, il met plein de morceaux de bois pour les amener dans la cabane, et après il dépose tout dans la cabane, et après ils repartent pour en chercher ».*

Voici comment, par les mêmes enfants, est racontée l'histoire n° 6 (chiens):

X) *« Il y a un petit garçon qui veut lancer une balle au chien, et il l'a lancée, puis le chien court après, mais c'est un autre chien qui l'attrape, et puis l'autre chien la donne au petit garçon, et puis le chien à lui amène un bout de bois, et puis après, il les caresse tous les deux ».*

Y) *« Il envoie la balle et lui il va la rattraper et il y a celui qui est caché derrière. Et alors, quand le chien va la rattraper, lui il sort et il va l'attraper, et il la ramène, le chien noir, et lui il prend la branche et il la ramène. Après, il les caresse ».*

L'histoire n° 7 (champignons):

X) « *Il y a un petit garçon qui monte sur la barrière, et puis il passe, et puis il y a une petite fille qui voit et qui a un panier, et un autre petit garçon qui a des bottes et puis une cape. Et puis après, la petite fille est passée en-dessous de la barrière, l'autre est monté sur une barrière, et puis passait; l'autre, celui qui avait la cape, il entrait par une barrière qui s'ouvrait. Et puis après, il y a un petit garçon qui cueille des champignons, et puis la petite fille aussi, pour mettre dans son panier; puis le petit garçon il a cueilli une, et puis il l'a pris le champignon. Et puis après il s'en vont, la petite fille s'en va, le petit garçon il porte le panier, et puis il s'en va, et puis l'autre il tient une barrière et puis s'en va* ».

Y) « *Elle veut des champignons pour les ramener à sa maison; lui, il passe sous la barrière et attrape plein de champignons. Elle est tombée, non ! elle passe sous la barrière, et pose le panier pour qu'elle tient par terre. Ils ramassent plein de champignons. Ils reviennent* ».

Et enfin, l'histoire n° 10 (quilles)

X) « *Il y a un petit garçon, il lance une boule, et puis il y a un chien qui regarde; l'autre petit garçon regarde. Et puis, le chien regarde; il en a gagné deux. Et puis après, il en lance une autre. Et puis après, il l'a pas lancé encore; c'est le chien qui a tout renversé* ».

Y) « *Lui, il va jeter la balle; alors, elle va traverser les quilles; et après, lui, si elle renverse toutes les quilles, eh bien il a gagné. Alors lui, il a pas fini de mettre les quilles; il en met encore deux. Il va donner la balle à lui; lui, il vient pour la prendre. Il va l'envoyer; alors, si le chien il renverse toutes les quilles ben il a gagné. Il va l'envoyer; il rit, parce qu'il en a envoyé une, mais pas l'autre; l'autre, il regarde; alors lui, pour la rattraper, il a gagné parce qu'il a tout cassé* ».

On conviendra de ce que la différence ne saute pas forcément aux yeux entre les productions de ces deux lecteurs d'images. Elle ne tient pas à la longueur et à la richesse en détails des récits: ce n'est pas toujours le même qui est plus prolixe, et le même plus concis. Elle ne tient pas non plus à la qualité de l'expression (aussi peu académique dans un cas que dans l'autre). Les deux respectent l'ordre des épisodes, considèrent manifestement les protagonistes comme identiques à eux-mêmes d'un épisode à l'autre, établissent des liens entre les scènes représentées.

Mais une comparaison attentive laisse apparaître des traits d'un meilleur niveau, du point de vue de l'intégration spatio-temporelle des images, chez le sujet Y : outre la présence de termes ou de locutions exprimant le temps, ou la causalité au sens large, on s'aperçoit que, plusieurs fois, la suite de l'histoire se trouve comme amorcée ou anticipée dès le début, tandis que la lecture du sujet X paraît plus ponctuelle et discontinue, tout en étant quelques fois plus riche dans la description.

Au total, la lecture à laquelle se livre le sujet Y « intègre » davantage les images, et les fait par conséquent davantage « raconter », que la lecture du sujet X.

C'est en tout cas l'impression générale qu'ont pu donner (sans trop savoir la justifier) trois juges adultes, sollicités indépendamment de procéder à cet examen comparatif.

Précisons maintenant que l'enfant Y est un des trois dont les récits peuvent être ordonnés comme ceux de lecteurs adultes, en fonction du nombre de mots, et que l'enfant X est celui qui, de ce point de vue, contraste le plus fortement avec Y. Et signalons que dans l'ensemble des productions de l'enfant Y, on relève cinq fois plus de locutions exprimant des relations de temps ou de causalité que dans l'ensemble des productions de l'enfant X.

Les quelques observations précédentes concernant la lecture d'images associées n'appellent pas, à proprement parler, de conclusion. Au reste, les remarques d'ordre général susceptibles d'en tenir lieu, qu'inspirent ces observations, ont été soulevées au fur et à mesure de leur présentation.

Qu'il suffise donc ici, pour conclure, d'insister sur deux points, qu'il ne nous paraît pas sans intérêt de considérer dans la conception et la construction des histoires en images destinées à l' « âge de la pré-lecture ».

Le premier est relatif aux moyens à mettre en oeuvre en vue de déterminer dans quelle mesure les histoires proposées sont assorties aux capacités de déchiffrement et de compréhension de l'enfant.

Le second a trait à l'importance de la disposition des images associées, eu égard à ces capacités.

Concernant ces deux points, les remarques proposées dans ce chapitre devraient pouvoir, nous semble-t-il, inspirer des suggestions utiles, tant pour des recherches plus étendues que déjà pour l'action.

Notes

[1] Les conditions de l'expérimentation, ainsi que ses résultats, sont exposés en détail dans Danset-Léger, 1977.

[2] Il s'agit d'un « Album du Père Castor », intitulé « Histoires en quatre images », images de Gerda Muller, Thèmes de Paul-François, Paris, Flammarion, 1965.

[3] Voir Mounin, 1974 b.

[4] Voir Goldstein et Wicklund, 1973; Berman et al., 1974.

[5] Piaget, 1946, p. 262.

[6] Voir Claparède, 1940, p. 268-272.

[7] Kuhn et Phelps, 1976, l'ont observé à propos de productions verbales d'enfants d'âge préscolaire incluant la conjonction « because ». Voir aussi, à ce propos, Sullivan, 1972.

Planche 6a

Planche 6b

Planche 6c

Planche 6d

Conclusion

Les remarques de caractère général que nous avions à présenter sur les facteurs de l'attrait et les conditions de la lecture des images de la littérature enfantine ont été proposées au fur et à mesure des chapitres. Aussi, la présente conclusion sera-t-elle brève, prenant la forme de considérations globales, inspirées plus ou moins directement par nos propres observations, et par la littérature consultée à leur sujet, et précisant ou complétant la perspective annoncée au début.

Dans l'exposé des problèmes, leur discussion et leur illustration par des données expérimentales, on n'a envisagé qu'un nombre fort limité de variables. Mais cela correspond, nous semble-t-il, au programme annoncé au début de cet ouvrage, sans prétention excessive : proposer des exemples d'éclairages que peut apporter la mise en oeuvre de la méthodologie familière au psychologue, à base d'observation directe et d'analyse objective des réactions d'enfants provoquées dans des situations contrôlées, exemples éventuellement susceptibles d'inspirer des suggestions utiles déjà pour l'action, mais surtout pour de nouvelles recherches dans un domaine insuffisamment exploré.

C'est dire, évidemment, que l'on n'entend avoir cherché ni des lois, fussent-elles empiriques [1], ni des recettes ou des règles infaillibles, applicables à la création dans ce domaine (entreprise probablement vaine, et sur ce point nous partageons la conviction exprimée naguère par l'artiste dessinateur suisse Heiri Steiner [2]), sans pour autant se résigner, on l'aura deviné, à l'idée qu'il s'y passe (ce qu'ajoute Steiner) «quelque chose de mystérieux qu'on ne saurait analyser».

Au reste, qu'il nous soit permis de juger que l'utilité de cet ouvrage, s'il en a, tient moins, peut-être, à l'apport de nos propres observations qu'aux rapprochements suggérés entre des analyses élaborées selon des orientations diverses (rapprochements que nous avons estimés pertinents, même s'ils n'apportent pas toujours un éclairage décisif), et à la documentation signalée, puisée à des sources d'inégale importance (la référence à certains textes, souvent destinés à un large public, pourra surprendre; mais partageant en cela un avis exprimé par Jacqueline et Raoul Dubois, en avertissement de leur précieuse bibliographie des travaux relatifs à la littérature enfantine [3], nous restons attachée à l'idée que les éléments utiles d'information ou de réflexion ne se trouvent pas seulement dans la littérature dite scientifique, en principe moins hâtive, plus précise et surtout positive, mais pas forcément plus dense, à laquelle on a eu cependant recours le plus souvent possible, même si l'on s'est donné quelquefois la liberté de ne pas la prendre tout à fait au sérieux ...).

Le livre d'images, instrument privilégié d'éveil ...

Après avoir discuté sur les moyens de le rendre, comme tel, éventuellement plus efficace, insistons encore sur quelques traits relatifs à cet aspect.

D'abord sur la fonction de développement et d'affinement de «cette autre capacité éminente» [4] qu'il est convenu d'appeler la sensibilité, trop souvent tôt contrainte ou censurée. De ce point de vue, beaucoup le soulignent [5], l'album d'images peut avoir un rôle irremplaçable.

Ensuite sur la fonction d'incitation à l'expression, à la communication, au dialogue entre enfants et avec l'adulte [6], médiateur jugé par certains [7] indispensable entre le livre d'images et l'enfant.

L'image est toujours expression (et c'est encore plus vrai de celles dont les auteurs ne maîtrisent pas suffisamment l'expression par l'écriture et la parole: les artistes savent bien [8] qu'il y a des pensées qu'on peut imaginer sans les formuler). Elle a «des pouvoirs que n'a pas, et jamais n'aura le verbe humain» [9]. Elle exprime, dit-on, ce que parfois les mots sont impuissants à exprimer totalement. On le voit dans le cas d'illustrations qui précisent une atmosphère, ou inspirent l'auteur du texte autant qu'elles s'enrichissent à la lecture de celui-ci (on raconte que Dickens avait été inspiré, pour écrire son célèbre roman «Mr Pickwick», par certains dessins de son illustrateur, le caricaturiste Seymour, réussissant eux-mêmes à captiver le lecteur autant que le texte [10]). Il arrive même que le texte paraisse lourd à côté de son illustration. L'image, revendique Gerda Muller, illustratrice de livres pour enfants, complément autonome et non reflet soumis du texte, doit dire tout ce qui n'est pas dans celui-ci [11].

Parler des pouvoirs de l'image n'implique évidemment pas que ceux-ci soient sans limite. Mais «l'honnêteté de l'image est de ne pouvoir cacher sa limite. L'image voile autant qu'elle révèle. Ce qui est sûr, c'est qu'on n'en finit jamais de regarder les images. Elles donnent à penser, mais davantage encore à rêver, à méditer, à imaginer » [12] ... Et redisons que cela suffirait amplement à justifier l'intérêt porté ici aux albums d'images pour jeunes enfants.

Pourtant, cet intérêt s'appuie aussi sur une autre conviction, également partagée par maints auteurs préoccupés de cette question : que «l'image appelle à la lecture» [13], que la lecture d'images, fournissant [14] la base à partir de quoi «se construisent les schémas de la lecture», représente un exercice intellectuel qui demande un double effort d'analyse et de synthèse, et prépare ainsi l'enfant à «l'intelligence de la lecture» [15], constitue en quelque sorte un pré-apprentissage de la lecture [16], auquel elle conduit comme par paliers, en douceur [17], qu'il est donc important que la lecture d'images précède l'apprentissage de la lecture [18], et que l'on peut supposer [19] que «les gens qui ont eu des livres d'images dans leur enfance, avant de savoir lire, sont des lecteurs plus solides et plus durables que ceux qui n'en ont pas eu».

Car, en définitive, «la langue est plus foncièrement culturelle que l'image, et joue un rôle plus central dans la vie sociale, y compris dans nos «sociétés de l'image», qui sont plus que jamais des sociétés de la parole» [20]. Dans son fameux article sur «la rhétorique de l'image» [21], Barthes avait insisté avec vigueur sur cette idée du caractère discutable de la désignation de notre époque comme civilisation de l'image, le message linguistique ayant en fin de compte le dernier mot [22]. D'où que l'on parte, on arrive toujours au livre, médium type de communication de masse, qui sert finalement pour parler de tous les autres (y compris à Mac Luhan, pour annoncer la fin du livre ...) [23]. «Emplissez-vous la mémoire de statues et de tableaux», disait Flaubert (que toute illustration de ses oeuvres exaspérait, refusant qu'«un pignouf vienne démolir son rêve»), seulement l'opération littéraire, «acte imaginatif plein», conclura l'expérience. Elle ne doit plus, une fois produite, être dispersée en images [24].

L'image n'est pas en mesure de rivaliser avec le texte sur son propre terrain [25]. Ce ne sont pas les images qui peuvent livrer directement les systèmes conceptuels et l'on sait bien que leur prolifération « n'est pas sans relation avec les difficultés que les enfants rencontrent davantage maintenant à présenter des expressions cohérentes et ordonnées » [26]. Elle n'est évidemment pas sans relation non plus avec le « fléchissement de l'attention appliquée à l'écrit » dont s'alarme le Ministère français de l'Education [27], avec le fait que « le progrès intellectuel collectif soit plus marqué pour les tests à support non verbal » [28], avec « les phénomènes de déculturation par rapport à la lecture dont sont victimes aujourd'hui tant d'adolescents et d'adultes » [29].

C'est dire que les arguments que nous avons défendus, en faveur d'une adaptation à l'enfant des images d'albums, visent finalement avant tout, non à « faciliter » la lecture, qui n'est jamais une activité « facile », mais à favoriser l'accès au « pouvoir de lire », que notre société ne donne en fait qu'à quelques-uns [30].

Epilogue

Les spécialistes de l'édition entrevoient déjà (Massepain, mars 1977) que dans un avenir prévisible, si la crise économique des pays industriels devait persister ou s'aggraver (notamment en France), certains réflexes d'achat de la société de consommation s'estomperont, et les parents n'acheteront de plus en plus que des livres que leurs enfants utilisent effectivement, l'achat d'un livre qu'un enfant ne lit pas étant considéré comme relevant du gaspillage. Ce qui obligera les éditeurs à ne publier bientôt que des livres dont la forme et le contenu seront bien adaptés à l'enfant.

Juste en même temps que ces prévisions réalistes, comme en écho, des spécialistes de l'orientation, en principe informés des « débouchés » professionnels, déclarent publiquement (Le Monde de l'Education, mars 1977) [31] que le secteur de la littérature enfantine est un de ceux auxquels doivent penser les nouveaux diplômés en psychologie.

Puisse la collusion de fait entre cet avertissement et ce fléchage acheminer rapidement vers la multiplication de réalisations plus pratiques (et plus expéditives) que des thèses ou des livres sur la littérature enfantine ...

Notes

1 Voir Soriano, 1975 a, p. 52-55.
2 Steiner, 1972.
3 Dubois et Dubois, 1968.
4 Gouteyron, 1977. (Le texte ministériel signé, pour le Ministre de l'Education, par Gouteyron, rappelle cette vérité première qu'« une éducation bien conçue touche l'être entier, et pas seulement sa part "cérébrale", et que s'il faut [...] conduire l'enfant au raisonnement, à la logique, à la rationalité [...], il faut veiller tout autant à développer d'autres capacités éminentes ».)
5 Par exemple, Hazard, 1967, d'après F. Reiss in Le Monde, 13.XII.69; Bertrand, 1973, p. 180; Despinette, 1973; F. Faucher, 1973; Mathieu, 1973, p. 141-143; de Boissieu, 1974; Bonhomme et Lamblin, 1975; Jean, 1975, p. 123.
6 Voir Swift et al., 1971; Soriano, 1975 a, p. 53-54; D. Escarpit, 1973 b, p. 216; Gamarra, 1974, p. 67; Bonhomme et Lamblin, 1975; Fagerlie, 1975.
7 Voir Toubeau, 1975.
8 Ce qu'observe Gibson, 1971.
9 Munier, 1963, p. 89.
10 Voir Sidorov, 1972.
11 Voir Muller, 1975.
12 F.D. Boespflug et P. Eyt, d'après *Missi*, 1976, « Peut-on jouer avec les images ? » (Missi, 4.4.1976, n° 394 spécial, consacré à « 1000 ans d'icônes »).
13 Wegman, 1972.
14 Selon R. Escarpit, 1975, p. 104.
15 Durand, 1973, p. 75.
16 Toubeau, 1975.
17 Durand et Bertrand, 1975, p. 86.
18 Saint-Michel, 1975.
19 R. Escarpit, op. cit., affirme qu'on peut l' « observer d'une manière incontestable », mais ne précise pas comment.
20 Metz, 1970 b.
21 Barthes, 1964.
22 Voir Fresnault-Deruelle, 1970.
23 Observation de Saint-Michel, 1975.
24 Chastel, 1976.
25 Bertrand, 1973, p. 179.
26 Oléron, 1974.
27 Deygout et Gouteyron, 1977.
28 Girod et Allaume, 1976.
29 Jean, 1975, p. 122.
30 Gloton, 1975, p. 12.
31 Que faire avec ... une année de psychologie, *Le Monde de l'Education*, mars 1977, n° 26, p. 55-56.

Bibliographie

ABBADIE-CLERC, C., Les bibliothèques pour enfants, in Charpentreau & coll., *Les livres pour les enfants*, Paris, Edition Ouvrières, 1973, 239-252.
AITKEN, P.P., HUTT, C., Do children find complex patterns interesting or pleasing? *Child Development*, 1974, *45*, 425-431.
AITKEN, P.P., HUTT, C., The effects of stimulus incongruity upon children's attention, choice, and expressed preference, *J. exper. Child Psychol.*, 1975, *19*, 79-87.
ALMASY, P., Le choix et la lecture de l'image d'information, *Communication et langages*, 1974, n° 22, 57-69.
ALMASY, P., *La photographie moyen d'information*, Paris, Téma-Editions, 1975.
AMEN, E., Individual differences in apperceptive reaction: a study of the responses of pre-school children to pictures, *Genet. Psychol. Monogr.*, 1941, *10*, 319-385.
ANTES, J.R., The time course of picture viewing, *J. exper. Psychol.*, 1974, *103*, n° 1, 62-70.
ANTES, J.R., STONE, L.A., Multidimensional scaling of pictorial informativeness, *Perceptual & motor Skills*, 1975, *40*, 887-893.
ARKES, H.R., CLARK, P., Effects of task difficulty on subsequent preference for visual complexity, *Perceptual & motor Skills*, 1975, *41*, 395-399.
ARNHEIM. R., *Art and visual perception*, Berkeley & Los Angeles, University of California Press, 1954, réed. 1971, éd. remaniée 1974, sous-titrée: A psychology of the creative eye.
ASSO, D., WYKE, M., Visual discrimination and verbal comprehension of spatial relations by young children, *Brit. J. Psychol.*, 1970, *61*, 99-107.
ASSO, D., WYKE, M., Verbal descriptions of spatial relations in line drawings by young children, *Brit. J. Psychol.*, 1973, *64*, n° 2, 233-240.
ATTNEAVE, F.D., ARNOULT, M., The quantitative study of shape and pattern perception, *Psychological Bulletin*, 1956, *53*, 452-471.
AUDEOUD, M., Les enfants devants les livres: une exposition de livres sur la préhistoire, *Education et Développement*, oct. 1972, n° 80, 13-18.
BAGGETT, P., Memory for explicit and implicit information in pictures stories, *J. verb. Learning & verb. Behavior*, 1975, *14*, 538-548.
BARRON, F., Complexity — simplicity as a personality dimension, *J. abnorm. soc. Psychol*, 1953, *48*, 163-172.

BARTCH, M.R., MALLETT, J.J., Creative teaching based on children's literature, *Language of Arts*, 1975, *52*, n° 7, 956-959.
BARTHES, R., Rhétorique de l'image, *Communications*, 1964, N° 4, 40-51.
BAUMEISTER, A.A., SMITH, S., Thematic elaboration and proximity in children's recall, organization, and long-term retention of pictorial materials, *Journal of experimental Child Psychology*, 1979, *28*, 132-148.
BEAUVALET, C., Interroger les images, in *L'homme et l'image*, Bloud et Gay, 1966.
BELLAK, L., *The thematic apperception test and the children's apperception test in clinical use*, New-York: Grune & Stratton, 1954.
BELLAK, L., BELLAK, S.S., *Manuel du Test d'aperception pour enfants C.A.T. et du supplément C.A.T. — S.* (traduction du CPA), Paris, Centre de Psychologie Appliquée, 1960.
BENJAFIELD, J., The « golden rectangle »: some new data, *Amer. J. Psychol.*, 1976, *89*, n° 4, 737-743.
BENJAFIELD, J., ADAMS-WEBBER, J., The golden section hypothesis, *Brit. J. Psychol.*, 1976, *67*, n° 1, 11-15.
BENSON, C.A., YONAS, A., Development of sensitivity to static pictorial depth information, *Perception & Psychophysics*, 1973, *13*, 361-366.
BERLYNE D.E., Conflict and information-theory variables as determinants of human perceptual curiosity, *J. exper. Psychol.*, 1957, *53*, 399-404.
BERLYNE, D.E., The influence of complexity and novelty in visual figures on orienting response, *J. exper. Psychol.*, 1958 a, *55*, 289-296.
BERLYNE, D.E., The influence of the albedo and complexity of stimuli on visual fixation on the human infant, *Brit. J. Psychol.*, 1958 b, *49*, 315-318.
BERLYNE, D.E., *Conflict, arousal, and curiosity*, New-York, Mc Graw-Hill, 1960.
BERLYNE, D.E., Complexity and incongruity variables as determinants of exploratory choice and evaluative ratings, *Canad. J. Psychol.*, 1963, *17*, 274-290.
BERLYNE, D.E., La section d'or et la composition picturale occidentale et orientale, *Sciences de l'art*, 1969, *6*, 1-5.
BERLYNE, D.E., The golden section and hedonic judgment of rectangles: A cross-cultural study, *Science de l'Art/Scientific Aesthetics*, 1970, *7*, 1-16.
BERLYNE, D.E., *Aesthetics and psychobiology*, New-York, Appleton Century Crofts, 1971.
BERLYNE, D.E., Ends and means of experimental aesthetics, *Canad. J. Psychol.*, 1972a, *26*, n° 4, 303-325.
BERLYNE, D.E., Reinforcement values of visual patterns compared through concurrent performances, *J. exper. Analysis Behavior*, 1972b, *18*, 281-285.
BERLYNE, D.E., Humor and its kin, in GOLDSTEIN, J.H. et Mc GHEE, P.E. (Eds), *The psychology of humor, theoretical perspectives and empirical issues*, New-York, Academic Presse, Inc., 1972c, p.43-60.
BERLYNE, D.E., Verbal and exploratory responses to visual patterns varying in uncertainty and in redundancy. in BERLYNE, D.E. (Ed.), *Studies in the new experimental aesthetics. Steps toward an objective psychology of aesthetic appreciation*, New-York, London, Sydney, Toronto, John Wiley & Sons, 1974a, 121-158.
BERLYNE, D.E., The new experimental aesthetics, in BERLYNE, D.E., (Ed.) *Studies in the new experimental aesthetics. Steps toward an objective psychology of aesthetic appreciation*, New-York, London, Sydney, Toronto, John Wiley & Sons, 1974b, p. 1-25.
BERLYNE, D.E., Similarity and preference judgements of Indian and Canadian subjects exposed to western paintings, *Internat. J. Psychology*, 1976, *11*, n° 1, 43-55.
BERLYNE, D.E., Psychological aesthetics, *Leonardo*, 1977a, *10*, 56-58.
BERLYNE, D.E., Psychologie spéculative et scientifique de l'esthétique, *Bulletin de Psychologie*, 1977b, *30*, n° 14-16, 618-621.
BERLYNE, D.E., LEWIS, J.L., Effects of heightened arousal on human exploratory behavior, *Canad. J. Psychol.*, 1963, *17*, 398-411.

BERLYNE, D.E., LAWRENCE G.H., Effects of complexity and incongruity variables on GSR, investigatory behavior, and verbally expressed preference, *J. general Psychol.*, 1964, *71*, 21-45.
BERLYNE, D.E., ROBINS, M.C., THOMPSON, R., A cross-cultural study of exploratory and verbal responses to visual patterns varying in complexity, in BERLYNE, D.E. (Ed.), *Studies in the new experimental aesthetics. Steps toward an objective psychology of aesthetic appreciation*, New-York, London, Sydney, Toronto, John Wiley & Sons, 1974, 259-278.
BERMAN, P.W., CUNNINGHAM, J.G., HARKULICH, J. Construction of the horizontal, vertical, and oblique by young children: failure to find the «oblique effect», *Child Development*, 1974, *45*, 474-478.
BERNARD, D., Les loisirs de l'enfant d'âge scolaire, *Enfance*, 1965, 339-353.
BERNARD, Y., Les comportements esthétiques: des choix provoqués aux choix observés, *Psychologie française*, 1976, *21*, n° 4, 275-279.
BERNHARD, P., MARINET, A., L'évolution des lectures. Une enquête chez les jeunes de 12 à 16 ans, *Education et développement*, Oct. 1972, n° 80, 31-33.
BERRY, F.M., JUDAH, R., DUNCAN, E.M., Picture recognition by preschool children, *J. Psychology*, 1974, *86*, 131-138.
BERTHOUD, M., VURPILLOT, E., Influence du nombre de différences sur les réponses «pas pareil» chez l'enfant d'âge préscolaire, *Enfance*, 1970, n° 1, 23-30.
BERTIN, J., *Semiologie graphique*, Paris, Gauthier-Villars, 1967.
BERTRAND, G., Techniques et styles du livre d'images contemporain. *La joie par les livres* (Bull. d'analyses de livres pour enfants), mars 1970, n° 19, 18-22.
BERTRAND, G., L'image et le langage du sensible, in Charpentreau et al., *Les livres pour les enfants*, Paris, Edit. Ouvrières, 1973, 165-180.
BESSE, H., Signes iconiques, signes linguistiques, *Langue française*, déc. 1974, n° 24, 27-54.
BETTELHEIM, B., *Psychanalyse des contes de fées*, Paris, Laffont, coll. «Réponses», 1976.
BINET, A., *L'étude expérimentale de l'intelligence*, Paris, Costes, 1903, réed. 1922.
BINET, A., SIMON, T., Le développement de l'intelligence chez les enfants, *Année Psychologique*, 1908, *14*, 1-94.
BINET, A., SIMON, T., *La mesure du développement de l'intelligence chez les jeunes enfants*, Paris, Bourrelier, 1954, 10e ed.
BLACK, K.N., WILLIAMS, J.M. BROWN, D.R., A developmental study of preschool children's preference for random forms, *Child Development*, 1971, *42*, n° 1, 57-61.
BLANCHARD, G., *La bande dessinée, histoire des histoires en images de la préhistoire à nos jours*. Verviers (Belgique), Ed. Gérard & Co, coll. Marabout Université, 1969.
BOLTANSKI, L., La constitution du champ de la bande dessinée, *Actes de la recherche en sciences sociales*, Jan. 1975, n° 1, 37-59.
BONHOMME, C., LAMBLIN, S., Des images qui parlent ou: parler avec les images, *Bulletin d'analyses de livres pour enfants*, mai-juin 1975, n° 43-44, 9-10.
BOOTH, A., Drawing status and picture preferences of primary school children, *Educational Studies*, 1975, *1*, n° 1, 63-76.
BORGES, M.A., STEPNOWSKY, M.A., HOLT, L.H., Recall and recognition of words and pictures by adults and children, *Bull. psychonomic Society*, 1977, *9*, n° 2, 113-114.
BOYKIN, A.W., ARKES, H.R., Processing time and complexity preference in preschool children, *Psychological Record*, 1974, *24*, 259-265.
BRADBURY, H., The consistency of children's inconsistent preferences attributable to novelty, *Developmental Psychology*, 1975, *11*, n° 1, 79-86.

BRADBURY, H., NELSON, T.M., Transitivity and the patterns of adults preferences, *Bull. psychonomic Soc.*, 1973a, *1*, 337-339.
BRADBURY, H., NELSON, T.M., The transitivity of children's inferences about preferences, *Bull. psychonomic Soc.*, 1973b, *2*, n° 1, 49-51.
BRADBURY, H., NELSON, T.M., Transitivity and the patterns of children's preferences, *Developmental Psychology*, 1974, *10*, 55-64.
BRADFER-BLOMART, J., LAM, H., L'enfant et les contes, *Psychol. Belg.*, 1976, *16*, n° 2, 153-170.
BRADSHAW, H.L., Mc KENZIE, B.E., Judging outline faces: A developmental study. *Child Development*, 1971, *42*, n° 3, 929-937.
BRANNIGAN, G.G., Wechsler picture arrangement scores and children's problem solving, *Journal of Psychology*, 1975, *91*, 197-200.
BRAUNER, A., *Nos livres d'enfants ont menti*, PARIS, S.A.B.R.I., 1951.
BREMOND, C., Pour un gestuaire des bandes dessinées, *Langages*, 1968, n°10, 94-100.
BRENNAN, W.M., AMES, E.W., MOURE, R.W., Age differences in infant's attention to patterns of different complexities, *Science*, 1966, *151*, 354-356.
BRESSON, F., Langage et communication, in FRAISSE, P., et PIAGET, J., *Traité de Psychologie Expérimentale*, Fascicule 8, Chap. 26, 1-92, Paris, P.U.F., 1965.
BRODY, G.F., Developmental aspects of aesthetic form perception in young children. Communication au *XIe Congrès Inter américain de Psychologie*, Mexico, Déc. 1967, 13 pp. Ronéo.
BROOKS, P.H., The role of action lines in children's memory for pictures, *J. exper. Child Psychol.*, 1977, *23*, 98-107.
BROWN, A.L., Judgements of recency for long sequences of pictures: The absence of a developmental trend *J. exper. Child Psychol.*, 1973, *15*, 473-480.
BROWN, A.L. Recognition, reconstruction, and recall of narrative sequences by preoperational children. *Child Development*, 1975, *46*, n° 1, 156-166.
BROWN, A.L. The construction of temporal succession by preoperational children, in A.D. Pick, ed., *Minnesota Symposia on Child Psychology*, vol. 10, Minneapolis, Univ. Minnesota Press, 1976a, p. 28-83.
BROWN, A.L., Semantic integration in children's reconstruction of narrative sequences, *Cognitive Psychology*, 1976b, *8*, 247-262.
BROWN, A.L., CAMPIONE, J.C., Color dominance in preschool children as a function of specific cue preferences, *Child Development*, 1971, *42*, 1495-1500.
BROWN, A.L., SCOTT, M.S., Recognition memory for pictures in preschool children, *J. exper. Child Psychol.*, 1971, *11*, 401-412.
BROWN, K.D., KROCKOVER, G.H., A reading preference test: Rationale, development, and implementation. Recherche résumée (p.1003-4) ds E.J. PORTER, Research Report, *Elementary English*, 1974, *51*, n° 7, 1003-1013.
BROWN, L., The 3-D reconstruction of a 2-D visual display, *J. genetic Psychol.*, 1969, *115*, 257-262.
BROWN, R.M., An examination of visual and verbal coding processes in preschool children, *Child Development*, 1977, *48*, 38-45.
BRUNET, O., Genèse de l'intelligence chez des enfants de trois milieux très différents, *Enfance*, 1956, *9*, n° 1, 85-94.
BRUNET, O., LEZINE, I., *Le developpement psychologique de la première enfance*, Paris, PUF, 1951.
BRYSON, J.B., DRIVER, M.J., Cognitive complexity, introversion, and preference for complexity, *J. Personal. social Psychol.*, 1972, *28*, 320-327.
BURT, C., *Psychological study of typography*, London, Bowker Publishing Co Ltd, 1974, 90 p.

CANTOR, G.N., Children's «like-dislike» ratings of familiarized and nonfamiliarized visual stimuli, *J. exper. Child Psychol.*, 1968, *6*, 651-657.
CANTOR, J.H., CANTOR, G.N., Children's observing behavior as related to amount and recency of stimulus familiarization, *J. exper. Child Psychol.*, 1964a, *1*, 241-247.
CANTOR, J.H., CANTOR, G.N., Observing behavior in children as a function of stimulus novelty, *Child Development*, 1964b, *35*, 119-128.
CANTOR, G.N. CANTOR, J.H., DITRICHS, R., Observing behavior in preschool children as a function of stimulus complexity, *Child Development*, 1963, *34*, 683-689.
CANTOR, G.N., KUBOSE, S.K., Preschool children's ratings of familiarized and nonfamiliarized visual stimuli, *J. exper. Child Psychol.*, 1969, *8*, 74-81.
CARPENTIER, A., Rêveries d'un lecteur solitaire, *Courrier Unesco*, jan. 1972, p. 24-29.
CAWELTI, J.G., Some reflections on the videoculture of the future, *J. Popular Culture*, 1974, *7*, 990-1000.
CHAMBOREDON, J.C., FABIANI, J.L., Les albums pour enfants: Le champ de l'édition et les définitions sociales de l'enfance - 1, *Actes de la Recherche en Sciences Sociales*, févr. 1977a, n° 13, 60-79.
CHAMBOREDON, J.C., FABIANI, J.L., Les albums pour enfants: le champ de l'édition et les définitions sociales de l'enfance - 2, *Actes de la Recherche en Sciences Sociales*, avril 1977b, n° 14, 55-74.
CHARPENTREAU, J. Le livre et la lecture, in J. CHARPENTREAU & al., *Le livre et la lecture en France*, Paris, Edit. Ouvrières, Coll. «Vivre son temps», 1968, p. 7-12.
CHARPENTREAU, J., Les livres pour les enfants, in CHARPENTREAU & al., *Les livres pour les enfants*, Paris, Edit. Ouvrières, 1973, p. 5-13.
CHARPENTREAU, J., et ABBADIE-CLERC, C., BERTRAND, G., BONHOMME, C., DUBOIS, R., DURAND, M., EPIN, B., HASSENFORDER, J., JAN, I., LAGOUTTE, P., LAMBLIN. S., LORY, V., PATTE, G., PELOWSKI, A., TALIBON-LAPOMME, E., VIVIER, C., *Les livres pour les enfants*, Paris, Edit. Ouvrières, Coll. «Enfance heureuse», 1973.
CHARTIER, J.P., Une tentative originale: l'Evangile en bandes dessinées, *Informations catholiques internationales*, avril 1977, n° 513, p. 51-53.
CHASTEL, A., L'illustration des textes littéraires de Boccace à Hollywood, *Le Monde*, 22 avril 1976.
CHATEAU, J., Les deux orientations du monde enfantin, *Enfance*, 1974, n° 1-2, 5-19.
CHILD. I.L., Esthetics, in Lindzey, G., et Aronson, E., *The handbook of social psychology*, vol.3: the individual in a social context, Boston, Addison-Wesley Publishing Co, 2è éd. 1969, p. 853-916.
CHILD, I.L., Esthetics, *Annual Review of Psychology*, 1972, vol. 23, p. 669-694.
CHILD, I.L., HANSEN, J.A. HORNBECK, F.W., Age and sex differences in children's color preferences, *Child Development*, 1968, *39*, 237-247.
CHIPMAN, S.F., Complexity and structure in visual patterns, *Journal of experimental Psychology: general*, 1977, *106*, 269-301.
CHIPMAN, S.F., MENDELSON, M.J., The development of sensitivity to visual structure, *J. exper. Child Psychol.*, 1975, *20*, 411-429.
CHIPMAN, S.F., MENDELSON, M.J., The influence of six types of visual structure on complexity judgements in children and adults, *Journal of experimental Psychology: Human Perception and Performance*, 1979, *5*, 365-378.
CHOMBART DE LAUWE, M.J., Convergences et divergences des modèles d'enfants dans les manuels scolaires et dans la littérature enfantine, *Psychol. franç.*, 1965, n° 3, 236-244.

CHOMBART DE LAUWE. M.J., *Un monde autre: l'enfance. De ses représentations à son mythe*, Paris, Payot, 1971.

CLAPAREDE, E., *Comment diagnostiquer les aptitudes chez les écoliers*, Paris, Flammarion, 1924, Edition revue et augmentée 1940.

CLAPP, W.F., EICHORN, D.H., Some determinants of perceptual investigatory response in children, *J. exper. Child Psychol.*, 1965, 2, 371-88.

CLEMENT, H., *Les livres qu'ils aiment*, Paris, édit. de l'Ecole, 1966.

COFFEY, A.W., A developmental study of aesthetic preference for realistic and non objective paintings, *Dissert. Abstracts*, mai-juin 1969, tome 29-B, P. 4828.

CONCANNON, S.J., Illustrations in books for children: Review of research, *Reading Teacher*, 1975, 29, n° 3, 254-256.

CONNOLLY, M.F., HARRIS, L., Effects of stimulus incongruity on children's curiosity as measured by looking time and expression change, *Psychonomic Science*, 1971, 25, 232-234.

CONVARD, D., L'enfant et la bande dessinée, *La joie par les livres* (Bull. d'analyses de livres pour enfants), mars-avril 1975, n° 42, 9-13.

COOPER, L.A., PODGORNY, P., Mental transformations and visual comparison processes: effects of complexity and similarity, *J. exper. Psychol.: Human perception & Performance*, 1976, 2, n° 4, 503-514.

CORAH, N.L., Color and form in children's perceptual behavior, *Percept. motor Skills*, 1964, 18, 313-316.

CORNILLOT, M. Vers le réel par l'imaginaire, *L'Ecole maternelle française*, 1973, 51, n° 6, 18-21.

CORSINI, D.A., JACOBUS, K.A., LEONARD, S.D., Recognition memory of preschool children for pictures and words, *Psychonomic Sci.*, 1969, 16, n° 4, 192-193.

COSTE, D., Les piétinements de l'image, *Etudes de linguistique appliquée*, janvier-mars 1975, Nelle série n° 17, 5-28 (n° consacré à l'image en didactique des langues).

COVIN, M., L'image dérobée, *Communications*, 1976, n° 24, 197-242.

COVIN, M., FRESNAULT-DERUELLE, P., TOUSSAINT, B., La bande dessinée et son discours: Avant-propos, *Communications*, 1976, n° 24, 1-5.

COX, W.F., jr., FLETCHER, H.J., Information seeking vs information utilization in children's induction from incomplete pictures, *Perceptual & motor Skills*, 1976, 43, 151-153.

CRABBE-DECLEVE, G., JEAN-DE KONINCK, M., La perception du mouvement dans l'image picturale, *J. phenomenol. Psychol.*, 1974, 4, 425-44.

CURTIS, W.J., An analysis of the relationship of illustration and text in picture-story books as indicated by the oral responses of young children, *Dissert. Abstracts International*, sept. oct. 1969, tome 30-A, 924-925.

DANSET-LEGER, J., Réactions d'enfants à l'incongruité dans les images de la littérature enfantine, *Journal de Psychologie normale et pathologique*, oct-déc. 1975, n° 4, 439-459.

DANSET-LEGER, J., Réactions d'enfants à la complexité des images d'albums, *Bulletin de Psychologie*, jan-fév. 1976a, 29, n° 321, 319-336.

DANSET-LEGER, J., Réactions d'enfants au style des images de la littérature enfantine: la question du réalisme, *Enfance*, mai-septembre 1976b, n° 3, 287-308.

DANSET-LEGER, J., *L'enfant et les images de la littérature enfantine. Comportements d'appréciation et déchiffrement*, Laboratoire de Psychologie Génétique, Université de Paris V, 1977, 430p. ronéo, 56 tabl. ou fig., 16 pl. ht., 568 réf. bbg.

DANSET-LEGER, J., Pour une étude psychologique de la lecture des histoires en images par l'enfant, *Journal de Psychologie normale et pathologique*, juil.-sept. 1978a, n° 3, 279-307.

DANSET-LEGER, J., L'enfant et les images de la littérature enfantine, *Bulletin de Psychologie*, nov.-déc. 1978b, *32*, n° 338, 113-120.
DANSET-LEGER, J., Langage de l'image et lecture de l'image, *Bulletin de Psychologie*, 1980a, *33*, n° 346, 861-867.
DANSET-LEGER, J., Aspects du déchiffrement des images de la littérature enfantine : Réactions d'enfants à l'image-unité, *Bulletin de Psychologie*, 1980b, *33*, s.p.
DAVIES, G.M., MILNE, J.E., GLENNIE, B.J., On the significance of «double encoding» for the superior recall of pictures to names, *Quart. J. exper. Psychol.*, 1973, *25*, 413-423.
DAVIS, M., *Understanding body movement*. An annoted bibliography. Arno Press, New-York, 1972.
DAWID, J.W., *Intelligencja*, Varsovie, Wende, 1911.
DAY J., Evaluations of subjective complexity, pleasingness and interestingness for a series of random polygons varying in complexity, *Perception and Psychophysics*, 1967, *2*, 281-6.
DAY, M., Developmental trends in visual scanning in *Advances in Child Development and Behavior*, H.W. Reese, Ed., New-York, Academic Press, 1975, *10*, 153-93.
DE BOISSIEU F., Les belles images, *L'Ecole des Parents*, mars 1974, n° 3, 2-4.
DECROLY. O., Epreuve nouvelle pour l'examen mental, *Année Psychologique*, 1914, *20*, 140-159.
DELACOUR, M.O., Une maison d'édition pas comme les autres. La Noria : des livres différents pour les enfants, *Libération*, 4.4. 1977.
DENBURG, S.D., The interaction of picture and print in reading instruction (abstracted report), *Reading Research Quarterly*, 1977, *12*, n° 2, 176-189.
DENIS, M., *Représentation imagée et activité de mémorisation*, Paris, Editions du CNRS, 1975.
DENIS, M., Test of the incidental-cues hypothesis, *Perceptual & motor Skills*, 1976, *43*, n° 1, 175-178.
DERBY, J., Anthropomorphism in children's literature or « Mom, my doll's talking again », *Elementary English*, 1970, *47*, 190-192.
DEREGOWSKI, J.B., Teaching African children pictorial depth perception : in search of a method, *Perception*, 1974, *3*, 309-312.
DEREGOWSKI, J.B., « Principle of economy » and perception of pictorial depth : a cross cultural comparison, *Internat. J. Psychol.*, 1976a, *11*, n° 1, 15-22.
DEREGOWSKI, J.B., Implicit-shape constancy as a factor in pictorial perception, *Brit. J. Psychol.*, 1976b, *67*, n° 1, 23-29.
De SCHONEN, S., Etude de la lecture des représentations bidimensionnelles statiques de l'espace en perspective projective chez des enfants de 2; 6 à 4; 6 ans, *Archives de Psychologie*, 1974, *16*, 287-310.
DESCOEUDRES, A., Couleur, forme, ou nombre ? *Archives de Psychologie*, 1914, *14*, 305-341.
DESPINETTE, J., L'éducation esthétique est-elle possible par l'album ? in ESCARPIT, D. (sous la dir. de). *Les exigences de l'image dans le livre de la première enfance*, Paris, Magnard, 1973, 63-66. (discussion p. 67-90).
DEUTSCH, F., The effects of sex of subject and story character on preschoolers' perceptions of affective responses and intrapersonal behavior in story sequences, *Developmental Psychology*, 1975, *11*, 112-113.
DEYGOUT, J., GOUTEYRON, A., Enseignement de l'orthographe dans les écoles et dans les collèges (Circulaire ministérielle n° 77-208 du 14.6.77), *Bulletin officiel du Ministère de l'Education*, 30.6.77., n° 25, p. 1835-1861.
Dictionnaire des auteurs de langue française de livres pour enfants, Paris, Seghers, 1969.

DILLEY, M.G., PAIVIO, A., Pictures and words as stimulus and reponse items in paired-associate learning of young children, *J. exper Child Psychol.*, 1968, *6*, 231-240.

DUBOIS, R., Qu'est-ce que le livre pour enfants? *Les amis de Sèvres*, 1972, n° 1, 17-21.

DUBOIS, R., Les conditions socio-économiques de la littérature enfantine, in CHARPENTREAU et al., *Les livres pour les enfants*, Paris, Edit. Ouvrières, 1973, p. 17-32.

DUBOIS, J., DUBOIS, R., *Littérature, presse, enfance et jeunesse - Bibliographie* (préface de P. Gamarra), Paris, Editions du Comité Français du Cinéma pour la jeunesse, Ciné-jeunes, supplément au n° 53 de ciné-jeunes, 1ᵉ trim. 1968, pp. 130 ronéo.

DUBOIS, J., EDELINE, F., KLINKENBERG, J.M., MINGUET, P., « La chafetière est sur la table ... », *Communication et langages*, 1976, n° 29, 37-49.

DUCHESNE, A.M., Livres pour parents ou livres pour enfants? in ESCARPIT, D. (sous la Dir. de), *Les exigences de l'image dans le livre de la première enfance*, Paris, Magnard, 1973, 41-46.

DUFFE, P. (interview de), La Noria. Un éditeur qui donne la parole aux enfants. *Le monde de l'Education*, déc. 1976, n° 23, 56.

DUFRENNE, M., L'art en occident, *Courrier UNESCO*, Mars 1973, *26*, 5-13.

DUNOYER, J.M. Histoires improbables, *Le Monde*, 15.3.1975.

DUQUESNE, J., *Les 16-24 ans*, Paris, le Centurion, 1962.

DURAND, M., Le livre d'images, *La joie par les livres* (Bulletin d'analyses de livres pour enfants), mars 1970, n° 19, 15-18.

DURAND, M., La bande dessinée, *La joie par les livres* (Bull. d'analyses de livres pour enfants), sept. 1971, n° 25, 23-24.

DURAND, M., Les premières rencontres avec le livre, in *Les livres pour les enfants* (ouvrage collectif), Paris, Editions ouvrières, 1973, 70-80.

DURAND, M., Le jeune enfant et le livre, *Dialogue* (G.F.E.N.), 1975, n° 14-15, 21-27.

DURAND, M., BERTRAND, G., *L'image dans le livre pour enfants*, Paris, l'Ecole des Loisirs, 1975.

DURANTEAU, J., Tout est permis dans la caricature, *L'Education*, 19.12.1974, p. 28-31.

DWYER, F.M. jr, Effect of varying amount of realistic detail in visual illustrations designed to complement programmed instruction, *Perceptual & motor Skills*, 1968, *27*, 351-354.

ECO, U., Sémiologie des messages visuels, *Communications*, 1970, n° 15, 11-51.

EISENMAN, R., Birth-order and sex differences in aesthetic preference for complexity-simplicity, *J. gen. Psychol.*, 1967a, *77*, 121-126.

EISENMAN, R., Complexity-simplicity: II Birth-order and sex differences, *Psychonomic Science*, 1967b, *8*, 171-172.

EISENMAN, R., GROVE, M., COYLE, F.A., REDICK, L.L., Studies in complexity-simplicity. I. children's preferences. II. Personality correlates in college students, *Proc. 77th annual Conv. APA*, 1969, 473-474.

EISENMAN, R., RAPPAPORT, J., Complexity preference and sematic differential ratings of complexity - simplicity and symmetry - asymmetry, *Psychonomic Science*, 1967, *7*, 147-148.

ELKIND, D., Developmental studies of figurative perception, in LIPSITT, L.P., REESE, H.W. (Eds.), *Advances in child development and behavior*, vol.4, New-York, Academic Press, 1969.

ELKIND, D., WEISS, J., Studies in perceptual development, III: Perceptual exploration, *Child Development*, 1967, *38*, n° 2, 553-561.

EPIN, B., Choisir dans la littérature enfantine, *Dialogue*, (Revue du groupe français d'Education Nouvelle), Janv. 1975, n° 14-15, 5-10.

ERDELYI, M.H., BECKER, J., Hypermnesia for pictures. Incremental memory for pictures but not words in multiple recall trials, *Cognitive Psychol.*, 1974, 6, 159-171.

ESCARPIT, D., L'image et l'enfant: la lecture du livre d'images par les tout-petits (compte rendu d'une expérience), in Thibault-Laulan & coll., *Image et Communication*, Paris, Editions Universitaires, 1972, p.75-105.

ESCARPIT, D., La lecture de l'image: Moyen de communication et d'expression du jeune enfant, *Communication et Langages*, 1973a, n° 20, 17-32.

ESCARPIT, D. (sous la dir. de) *Les exigences de l'image dans le livre de la première enfance*, Paris, Magnard, Coll. « lecture en liberté », 1973b.

ESCARPIT, R., BARKER, R.E., *La faim de lire*, Unesco, 1972. (ouvrage du même titre publié aux PUF, 1974, sous la seule signature de R.ESCARPIT).

ESCARPIT, R., La faim de lire, *Courrier de l'Unesco*, janv. 1972, 6-12.

ESCARPIT, R. (entretien avec, à propos de l'évolution du livre et de son avenir), in Tissot, H. (sous la dir. de), *Le livre, hier , aujourd'hui, demain*, Bibliothèque Laffont des grands thèmes, n° 37, Lausanne et Paris, Editions Grammont & Robert Laffont, 1975, p. 9-17 et 104-115.

ESSLIN, M., T.V. Le défi des années 70: quantité + qualité, *Courrier Unesco*, février, 71, 4-32.

ETAUGH, C., TURTON, W.J., Sex differences in discrimination of forms by elementary school children, *J. genetic Psychology*, 1977, 130, 49-55.

EVERTSTON, C.M., WICKER, F.W., Pictorial concreteness and mode of elaboration in children's learning, *J. exper. Child Psychol.*, 1974, 17, 264-270.

FABRE, J., L'album, miroir de l'enfance, in ESCARPIT, D., *Les exigences de l'image*, Magnard, 1973, 15-40.

FAGERLIE, A.M., Using wordless picture books with children, *Elementary English*, 1975, 52, n° 1, 92-94.

FAUCHER, F., Importance des premières images sur la sensibilité des tout petits enfants, in ESCARPIT, D. (sous la dir. de), *Les exigences de l'image dans le livre de la première enfance*, Paris, Magnard, 1973, 145-149 (discussion, p. 151-162).

FAUCHER, P., Comment adapter la littérature enfantine aux besoins des enfants à partir des premières lectures, *Bulletin des bibliothèques de France*, mai 1958, n° 5, 345-352.

FAUJAS, A., Le livre d'enfants n'a pas la place qu'il mérite dans l'édition française, *Le Monde*, 3 déc. 1969.

FAW, T.T., The effects of stimulus incongruity on the free looking time of adults and children, *Psychonomic Science*, 1970, 19, 355-357.

FAW, T.T., NUNNALLY, J.C., The influence of stimulus complexity, novelty, and affective value on children's visual fixations, *J. exper. Psychol.*, 1968a, 6, 141-153.

FAW, T.T., NUNNALLY, J.C., A new methodology and finding relating to visual stimulus selection in children, *Psychonomic Science*, 1968b, 12, 47-8.

FAW, T.T., NUNNALLY, J.C., Effects of familiarization with incongruous stimuli on their dominance in visual selection, *Psychonomic Science*, 1970, 19, n° 6, 359-361.

FAW, T.T., NUNNALLY, J.C., The influence of stimulus incongruity on the familiarity effect in visual selection, *Perception & Psychophysics*, 1971, 9, 150-154.

FAW, T.T., WINGARD, J.A., Relation betwen conceptual development and visual exploration of incongruity, *Developmental Psychol.*, 1977, 13, n° 2, 137-142.

FERENCZI, V., Lecture de l'image et conduites pédagogiques dans l'apprentissage des langues vivantes, *Etudes de Linguistique appliquée*, jan.-mars 1975, nouvelle série, n° 17 (consacrée à l'image en didactique des langues), p. 84-92.

FERRAN, P., L'enfant et le livre, *L'Education*, 9 déc. 1976, 33-37.
FERRAN, P., Elève Dupond ... rêvez! *L'Education*, 24 mars 1977, p. 8-9;
FOCILLON, H., *Vie des formes*, Paris, 1934. (réédité aux P.U.F. en 1970).
FRAISSE, P., Mémoire de dessins et de phrases en fonction de la durée de présentation, *Année psychol.*, 1974, *74*, 145-156.
FRANCES, R., Variations génétiques et différentielles des critères du jugement pictural, *I^e colloque d'esthétique expérimentale, Sciences de l'Art.*, 1966, *3*, 119-135.
FRANCES, R., *Psychologie de l'esthétique*, Paris, PUF, 1968.
FRANCES, R., L'art et la vie quotidienne, in REUCHLIN, M., (sous la dir. de), *Traité de Psychologie Appliquée*, tome 10, Paris, PUF, 1974, 107-142.
FRANCES, R., Comparative effects of six collative variables on interest and preference in adults of different educational levels *J. Personality & social Psychol.*, 1976, *33*, n° 1, 62-79.
FRANCES, R., *Intérêt perceptif et préférence esthétique*, Paris, Editions du C.N.R.S., Monographies françaises de Psychologie, n° 39, 1977.
FRANCES, R., VOILLAUME, H., Une composante du jugement pictural: la fidélité de la représentation, *Psychol. franç.*, 1964, *9*, 241-256.
FRENCH, J., Children's preferences for pictures of varied complexity of pictorial pattern, *Elementary school J.*, 1952, *8*, 90-95.
FRESNAULT-DERUELLE, P., Le verbal dans les bandes dessinées, *Communications*, 1970, n° 15, 145-161.
FRESNAULT-DERUELLE, P., *La bande dessinée, essai d'analyse sémiotique*, Paris, Hachette, 1972 a.
FRESNAULT-DERUELLE, P., *Dessins et bulles. La bande dessinée comme moyen d'expression*, Paris, Bordas, 1972 b.
FRESNAULT-DERUELLE, P., Les clichés dans la bande dessinée, *Etudes de linguistique appliquée*, jan-mars 1975 a, nelle série, n° 17 (consacrée à «l'image en didactique des langues»), 105-114.
FRESNAULT-DERUELLE, P., Le personnage de bande dessinée et ses langages, *Langue française*, déc. 1975 b, n° 28, 101-111.
FRESNAULT-DERUELLE, P., Du linéaire au tabulaire, *Communications*, 1976, n° 24, 7-23.
FRIEDMAN, S.L., STEVENSON, M.B. Developmental changes in the understanding of implied motion in two-dimensional pictures, *Child Development*, 1975, *46*, 773-778.
FRITH, C.D., The detection of structure in visual displays, *Acta Psychologica*, 1976, *40*, 115-125.
FRITH, C.D., NIAS, D.K.B., What determines aesthetic preferences? *J. general Psychology*, 1974, *91*, 163-173.
FULCHIGNONI, E., *La civilisation de l'image*, Paris, Payot, 1969.
FUZELLIER, E., Apprendre à se taire, *L'Education*, 1976, n° 273, p. 32.
GAMARRA, P., *La lecture: pour quoi faire? (Le livre et l'enfant)* Paris, Casterman, Coll. Orientations/E3, 1974.
GARDNER, H., Children's sensitivity to painting styles, *Child Development*, 1970, *41*, 813-821.
GARDNER, H., Style sensitivity in children, *Human development*, 1972 a, *15*, 325-338.
GARDNER, H., The development of sensitivity to figural and stylistic aspects of paintings, *Brit. J. Psychol.*, 1972 b, *63*, 605-615.
GARDNER, H., GARDNER, J., Developmental trends in sensitivity to painting style and subject matter, *Studies in Art Education*, 1970, *12*, 11-16.
GARDNER, H., GARDNER, J., Developmental trends in sensitivity to form and subject matter in paintings, *Studies in Art Education*, 1973, *14*, 52-56.
GARDNER, H., LOHMAN, W., Children's sensitivity to literary styles, *Merrill-Pnalmer Quarterly*, 1975, *21*, n° 2, 113-126.
GAUTHIER, G., Le photo-graphisme, *Communication et langages*, 1976, n° 29, 24-35.

GAUTHIER, M.T., L'enfant et le livre : Premiers contacts, *L'Ecole Maternelle française*, 1973, 52, n° 1, p. 12-16 et n° 2, p. 11-14.
GENOVESE, C., Choix spatial des couleurs et appréciation esthétique, *Bull. Psychol.*, 1977, 30, n° 14-16, 754-759.
GESELL, A., ILG, F.L., *Le jeune enfant dans la civilisation moderne*, Paris, PUF, 3e ed. franç. 1957, (trad. par I. Lezine d'après la 20e éd. amer., 1er ed. 1943).
GHATALA, E.S., LEVIN, J.R. Developmental differences in frequency judgements of words and pictures, *J. exper. Child Psychology*, 1973, 16, 495-507.
GIBSON, J.J., A theory of pictorial perception, *Audio-visual Communication Review.*, 1954, n° 1, 3-23. (Reproduit dans KEPES, G., *Sign, image, symbol*, New York, Georges Braziller, 1966 a, p. 92-107.)
GIBSON, J.J., *The senses considered as perceptual systems*, Boston, Houghton Mifflin, Co, 1966 b.
GIBSON, J.J., The information available in pictures, *Leonardo*, 1971, 4, 27-35.
GILABERT, H., De la lecture et des livres, *L'Ecole Maternelle française*, juin 1977, n° 10, p. 11.
GILLON, P., (Interview par A. Akoun). La bande dessinée : nouveau langage ? *Communication et langages*, 1977, n° 34, 94-105.
GIROD, M., ALLAUME, G., L'évolution du niveau intellectuel de la population française dans le dernier quart de siècle, *Revue internationale de Psychologie appliquée*, 1976, 25, n° 2, p. 121-123.
GLOTON, R., Préface de : Jolibert, J., Gloton, R., (sous la dir. de), *Le pouvoir de lire*, Paris, Casterman, 1975, p. 11-13.
GODKEWITSCH, M., The "golden section" : an artefact of stimulus range and measure of preference, *Amer. J. Psychol.*, 1974, 87, n° 1-2, 269-277.
GOLDSTEIN, A.G., CHANCE, J., Some factors in picture recognition memory, *J. general Psychol.*, 1974, 90, 69-85.
GOLDSTEIN, B., The perception of multiple images, *AV Communication Review*, 1975, 23, n° 1, 34-68.
GOLDSTEIN, D.M. WICKLUND, D.A., The acquisition of the diagonal concept, *Child Development*, 1973, 44, 210-213.
GOLLIN, E.S., Developmental studies of visual recognition of incomplete objects, *Perceptual and motor Skills*, 1960, 11, 289-98.
GOLLIN, E.S., Further studies of visual recognition of incomplete objects, *Perceptual and motor Skills*, 1961, 13, 307-14.
GOMBRICH, E.H., *Art and illusion*, Princeton, N.J., Princeton University Press, 1959, trad. en franç. par Guy Durand sous le titre *l'Art et l'illusion, psychologie de la représentation picturale*, Paris, Gallimard, 1971 (d'après la 3e éd. de 1967).
GOMBRICH, E.H., The visual image, in OLSON, D. (Ed.), *Media and symbols. The forms of expression, communication and education*, NSSE, 1974 (repris de *Scientific American*, 1972, 227, n° 3, 82-96).
GOODMAN, N., *Languages of art : An approach to a theory of symbols*, New-York & Indianapolis, Bobbs-Merrill Co, 1968.
GOTTESDIENER, H., Intérêt, préférence et complexité, (Comparaison de plusieurs matériels, étude de l'homogénéité intra-individuelle), *Bull. Psychol.*, 1977, 30, n° 14-16, 670-677.
GOUTEYRON, A., Enseignement de l'éducation artistique dans les collèges : objectifs et instructions (Circulaire ministérielle n° 77-165 du 29.4.77 adressé aux recteurs, inspecteurs d'académie et chefs d'établissement), *Bulletin Officiel du Ministère de l'Education*, 9.6.1977, n° 22 ter, p. 1698-1704.
GRAND, P.M., Les Aztèques et leur histoire en images, *Le Monde*, 14.9.1976.
GRATIOT-ALPHANDERY, H., Pour connaître les goûts des enfants, *Enfance*, 1956, n° spécial (« les livres pour enfants »), 183-186.
GRATIOT-ALPHANDERY, H., et BELVES, P., CAPUTO, N., GUERARD, F., LEROY-BOUSSION, A., SORIANO, M. (recueillis par), Cent interviews d'écrivains, éditeurs, illustrateurs, directeurs de journaux, critiques littéraires et libraires pour enfants, *Enfance*, 1956, n° spécial, 10-120.
GREENBERGER, E., WOLDMAN, J., YOURSHAW, S.W., Components of curiosity : Berlyne reconsidered, *Brit. J. Psychol.*, 1967, 58, 375-386.

GRODDEK, G., *L'art, la maladie et le symbole*, Paris, Gallimard, Bibl. Sciences Humaines, 1969. (trad. fr. de conférences en allemand, des années 30).
GUILLOT, M., Profondeur de l'espace et peinture, *J. Psychologie normale & pathol.*, avril-juin 1975, n° 2, 161-172.
HAAF, R.A., BELL, R.Q., A facial dimension in visual discrimination by human infants, *Child Development*, 1967, *38*, n° 3, 893-899.
HAAF, R.A., BROWN, C.J., Infant's response to facelike patterns: Developmental changes between 10 & 15 weeks of age, *J. exper. Child Psychol.*, 1976, *22*, 155-160.
HABER, R.N., How we remember what we see, *Scientific Amer.*, 1970, *222*, 104-112.
HAGEN, M.A., Development of ability to perveive and produce pictorial depth cue of overlapping, *Perceptual & motor Skills*, 1976 a, *42*, 1007-1014.
HAGEN, M.A., The development of sensitivity to cast and attached shadows in pictures as information for the direction of the source of illumination, *Perception & Psychophysics*, 1976 b, *20*, n° 1, 25-28.
HAGEN, M.A., Influence of picture surface and station point on the ability to compensate for oblique view in pictorial perception, *Developmental Psychology*, 1976 c, *12*, n° 1, 57-63.
HALE, G.A., PIPER, R.A., Effect of pictorial integration on children's incidental learning, *Developmental Psychology*, 1974, *10*, n° 6, 847-851.
HANES, M.L., The research on how children learn from pictures, *Viewpoints*, 1973, *49*, n° 2, 11-20.
HARDIMAN, G.W., ZERNICH, T., Preferences for the visual arts: A review of recent studies, *Percept. & motor Skills*, 1977, *44*, 455-463.
HARMS, J.M., Children's responses to fantasy in literature, *Language Arts*, 1975, *52*, n° 7, 942-946.
HARRIS, R.J., Children's comprehension of complex sentences, *J. exper. Child Psychol.*, 1975, *19*, n° 3, 420-433.
HARRISON, R.P., "Pictic analysis: Toward a vocabulary and syntax for the pictorial code, with research on facial communication", PhD Dissertation, *Michigan State Univ.*, 1964 (Datrix order n° 65-6079).
HARRISON, R.P., COHEN, A.A., CROUCH, W.W., GENOVA, B.K.L., STEINBERG, M., The non verbal communication literature, *J. of Communication*, 1972, *22*, n° 4, 460-476.
HARRISON, R.P., KNAPP. M.L., Toward an undestanding of non verbal communication systems, *J. of Communication*, 1972, *22*, 339-352.
HARZEM, P., LEE, I., MILES, T.R., The effects of pictures on learning to read, *Brit. J. educ. Psychol.*, 1976, *46*, n° 3, 318-322.
HASSENFORDER, J., Loisirs et éducation, *Courrier de la recherche pédagogique*, mai 1967, 104 p.
HASSENFORDER, J., Les lecteurs et la lecture, in CHARPENTREAU, J., CLEMENT, F., CONQUET, A., GENTIL, A & G., GIRARD, A., GROSZ, P., HAROTTE, A., HASSENFORDER, J., JEAN, G., LEBACHELIER, H., LOBROT, M., PATTE, G., *Le livre et la lecture en France*, Paris, Edit. Ouvrières, Coll. «Vivre son temps», 1968, 13-50.
HASSENFORDER, J., Les enfants et les ouvrages documentaires, in CHARPENTREAU et al., *Les livres pour les enfants*, Paris, Edit. Ouvrières, 1973, 117-136.
HAZARD, P., *Les livres, les enfants et les hommes*, Paris, Flammarion, 1932, (réèd. 1967, Hatier).
HELD, J., *L'imaginaire au pouvoir*, Paris, Edit. Ouvrières, Coll. «Enfance heureuse», 1977.
HERSHENSON, M., Visual discrimination in the human newborn, *J. comp. physiol. Psychol.*, 1964, *58*, 270-278.
HICKS, R.A., DOCKSTADER, S., Cultural deprivation and preschool children's preferences for complex and novel stimuli, *Perceptual & motor Skills*, 1968, *27*, 1321-2.
HICKS, R.A., DOCKSTADER, S., PARKER-SCHUMACHER, M., Cultural deprivation and response biases of preschool children for complex and novel stimuli, *Perceptual & motor Skills*, 1975, *40*, 999-1003.

HICKS, R.A., PARKER-SCHUMACHER, M., Cultural deprivation and the relative preferences of preschool children for complex and novel stimuli, *Perceptual & motor Skills*, 1976, *42*, 972-974.
HOATS, D.L. MILLER, M.B., SPITZ, H.H., Experiments on perceptual curiosity in mental retardates and normals, *Amer J. ment. Defic.*, 1963, *68*, 386-95.
HOGAN, H.W., Time perception and stimulus preference as a function of stimulus complexity, *J. Personality & social Psychology*, 1975, *31*, n° 1, 32-35.
HOROWITZ, A.B., HOROWITZ, V.A., Effects of task — specific instructions on the picture memory of children in recall and recognition tasks, *Developmental Psychol.*, 1976, *12*, n° 4, 359-360.
HOROWITZ, L.M., LAMPEL, A.K., TAKANISHI, R.N., The child's memory for unitized scenes, *J. exper. Child Psychol.*, 1969, *8*, 375-388.
HOUSTON, J.P., GARSKOF, B.E., SILBER, D.E., The informational basis of judged complexity, *J. general Psychology*, 1965, *72*, 277-84.
HUDSON, W., Pictorial depth perception in sub-cultural groups in Africa, *J. Social Psychol.*, 1960, *52*, 183-208.
HUDSON, W., The study of the problem of pictorial perception among unacculturated groups, *Internat. J. Psychol.*, 1967, *2*, 89-107.
HUNTLEY, E.H., *The divine proportion*, New-York, Dover, 1970.
HURSTEL, F., Etude des conditions d'apparition de la notion d'ordre des événements chez l'enfant de 3 à 6 ans, à partir d'une série d'images en désordre, *Enfance*, 1966, n° 4-5, 115-127.
HURTIG, M.C., Relations à deux entre jeunes enfants garçons et filles de 4 à 7 ans, *J. Psychol. norm. pathol.*, 1975, n° 3, 330-352.
HUTT, C., How children explore, *Science Journal*, 1970, *6*, 68-71.
HUTT, C., Degrees of novelty and their effects on children's attention and preference, *Brit. J. Psychology*, 1975, *66*, n° 4, 487-492.
HUTT, C., Mc GREW, P.L., Do children really prefer complexity? *Psychonomic Science*, 1969, *17*, 113-114.
HUTT, C., FORREST, B., NEWTON, J., The visual preferences of children, *J. Child Psychol. Psychiatr. allied Discipl.*, 1976, *17*, n° 1, 63-68.
HUYGHE, R., *La relève du réel*, Paris, Flammarion, 1974.
JACQUINOT, G., Image et langage, ou comment ne pas parler avec des images, *Langue française*, déc. 1974, n° 24, 75-90.
JAHODA, G., Mc GURK, H., Development of pictorial depth perception: Cross-cultural replications, *Child development*, 1974 a, *45*, 1042-1047.
JAHODA. G., Mc GURK, H., Pictorial depth perception in scottish and ghanaian children. A critique of some findings with the Hudson test, *Internat. J. Psychol.*, 1974 b, *9*, n° 4, 255-267.
JAHODA, G., Mc GURK, H., Pictorial depth perception: A developmental study, *Brit. J. Psychol.*, 1974 c, *65*, n° 1, 141-149.
JAN, I., *Essai sur la littérature enfantine*, Paris, Edit. Ouvrières, Coll. « Vivre son temps ». 1969.
JAN, I., L'écriture dans le livre pour enfants, *Bull. d'anal. livres pour enfants*, oct. 1970, n° 21, 13-23.
JAN, I., Les récits pour enfants, in J. CHARPENTREAU et al., *Les livres pour les enfants*, Paris, Edit. Ouvrières, 1973, 138-158.
JAUBERT, D., Que lisent-ils: Des goûts changeants et éclectiques, *Le Monde de l'Education*, déc. 1976, n° 23, 10-11.
JEAN, G., Les relations textes/images dans les livres et albums pour enfants, in J. JOLIBERT et R. GLOTON (sous la dir. de), Groupe Français d'Education Nouvelle, *Le pouvoir de lire*, Paris, Casterman, Coll. Orientations, 1975, p. 119-125.
JOLIBERT, J., La lecture en France, in JOLIBERT, J., GLOTON, R., et 34 coll. (Groupe franç. d'Education Nouvelle). *Le pouvoir de lire*, Paris, Casterman, Coll. « Orientations/E3 », 1975, 29-35.
KAESS, D.W., WEIR, M.W., Response technique as a factor in determining children's preference for complexity, *Psychonomic Science*, 1968, *11*, 367-368.
KAGAN, J., On cultural deprivation, in, D.C. GLASS, ed., *Environmental influences*, New-York, Rockfeller Univ. Press & Russell Sage Foundation, 1968, p. 211-250.

KAGAN, J., HENKER, B.A., HEN-TOV, A., LEVINE, J., LEWIS, M., Infants differential reactions to familiar and distorted faces, *Child Development*, 1966, *37*, n° 3, 519-532.
KAGAN, J., LEWIS, M., Studies in attention in the human infant, *Merrill Palmer Quart.*, 1965, *11*, 95-127.
KANT, E., *Critique de la raison pure*, Trad. de Trémesaygues et Pacaud, nouv. ed., Presses Univ. de France, 1944.
KASDORF, C.A. III, SCHNALL, M., Developmental differences in the integration of picture series: Effects of variations in object-attribute relationships, *Human Development*, 1970, *13*, 188-200.
KENNEDY, J.M., *A psychology of picture perception: information and images*, San Francisco, Jossey-Bass, 1974.
KEPES, G., *Language of vision*, Chicago, Paul Theobald, 1944.
KIRSCH, D., From Athletes to Zebras — young children want to read about them, *Elementary English*, 1975, *52*, n° 1, 73-78.
KIRSCH, D., PEHRSSON, R.S.V., ROBINSON, H.A., Expressed reading interests of young children: An international study. *Meeting of the International Reading Association*, Vienne, 1975, 25 p. Ronéo.
KOENKE, K., OTTO, W., Contribution of pictures to children's comprehension of the main idea in reading, *Psychology in the School*, 1969, *6*, n° 3, 298-302.
KOLERS, P.A., Some modes of representation, in: *Communication and affect — Language and thought*, PLINER, P., KRAMES, L., ALLOWAY, T., Eds., New-York, Academic Press, 1973, 21-44.
KOSSLYN, S.M., HELDMEYER, K.H., LOCKLEAR, E.P., Children's drawings as data about internal representations, *J. exper. Child Psychology*, 1977, *23*, 191-211.
KRAFT, A., PIAGET, J., La notion de l'ordre des événements et le test des images en désordre chez l'enfant de six à dix ans, *Archives de Psychologie*, 1925, *19*, 306-349.
KREITLER, S., ZIGLER, E., KREITLER, H., The complexity of complexity, *Human Developmt*, 1974 a, *17*, 54-73.
KREITLER, S., KREITLER, H., ZIGLER, E., Cognitive orientation and curiosity, *Brit. J. Psychology*, 1974 b, *65*, n° 1, 43-52.
KREITLER, S., ZIGLER, E., KREITLER, H., The nature of curiosity in children, *J. School Psychology*, 1975, *13*, n° 3, 185-200.
KREITLER, H., KREITLER, S., *Cognitive orientation and behavior*, New-York, Springer Publishing Co, 1976.
KUHN, D., PHELPS, H., The development of children's comprehension of causal direction. *Child Development*, 1976, *47*, n° 1, 248-251.
LA BORDERIE, R., *Les images dans la société et l'éducation, Etude critique des fonctions de la ressemblance*, Paris, Casterman, 1972.
LAGOUTTE, P., L'éditeur de livres pour enfants, in CHARPENTREAU et al., *Les livres pour les enfants*, Paris, Edit. Ouvrières, 1973, 33-39.
LAMBLIN, S., Les limites de la littérature enfantine, in *Les livres pour les enfants* (ouvrage collectif), Paris, Editions Ouvrières, coll. « Enfance heureuse », 1973, p. 197-216.
LARK-HOROWITZ, B., On art appreciation of children. I. Preferences for pictures subjects in general, *J. educ. Res.*, 1937, *31*, 118-137.
LARK-HOROWITZ, B., On art appreciation of children, II. Portrait preference study, *J. educ. Res.*, 1938, *31*, 572-598.
LARK-HOROWITZ, B., LEWIS, H., LUCA, M., *Understanding children's art for better teaching*, 1967, Ohio, Merrill.
LAUDE, J., Analyse de : Passeron, R., Clefs pour la peinture, *J. Psychologie normale et pathologique*, avr.-juin 1972, n° 2, p. 239-241.
LAURE, Z., Les nouveaux visages de l'édition pour enfants, *Le Monde de l'Education*, déc. 1975, n° 12, 6-10.
LECKART, B.T., Looking time: the effects of stimulus complexity and familiarity, *Perception and Psychophysics*, 1966, *1*, 142-144.
LECKART, B.T., BAKAN, P., Complexity judgements of photographs and looking time, *Percept. motor Skills*, 1965, *21*, 16-18.

LEHALLE, H., Invariance de l'ordre des préférences et transitivité dans une situation de choix successifs (étude génétique) *Année psychologique*, 1973, *73*, fasc. 1, 37-49.
LEHALLE, H., Constance génétique du lien entre la stabilité et la transitivité des choix, *Année psychologique*, 1974, *74*, fasc. 1, 101-108.
LEHALLE, H., Une analyse du comportement de choix. Etude théorique et expérimentale, *Math. Sci. hum.*, 1975, *13*, n° 52, 5-20.
LEMOND. L.C., NUNNALLY, J.C., The influence of incongruity and pre-exposure on the familiarity effect in visual selection of children, *J. exper. Child Psychol.*, 1974, *18*, 373-381.
LENTIN, L., *Apprendre à parler en racontant* (trois séries de quatre livrets « Pauline et Victor »), Paris, Istra-ESF, 1975.
LEROI-GOURHAN, A., *Le geste et la parole*, t. I. Techniques et langage; t. II, La mémoire et les rythmes, Paris, Albin Michel, 1965.
Les livres pour la jeunesse en chiffres, *Bibliographie de la France*, supplément au n° 11 du 16 mars 1977 (consacré à « la lecture et les jeunes »), p. 4-7.
LEVIE, W.H., Pictorial research: An overview, *Viewpoints*, 1973, *49*, n° 2, 37-45.
LEVIN, J.R., What have we learned about maximizing what children learn? in J.R. LEVIN & V.L. ALLEN, *Cognitive learning in children: Theories & strategies*, New-York, Academic Press, 1976, chap. IV (p. 105-134).
LEVIN, J.R., BENDER, B.G., LESGOLD, A.M., Strategies in reading comprehension: V. Pictures, repetition and young children's oral prose learning, *Wisconsin Research & Development Center for cognitive Learning*, Working paper n° 162, mai 1976, V + 23 pp ronéo.
LEVY-SCHOEN, A., *Sur le développement de la connaissance d'autrui, l'émergence des mimiques dans la vision d'autrui par l'enfant*, Paris, PUF, 1964.
LEWIS, H.P., The relationship of picture preference to developmental status in drawing, *J. educational Research*, 1963, *57*, n° 1, 43-46.
LEWIS, M., Infants' responses to facial stimuli during the first year of life, *Developmental Psychology*, 1969, 1, n° 2, 75-86.
LEWIS, M., GOLDBERG, S., RAUSH, M., Attention distribution as a function of novelty and familiarity, *Psychonomic Science*, 1967, *7*, n° 6, 227-228.
LIMOUSIN, O., Les librairies pour enfants, *Le Monde de l'Education*, juil. Août 1976, n° 19, 39-40.
LINDEKENS, R., Analyse structurale de la Stripsody de Cathy Barberian, *Communications*, 1976, n° 24, 140-176.
LIPAK, J., SZOMBATI, G., KLEININGER, O., Preference of visual discrimination factors in childhood, *Studia psychologica*, 1976, *18*, n° 4, 292-306.
Littérature enfantine et juvénile, *L'Education*, 26.4.1973, p. 12.
LOCHER, P.J., SIMMONS, R.W., Influence of stimulus symmetry and complexity upon haptic scanning strategies during detection, learning, and recognition tasks, *Perception & Psychophysics*, 1978, *23*, n° 2, 110-116.
LOMAX, C.M. Interest in books and stories at nursery school, *Educational Research*, 1977, 19, n° 2, 100-112.
LORRAINE, W., An interview with Maurice Sendak, *Wilson Library Bulletin*, 1977, *52*, n° 2, 152-157.
LORY, V., La diffusion du livre d'enfants en librairie, in CHARPENTREAU, J., et al., *Les livres pour les enfants*, Paris, Edit. Ouvrières, 1973, 49-64.
LOTMAN, J.M., The discrete text and the iconic text: Remarks on the structure of narrative. *New Literary History*, 1975, *6*, n° 2, 333-338.
LOTTAN, S., The ability of children to distinguish between the « make believe » and the "real" in children's literature, *J. educ. Thought*, 1967, *1*, 25-33.
LUKENBILL, W.B., Who writes children's books? *Journal of communication*, 1976, *26*, n° 1, 97-100.
LUQUET, G.H., *Le dessin enfantin*, Neuchâtel et Paris, Delachaux & Niestlé, Nouvelle édition de 1967 (1er en 1927, chez Alcan, Paris) présentée et commentée par J. Depouilly.
MACHOTKA, P., Le développement des critères esthétiques chez l'enfant, *Enfance*, 1963, *16*, 357-379.

MACHOTKA, P., Aesthetic criteria in childhood justifications of preference, *Child development*, 1966, *37*, n° 4, 877-885.
MACKWORTH, N.H., BRUNER, J.S., How adults and children search and recognize pictures, *Human development*, 1970, *13*, 149-177.
MACKWORTH, N.H., BRUNER, J.S., How adults and children search and recognize pictures, in ENDLER, N.S., BOULTER, L.R., OSSER. H. (Eds), *Contemporary issues in developmental Psychol.*, Holt, Rinehart & Winston, 2ᵉ ed. 1976, chap. 8 (perception).
MACQUET, J.C., La cathédrale d'images des Baux-de-Provence, *Communication et langages*, 1977, n° 34, 120-121.
MAC SPELLMANN, C., The shift from color to form preference in young children of different ethnic backgrounds, *Dissertation Abstracts*, mars avril 1969, tome 29-B, p. 3903.
MAILLARD, P.F., L'attitude des élèves devant les livres: Une enquête en CE2 et CM2., *Education et développement*, oct. 1972, n° 80, 26-30.
MALANDAIN, C., Quelques aspects de la compréhension du film fixe chez l'enfant, *Bull. Psychol.*, 1967, *21*, n° 5, 323-328.
MALRIEU, P., *La construction de l'imaginaire*, Bruxelles, Dessart, Coll. Psychologie et Sciences humaines, 1967.
MANDLER, J.M., DAY, J., Memory for orientation of forms as a function of their meaningfulness and complexity, *J. exper. Child. Psychol.*, 1975, *20*, 430-443.
MANDLER, J.M., PARKER, R.E., Memory for descriptive and spatial information in complex pictures, *J. exper. Psychol.: Human learning memory*, 1976, *2*, 38-48.
MANDLER, J.M., STEIN, N.L., Recall and recognition of pictures by children as a function of organisation and distractor similarity, *J. exper. Psychology*, 1974, *102*, n° 4, 657-669.
MANZO, A., LEGENZA, A., A method for assessing the language stimulation value of pictures, *Language Arts Journal*, Nov. Dec. 1975, 1085-1089.
MAREUIL, A., *Littérature et jeunesse d'aujourd'hui, La crise de la lecture dans l'enseignement contemporain*, Paris, Flammarion, coll. Nouvelle bibliothèque scientifique, 1971.
MAREUIL, A., L'enfant d'aujourd'hui dans le monde des media. Situation du livre pour enfants, *Les amis de Sèvres*, 1972, n° 1, 5-9.
MAREUIL, A., ... au pays des merveilles, *L'Education*, 10 mai 1973, p. 28-32.
MARGAIRAZ, E., PIAGET, J., La structure des récits et l'interprétation des images de Dawid chez l'enfant, *Archives de Psychologie*, 1925, *19*, 210-239.
MARGOLIS, J., Art as language, *The Monist*, 1974, *58*, n° 2, 175-186.
MARIN, L., Eléments pour une sémiologie picturale, in *Les sciences humaines et l'oeuvre d'art* (ouvrage collectif), Bruxelles. La connaissance, Coll. « Témoins et témoignages », 1969.
MARKOWSKY, J.K., Why anthropomorphism in children literature? *Elementary English*, 1975, *52*, 460-466.
MARKS, D.F., Visual imagery differences in the recall of pictures, *Brit. J. Psychology*, 1973, *64*, 17-24.
MARQUET, P.B., La lecture vertu impunie? *L'Education*, 13-3-1975, p. 8.
MARTINET, A., *Eléments de linguistique générale*, Paris, Armand Colin, 6ᵉ éd. 1960.
MARTINEZ, L., Analyse structurale des bandes dessinées, in Thibault-Laulan & Coll., *Image et communication*, Paris, Editions Universitaires, 1972, 171-181.
MASSEPAIN, A., Perspectives d'avenir, in « la lecture et les jeunes, *Bibliographie de la France*, supplément au n° 11 du 16 mars 1977, p. 53-60.
MATHIEU, J., Recherche des méthodes et formes nouvelles de l'illustration dans le livre de la première enfance, in ESCARPIT, D. (sous la dir. de), *Les exigences de l'image dans le livre de la première enfance*, Paris, Magnard, 1973, p. 119-125 (discussion, p. 127-143).
MAY R.B., Stimulus selection in preschool children under conditions of free choice, *Percept. motor Skills*, 1963, *16*, 203-206.
METZ, C., Au-delà de l'analogie, l'image, *Communications*, 1970 a, n° 15 (« l'analyse des images ») 1-10.
METZ, C., Images et pédagogie, *Communications*, 1970 b, n° 15, p. 162-168.

MEYERSON, I., *Les fonctions psychologiques et les oeuvres*, Paris, Vrin, 1948.
MIALARET, G., MALANDAIN, C., Etude de la reconstitution d'un récit chez l'enfant à partir d'un film fixe, *Enfance*, 1962, *15*, 169-190.
MILLER, R.J., Cross-cultural research in the perception of pictorial materials, *Psychol. Bull.*, 1973, *80*, n° 2, 135-150.
MILLUM, J., A bibliography of non verbal communication, *Working Papers in Cultural Studies*, 1971, *1*, 132-137.
MINTON, H.L., A replication of perceptual curiosity as a function of stimulus complexity, *J. exper. Psychol.*, 1963, *66*, 522-524.
MOLES, A., Théorie informationnelle du schéma, *Schéma et schématisation*, 1968, *1*, n° 1.
MOLES, A. (et 16 coll.), *La communication*, Paris, Denoël, Les dictionnaires du Savoir Moderne, 1971.
MOLLO, S., Convergences et divergences du modèle d'enfant idéal dans les manuels scolaires et les livres de lecture, *Psychologie française*, 1965, *10*, n° 3, 226-235.
MOLNAR, F., Analyse de: Smets, G., Aesthetic judgement and arousal (Louvain, Leuven Univ. Press, 1973), *Année psychologique*, 1974, *74*, fasc. 2, p. 656-657.
MOLNAR, F., L'aspect temporel des arts de l'espace, *Bulletin de Psychologie*, 1977, *30*, n° 14-16, 739-745.
MORIN, V., Le dessin humoristique, *Communications*, 1970, n° 15, 110-131.
MOUNIN, G., Pour une sémiologie de l'image, *Communication et langages*, 1974 a, n° 22, 48-55.
MOUNIN, G. (sous la dir. de), *Dictionnaire de la linguistique*, Paris, P.U.F., 1974 b.
MOYLES, E.W., TUDDENHAM, R.D., BLOCK, J., Simplicity/complexity or symmetry/asymmetry? A re-analysis of the Barron Welsh art scales, *Percept. motor Skills*, 1965, *20*, 685-690.
MULLER, G., Le travail de l'illustrateur, *La joie par les livres (Bull. d'analyses de livres pour enfants)*, sept-oct 1975, n° 45, 13-16.
MUNIER, R., *Contre l'image*, Paris, Gallimard, NRF, 1963.
MUNROE, R.H., MUNROE, R.L., LANSKY, L.M., A sex difference in shape preference, *J. social Psychology*, 1976, *98*, n° 1, 139-140.
MUNSINGER, H., KESSEN, W., Uncertainty, structure and preference, *Psychological Monographs: general and applied*, 1964, *78*, n° 9 (Whole n° 586).
MUNSINGER, H., KESSEN, W., KESSEN, M.L., Age and uncertainty: developmental variation in preference for variability, *J. exper. Child Psychol.*, 1964, *1*, 1-15.
MURRAY, F.S., LEE, T.S., The effects of attention-directing training on recognition memory task performance of three-year-old children, *J. exper. Child Psychol.* 1977, *23*, 430-441.
NANPON, H., L'organisation temporelle des réponses verbales dans l'appréhension de l'image chez l'enfant de six ans, *Enfance*, jan.-avr. 1975, n° 1, 93-109.
NAVON, D., Forest before trees: the precedence of global features in visual perception, *Cognitive Psychology*, 1977, *9*, n° 3, 353-383.
NELSON, T.O., METZLER, J., REED, D.A., Role of details is the long-term recognition of pictures and vestal descriptions, *J. exper. Psychol*, 1974, *102*, n° 1, 184-186.
NELSON-BAKER, S., DAVIS, G., Children's art preferences, *Annual Meeting of americain Educ. Research Assoc.*, Chicago, Fév. 1968, 6 pages Ronéo.
NICKI, R.M., MOSS, V., Preference for non-representational art as a function of various measures of complexity, *Canad. J. Psychol.*, 1975, *29*, n° 3, 237-249.
NUNNALLY, J.C., FAW, T.T., BASHFORD, M.B., Effect of degrees of incongruity on visual fixations in children and adults, *J. exper. Psychol.*, 1969, *81*, n° 2, 360-364.
NUNNALLY, J.C., LEMOND, L.C., Exploratory behavior and human development, in REESE, H.W. (Ed.), *Advances in child development and behavior*, Vol 8., New-York, Academic Press, 1973, 59-109.

ODOM, P.B., NESBITT, N.H., Some processes in children's comprehension of linguistically and visually depicted relationships, *J. exper. Child Psychology*, 1974, *17*, 399-408.

O'HARE, D.P.A., GORDON, I.E., Dimensions of the perception of art: verbal scales and similarity jugdments, *Scand. J. Psychol.*, 1977, *18*, 66-70.

OLERON, P., Le langage et la préparation de l'enfant sourd à la vie sociale, *Revue internationale de Pédagogie*, 1974, *20*, n° 3, 378-381.

OLSON, R.K., Children's sensitivity to pictorial depth information, *Perception & psychophysics*, 1975, *17*, n° 1, 59-64.

OLSON, R.K., BOSWELL, S.L., Pictorial depth sensitivity in two years-old children, *Child development*, 1976, *47*, 1175-1178.

OLSON, R.K., PEARL, M., MAYFIELD, N., MILLAR, D., Sensitivity to pictorial shape perspective in 5-years-old children and adults, *Perception & Psychophysics*, 1976, *20*, n° 3, 173-178.

OPOLOT, J.A., Differential cognitive cues in pictorial depth perception among Ugandan children, *Internat. J. Psychol.*, 1976, *11*, n° 2, 81-88.

PAIVIO, A., ROGERS, T.B., SMYTHE, P.C., Why are pictures easier to recall than words? *Psychonomic Science*, 1968, *11*, n° 4, 137-138.

PAIVIO, A., CSAPO, K., Picture superiority in free recall: imagery or dual coding? *Cognitive Psychol.*, 1973, *5*, 176-206.

PANEK, P.E., STERNS, H.L., BARRETT, G.V., ALEXANDER, R.A., Note on preference for stimulus complexity across the life-span, *Perceptual & motor Skills*, 1978, *46*, 393-394.

PASSERON, R., *Clefs pour la peinture*, Paris, Seghers, 1969.

PECHEUX, M.G., CASTREC, A.Y., Description verbale de stimulus spatiaux par des enfants de 4 à 8 ans, *Enfance*, 1975, n° 3-4, 301-320.

PEEK, J., Retention of pictorial and verbal content of a text with illustrations, *J. educational Psychology*, 1974, *66*, n° 6, 880-888.

PETROSKO, J., Wechsler Intelligence Scale for children, revised 1974, *Measurement and Evaluation in guidance*, 1975, *7*, n° 4, 265-267.

PIAGET, J., *Le développement de la notion de temps chez l'enfant*, Paris, PUF, 1946.

PIAGET, J., INHELDER, B., *Le développement des quantités chez l'enfant, Conservation et atomisme*, Neuchâtel et Paris, Delachaux et Niestlé, 1941.

PIAGET, J., INHELDER, B., *La genèse des structures logiques élémentaires*, Neuchâtel et Paris, Delachaux et Niestlé, 1959.

PIAGET, J., INHELDER, B., Les images mentales, in Fraisse, P., et Piaget, J., *Traité de Psychologie expérimentale*, Paris, PUF, vol VII, 1963, chap. 23, 65-108.

PIAGET, J., INHELDER, B., et al., *L'image mentale chez l'enfant (Etude sur le développement des représentations imagées chez l'enfant)*, Paris, PUF, 1966.

PIAGET, J., SZEMINSKA, A., *La genèse du nombre chez l'enfant*, Neuchâtel et Paris, Delachaux et Niestlé, 1941.

PIATIER, J., Les français et la lecture, *Le Monde*, 2-3 mai 1976.

PICON, M., REGNAULT de la MOTHE, H., TURILLON, M., Les enfants et les livres d'animaux, Recherche sur les attitudes, *Education & développement*, oct. 1972, n° 80, 20-24.

PICQUENOT, A., La grande vignette et le récit, *Communications*, 1976, n° 24, 177-196.

PIEHL, J., The «golden section»: An artifact of stimulus range and demand caracteristics, *Perceptual & motor Skills*, 1976, *43*, n° 1, 47-50.

PIELSTICK, N.L., WOODRUFF, A.B., Exploratory behavior in children, *Psychol. Reports*, 1968, *22*, 515-31.

PLECY, A., *Grammaire élémentaire de l'image* (comment lire les images, comment les faire parler), Verviers, (Belgique), Ed. Gérard & Co, Coll. Marabout Université, 1971.
PORCHER, L., *Introduction à une sémiotique des images*, Paris, Didier, 1977.
PURVES, A.C., Research in the teaching of literature, *Elementary English*, 1975, *52*, n° 4, 463-466.
QUIN, S., Recherche sur la compréhension de séries d'images par des enfants (Ecole Maternelle et C.P.), *Enfance*, jan-avr. 1976, n° 1-2, 171-199.
REESE, H.W., Verbal mediation as a function of age level, *Psychological Bull.*, 1962, *59*, 502-509.
RICHAUDEAU, F., Mc Luhan ou Escarpit: L'avenir du livre, *Communication et langages*, 1975, n° 27, 79-91.
ROCHEBLAVE-SPENLE, A.M., *La notion de rôle en psychologie sociale*, Paris, 1962.
ROMEAS, A., Le centre de recherche et d'information sur la lecture pour la jeunesse, in JOLIBERT, J., GLOTON, R., & coll. (G.F.E.N.), *Le pouvoir de lire*, Paris, Casterman, 1975a, 137-139.
ROMEAS, A., Qu'est-ce que le C.R.I.L.J.? *Dialogue*, (G.F.E.N.), 1975b, n° 14-15, p. 52.
ROSINSKI, R.R., PELLEGRINO, J.W., SIEGEL, A.W., Developmental changes in the semantic processing of pictures and words., *J. exper. Child Psychol.*, 1977, *23*, 282-291.
ROUMETTE, S., Images de textes, textes sans images, *Langue française*, déc. 1974, n° 24, 55-63.
ROUX, A., *La bande dessinée peut être éducative*, Paris, l'Ecole, 1970.
RUMP, E.E., Is there a general factor of preference for complexity? *Perception and Psychophysics*, 1968a, *3*, 346-8.
RUMP, E.E., Relative preference as a function of the number of elements in abstract designs, *Australian J. Psychol.*, 1968b, *20*, n° 1, 39-48.
RUMP, E.E., SOUTHGATE, V., Variables affecting aesthetic appreciation in relation to age, *Brit. J. educ. Psychol.*, 1967, *37*, n° 1, 58-72.
RYLE, A.L., A study of the interpretation of pictorial styles by young children, *Dissertation Abstracts*, avril-juin 1967, tome 27-A, p. 4138.
SAINT-MICHEL, S., La perception de l'image, *La joie par les livres* (Bull. d'analyses de livres pour enfants), mars-avril 1975, n° 42, 15-22.
SAKLOFSKE, D.H., Aesthetic complexity and exploratory behavior, *Perceptual & motor Skills*, 1975a, *41*, 363-368.
SAKLOFSKE, D.H., Visual aesthetic complexity, attractiveness and diversive exploration, *Perceptual & motor Skills*, 1975b, *41*, 813-814.
SAMUELS, S.J., Attentional process in reading: the effect of pictures on the acquisition of reading responses. *J. educat. Psychol.*, 1967, *58*, n° 6, 337-342.
SAMUELS, S.J., Effects of pictures on learning to read, comprehension and attitudes, *Rev. educat. Res.*, 1970, *40*, 397-407.
SAMUELS, S.J., BIESBROCK, E., TERRY, P.R., The effect of pictures on children's attitudes toward presented stories, *J. educ. Res.*, 1974, *67*, n° 6, 243-246.
SCHISSLER, D.R., Analysis of pictures by subjective ratings and by eye fixations, *J. general Psychol.*, 1969, *81*, 83-94.
SCHMIDT, C.R., PARIS, S.G., STOBER, S., Inferential distance and children's memory for pictorial sequences, *Developmental Psychology*, , 1979, *15*, n° 4, 395-405.
SCHNALL, M., Age differences in the integration of progressively changing visual patterns, *Human Development*, 1968, *11*, 287-295.

SCHWADTKE, B., Les bandes dessinées en tant que moyens d'enseigner la sexualité (en allemand), *Westermanns pädag. Beitr.*, 1975, *27*, n° 4, 169-232.
SCRIABINE, M., Analyse de l'ouvrage collectif: Les sciences humaines et l'œuvre d'art (Bruxelles, la Connaissance, Coll. Témoins et témoignages, 1969), *J. Psychol. Normale & Pathol.*, avril-juin 1972, n° 2, 233-235.
SCULHOF, C., Etude de la couleur chez des enfants de 5 à 13 ans, *Psychologie française*, 1979, *24*, n° 2, 111-128.
SEGUI, J., LEVEILLE, M., Etude sur la compréhension de phrases chez l'enfant, *Enfance*, janv-avril 1977, n° 1, 105-115.
SERPELL, R., *Culture's influence on behavior*, London, Methuen, Coll. «Essential Psychology», 1976.
SEUNG, Ok-Ryen, *Psycho-pédagogie du conte* (Essai suivi de seize contes coréens), Paris, Fleurus, Coll. «Psychologie éducative», 1971.
SHACKEL, D.S.J., Effects of stimulus incongruity, task demand, and induced involvement on amplitude of GSR, *Perceptual & motor Skills*, 1976, *43*, 1111-1121.
SHEPARD, R.N., Recognition memory for words, sentences, and pictures, *J. verb. Learning & verb. Behavior*, 1967, *6*, 156-163.
SHIELDS, R.L., Jr., A study of the preferences of children for child art as related to the preferences of art trained and non-art-trained adults, *Dissert. Abstracts*, sept-oct. 1969, tome 30-A, p. 1029.
SIDOROV, A.A., Art du livre, fête pour l'oeil, *Courrier de l'Unesco*, déc. 1972, p. 30-41.
SILVERMAN, J., WINNER, E., ROSENTIEL, A.K., GARDNER, H., On training sensitivity to painting styles, *Perception*, 1975, *4*, n° 4, 373-384.
SIMEON, M., ARIEL, R., *Freud, l'aventure psychanalytique* (en bandes dessinées), Paris, Phoebus, 1976.
SIMMONS, D.D., Children's preferences for humanized versus natural animals, *J. project. Techn. & Personal. Assessmt*, 1967, *31*, 39-41.
SIMON, J.G., Redondance et complexité. Etude du processus de codage dans la transmission des informations visuelles, *Psychol. Belg.*, 1972, *12*, n° 2, 255-263.
SLOBIN, D.I., Developmental psycholinguistics, in W.O. Dingwall (Ed.), *A survey of linguistic science*, College Park, MD: Univ. of Maryland Linguistics Department, 1971.
SMEDSLUND, J., Transitivity of preference patterns as seen by pre-school children, *Scand. J. Psychology*, 1960, *1*, 49-54.
SMEDSLUND, J., Piaget's psychology in practice, *Brit. J. educ. Psychol.*, 1977a, *47*, pt 1, 1-6.
SMEDSLUND, J., La psychologie de Piaget et la pratique, *Bulletin de Psychologie*, 1977b, *30*, n° 3-9, 364-368.
SMETS, G., *Aesthetic judgement and arousal*, Louvain, Leuven, University Press, 1973.
SMETS, G., Pleasingness vs interestingness of visual stimuli with controlled complexity: their relationship to looking time as a function of exposure time, *Perceptual & motor Skills*, 1975, *40*, 3-7.
SMITH, J.S., *A critical approach of children's literature*, Mc Graw Hill, 1967.
SMOCK, C.D., HOLT, B.G., Children's reactions to novelty: an experrmimental study of «curiosity motivation», *Child Development*, 1962, *33*, 631-642.
SORIANO, M., Incidence des moyens contemporains d'information (radio, cinéma, télévision) sur les livres pour les jeunes, *Enfance*, 1964, 241-251.
SORIANO, M., Sur la piste du Père Castor, *Enfance*, 1967, n° 3-4, 233-240.
SORIANO, M., *Les contes de Perrault. Culture savante et traditions populaires*, Paris, Gallimard, Coll. «Bibliothèque des idées», 1968.

SORIANO, M., *Guide de la littérature pour la jeunesse*, Courants, problèmes, choix d'auteurs, (préface d'H. Wallon), Paris, Flammarion, 1975a.

SORIANO, M., La littérature pour enfants dérange les adultes, *Le Monde de l'Education*, déc. 1975b, n° 12, 10-11.

SPITZ, H., BORLAND, M.D., Redundancy in line drawings of familiar objects : Effects of age and intelligence, *Cognitive Psychol.* 1967, *2*, 196-205.

SPITZ, H., HOATS, M., Experiments on perceptual curiosity behavior in mental retardates, *Amer. J. medical Deficiency*, 1963, *68*, 386-95.

STANDING, L., Learning 10.000 pictures, *Quart. J. exper. Psychol.*, 1973, *25*, 207-222.

STANDING, L., CONEZIO, J., HABER, R.N., Perception and memory for pictures : Single-trial learning of 2 500 visual stimuli. *Psychonom. Sci.*, 1970, *19*, n° 2, 73-74.

STANG, D.J., On the relation between novelty and complexity, *J. Psychol.* 1977, *95*, 317-323.

STEINER, H., L'illustration de livres d'enfants, Préface, *Graphis*, (Zurich), 1971-72, n° 155 (d'après *Courrier de l'Unesco*, juil. 1972, p. 18).

STEVENSON, A.H., LYNN, D.B., Preference for high variability in young children, *Psychonomic Science*, 1971, *23*, 143-144.

STEWIG, J.W., Children's picture preference, Recherche résumée (p. 1012-13) dans PORTER, E.J., Research Report, *Elementary English*, 1974, *51*, n° 7, 1003-1013.

SUBES, J., La sensibilité de l'enfant à l'art pictural, *Enfance*, 1955, n° 4, 345-368.

SUBES, J., Sensibilité esthétique enfantine et influence du milieu, *Enfance*, 1957, *10*, n° 1, 43-65.

SUBES, J., L'appréciation esthétique d'oeuvres d'art par les enfants, *Enfance*, 1958, *11*, n° 2, 115-130.

SUBES, J., Les goûts des enfants pour les couleurs, *Enfance*, 1959, *12*, 117-142.

SUCHMAN, R.G., TRABASSO, T., Color and form preference in young children, *J. exper. Child Psychology*, 1966, *3*, 177-187.

SULLIVAN L., Development of causal connectives by children, *Perceptual & motor Skills*, 1972, *35*, 1003-1010.

SWAYZE, J.L., Children's ability to order picture sequences : a developmental study, *Dissertation Abstracts*, juil.-sept. 1969, tome 28-B, 1178-79.

SWIFT, M.S., UELLI, M., WARNER, T., KLEIN, D., Preschool books and mother-child communication, *The Reading Teacher*, 1971, *25*, n° 3, 236-238.

SWITZKY, H.N., HAYWOOD, H.C., ISETT, R., Exploration, curiosity, and play in young children : effects of stimulus complexity, *Developmental Psychology*, 1974, *10*, 321-329.

Syndicat National des Editeurs, *Les livres pour la jeunesse*, Paris, Dossier Presse, 1969a, 22 p. ronéo.

Syndicat National des Editeurs, Rapport sur *Les achats de livres pour la jeunesse*, Paris, avril 1969b, 56 p. ronéo.

Syndicat National des Editeurs, *Monographie de l'Edition*, Paris, Cercle de la Librairie, 1970.

Syndicat National de l'Edition, *Monographie de l'Edition*, Paris, Cercle de la librairie, 1973.

Syndicat National de l'Edition, Données quantitatives résultant d'une enquête réalisée à l'automne 1973, *Bibliographie de la France*, 1er janv. 1975, 164è année, n° 1, 6ème série, 2e partie (chronique), p. 4-55.

TABOURET-KELLER, A., L'usage écrit des formes temporelles du verbe chez les enfants, *Enfance*, 1960, *13*, n° 2, 143-171.

TALIBON-LAPOMME, E., Une doyenne déménage, *Le Monde*, 28 fév. 1976.

TAYLOR, B.J., HOWELL, R.J., The ability of three, four and five year old children to distinguish fantasy from reality, *J. genet. Psychol.*, 1973, *122*, 35-38.

TAYLOR, R.E., EISENMAN, R., Birth order and sex differences in complexity-simplicity, color form preference and personality, *J. Project. Techn. and Personal Assessmt.*, 1968, *32*, 383-387.

THIBAULT-LAULAN, A.M., *Le langage de l'image*, Etude Psycho-linguistique d'images visuelles en séquence, Paris, Edit. universitaires, 1971a.

THIBAULT-LAULAN, A.M., *L'image dans la société contemporaine*, Paris, Denoël, 1971b.

THOMAS, H., Preferences for random shapes: Ages six through nineteen years, *Child Development*, 1966, *37*, n° 4, 843-859.

THOMAS, H., Pattern variability and numerosity as determinants of individual preferences in children and adults, *Child Development*, 1969, *40*, 1155-1166.

THOMPSON, W.R., Exploratory behavior as a function of hunger in the « bright » and « dull » rats, *J. comp. physiol. Psychol.*, 1953, *46*, 323-326.

THOMPSON, W.R., KAHN, A., Retroaction effects in the exploratory activity of « bright » and « dull » rats, *Canad. J. Psychol.*, 1955, *9*, 173-182.

TIBBETTS, S.L., Research in children's literature: A need for standardized procedures, *Elementary English*, 1975, *52*, n° 4, 503-504.

TISSOT, H., (sous la dir. de) , *Théorie de l'image*, Bibliothèque Laffont des grands thèmes, n° 32, Lausanne et Paris, Editions Grammont et Robert Laffont, 1975.

TONE, T., MURAOKA, M., The relation between length of verbalization and complexity of figures: The verbal-loop hypothesis, *Japanese Psychological Research*, 1975, *17*, n° 4, 213-215.

TORA TORTOSA, E., Estudio evolutivo sobre ordenacion de mensajes iconicos, *Anuario de Psicologia*, 1972, *2*, n° 7, 41-51.

TOUBEAU, Y., L'enfant et les images: certaines images peuvent-elles être dangereuses? *La joie par les livres (Bull. d'analyses de livres pour enfants)*, 1974, n° 40, 2-4.

TOUBEAU, Y., La lecture de l'image à l'Ecole Maternelle, *La joie par les livres*, (Bull. d'analyse de livres pour enfants), mai-juin 1975, n° 43-44, 21-26.

TOUSSAINT, B., Idéographie et bande dessinée, *Communications*, 1976, n° 24, 81-93.

TRAVERS, R.M.W., A study of the advantages and disadvantages of using simplified visual presentations in instructional materials. Final Report, Grant n° OEG 1-7-070144-5235, *US Office of Education*, Departement of Health, Educ. & Welfare, juin 1969, 69 pp.

TRAVERS, R.M.W., Age and levels of picture interpretation, *Perceptual & motor Skills*, 1973, *36*, 210.

TURNER, J.R., ARKES, H.R., Piagetian stage and preferred level of complexity, *Psychological Reports*, 1975, *37*, 1035-1040.

TVERSKY, B., Pictorial and verbal encoding in preschool children, *Developmental Psychol.*, 1973, *8*, 149-153.

VALENTINE, C.W., *The experimental psychology of beauty*, Londres, Methuen & C°, 1962.

VERMEULIN, H., Une expérience autour du livre: L'école maternelle des Closaux à Clamart, *L'Ecole Maternelle franç.*, mai 1977, n° 9, 5-10.

VERNANT, J.P., Image et apparence dans la théorie platonicienne de la Mimêsis, *J. Psychol. norm. pathol.*, avril-juin 1975, n° 2, 133-160.

VEXLIARD, A., Le XXIe Congrès International de Psychologie, Paris, 18-25 juillet 1976, *Bull. Psychol.*, sept-oct. 1976, *29*, n° 18, 938-946.

VOILLAUME, H., Les activités picturales des enfants et les réactions comparées des enfants et des adultes devant les oeuvres d'enfants, *Psychol. franç.*, 1965, *10*, 178-187.

VURPILLOT, E., The development of scanning strategies and their relationship to visual differentiation, *J. exper. Child Psychol.*, 1968, *6*, 632-650.

VURPILLOT, E., Influence de la nature d'une différence sur sa détection par des enfants d'âge préscolaire, *Enfance*, 1969, n° 3-4, 150-163.

VURPILLOT, E., MOAL, A., Evolution des critères d'identité chez des enfants d'âge préscolaire dans une tâche de différenciation perceptive, *Année psychol.*, 1970, *70*, fasc. 2, 391-406.

WALK, R.D., La perception de l'image: une intégration empirique, *Bull. Psychol.*, 1977, *30*, n° 14-16, 737-738.

WALLON, H., Les livres pour enfants, Préface, *Enfance*, 1956, n° spécial, 3-9.

WARTELLA, E., ETTEMA, J.S., A cognitive developmental study of children's attention to television commercials, *Communication Research*, 1974, *1*, n° 1, 69-88.

WECHSLER, D., *La mesure de l'intelligence de l'adulte*, Paris, PUF, 1956, (trad. par M. Comandré de l'ouvrage en anglais publié en 1944).

WEGMAN, E., Ce qu'on lit aujourd'hui dans le monde, *Courrier de l'Unesco*, juil. 1972, p.12-15.

WELLS, L., Télévision versus books for preschoolers, *Child study J.*, 1974, *4*, n° 2, 93-97.

WHITE, S.H., Age differences in reaction to stimulus variation, in O.J. HARVEY (ed.), *Experience, structure, and adaptability*, New-York, Springer, 1966.

WIEDL, K.H., La relation entre traits de personnalité et différentes dimensions d'agrément pour la complexité visuelle: une approche multivariée, *Bull. Psychol.*, 1977a, *30*, n° 14-16, 637-644.

WIEDL, K.H., The relationship of interest for visual complexity to birth order, sex, and personality characteristics: A genetic analysis, *Genetic Psychology Monographs*, 1977b, *96*, 143-162.

WILLIS, E.J., DORNBUSH, R.L., Preference for visual complexity, *Child development*, 1968, *39*, n° 2, 639-646.

WILSON, W.H., NUNNALLY, J.C., A technique for producing highly complex visual stimuli, *Behavior Methods and Instrumentation*, 1973, *5*, 266-268.

WINTER, E.O., A clause-relational approach to english texts: A study of some predictive lexical items in written discourse, *Instructional Science*, 1977, *6*, n° 1, 1-92.

WOHLWILL, J.F., Amount of stimulus exploration and preference as differential functions of stimulus complexity, *Perception and Psychophysics*, 1968, *4*, 307-312.

WOHLWILL, J.F., Children's voluntary exploration and preference for tactually presented nonsense shapes differing in complexity, *J. exper. Child Psychol.*, 1975a, *20*, 159-67.

WOHLWILL, J.F., Children's responses to meaningful pictures varying in diversity: Exploration time vs preference, *J. exper. Child. Psychol.*, 1975b, *20*, 341-351.

WOODWORTH, R.S., *Psychologie Expérimentale*, Paris, PUF, 1949, (trad. de la 4è éd. amer. par Ombredane A., et Lezine I.).

ZAVALLONI R., GIORDANI. N., Ricerca sulla sensibilità estetica nell'età evolutia, *I problemi della pedagogia*, 1958, *6*, 904-919.

ZAZZO, R., Attitudes des parents et comportements des jeunes enfants dans trois milieux culturels différents, in *Conduite et conscience*, vol. 1: Psychologie de l'enfant et méthode génétique, Neuchâtel, Delachaux et Niestlé, 1962, p. 191-205.

ZAZZO, R., GILLY, M., VERBA-RAD, M., *Nouvelle échelle métrique de l'intelligence*, Tests de développement mental pour enfants de 3 à 14 ans, vol. 1: Principes de construction et d'utilisation; vol. 2: Technique d'application, Paris, A. Colin, 1966.

ZIMBARDO, P.G., MONTGOMERY, K.C., Effects or «free-environment» rearing upon exploratory behavior, *Psychol. Rep.*, 1957, *3*, 589-594.

ZIMET, S.G., CAMP, B.W., Favorite books of first-graders from city and suburb, *Elementary School J.*, 1974, *75*, n° 3, 191-196.

Index des concepts

Abstrait, concret, 27, 28, 34, 60, 62, 101
Accolades (images en), 156
Accord, désaccord, concordance, divergence, 39, 63, 99, 133, 134, 138, 139, 142, 191
Achat, vente (de livres pour enfants), 9-14, 17-19, 21, 22, 152, 204
Acte, action, activité, 9, 13-16, 18, 19, 25, 26, 29, 40, 61, 74, 76, 83, 84, 107, 115, 116, 128, 130, 131, 140, 144, 147-152, 155, 170, 171, 181, 185, 186, 189, 190, 203, 204
Adaptation, 9, 15, 16, 18, 19, 21, 23, 26, 28, 84, 204
Adolescence, adolescent, 11, 27, 48, 63, 98, 161, 204
Adulte, 13, 21, 22, 31, 35, 38, 47, 49, 60, 84, 97, 98, 104, 105, 110, 111, 128, 130, 141, 154, 161, 162, 164, 176, 190, 192, 195, 202, 204
Alphabet, épellation, 90, 116, 120, 121, 149, 154
Ambiguïté, 37, 87, 102, 132, 141, 144, 151, 180, 184
Ame, esprit, conscience, 18, 20, 21, 24, 64, 90, 121, 160
Ancrage, contrôle, censure, répression, 151, 165, 201, 202
Angles, 39, 96, 103, 107-109, 138, 153
Angoisse, drame, mystère, suspense, 27, 83, 84, 156

Animaux, animalisation, 39, 44, 52, 53, 55, 56, 61, 73, 74, 76-79, 83, 84, 98, 100, 101, 122, 131, 134, 135, 137, 172, 173, 175
Animation, 77, 98, 130, 135, 137-140, 157
Annonce, anticipation, prévision, conjecture, 9, 13, 15, 21, 37, 42, 73, 83, 116, 134, 141, 195
Anthropomorphisme, 73, 78
Aperception thématique, 31, 73
Appréciation, évaluation, jugement, 10, 16-19, 21, 22, 26-28, 30, 34-38, 43-45, 48, 49, 54, 55, 59, 60, 79-82, 84-86, 89, 96, 98, 101-104, 109, 118, 124, 180, 202
Apprentissage, acquisition, entraînement, renforcement, 14, 19, 21, 27, 31, 32, 46, 48, 97, 106, 142, 154, 156, 157, 160, 203
Arguments, justification, preuve, démonstration, plaidoyer, 18, 23, 27, 34, 35, 44, 45, 54-58, 60, 75, 79-81, 85, 88, 100-102
Art, artiste, 18-20, 22, 23, 25, 63, 64, 79, 83, 86, 90, 91, 105, 109, 116, 117, 120, 124, 127, 128, 147-149, 158, 160, 202
Association, assemblage, 30, 41, 74, 75, 136, 137, 147-196
Attention, curiosité, éveil, surprise, 9, 14, 20, 31, 32, 37-39, 43, 45, 58, 61, 74, 75, 80, 83, 87-89, 95, 97, 99, 103, 107, 111, 160, 202
Attitude, posture, « set », 10, 12-14, 16, 17, 40, 48, 52, 54, 56, 73, 76, 83, 84, 87

INDEX DES CONCEPTS

Attrait, agrément, inclination, goût, plaisir, 12-15, 17, 25-27, 31, 32, 34-39, 42-45, 51-111, 115, 201
Audio-visuel, télévision, cinéma, film, diapositives, 12, 14-16, 23, 30, 43, 104, 110, 145, 152, 154, 157, 161, 165, 168, 170
Axes, coordonnées, pôles, 115, 118, 147

Bande dessinée, stripologie, bulle, ballon, 43, 49, 59, 125, 149-152, 154-156, 158-160, 164, 166-169, 175
Beauté, harmonie, 34, 36, 47, 48
Bibliothèque, bibliologie, bibliopsychologie, 13, 19, 23, 27, 28, 41, 149
Biologique (finalité), 37, 89
Bruit, bruitage, onomatopées, 150, 151

Cadeau, 13, 14
Capacité, habileté, adresse, compétence, talent, pouvoir, puissance, 17-20, 33, 47, 54, 55, 62, 77, 78, 81, 84, 85, 106, 111, 131, 142, 154, 160, 162, 170, 171, 179, 182, 183, 185, 193, 195, 202-205
Caricature, caricaturiste, 21, 59, 120, 203
Causalité, cause, effet, conséquence, 20, 32, 83, 89, 136, 140, 154, 156, 159, 162, 163, 166, 190-195
Champ, 37, 116, 117
Changement, altération, modification, mutation, transformation, métamorphose, 9, 18, 57, 76, 89, 99, 106, 147, 157-159, 165, 166, 180
Chevauchement, recouvrement, 40
Choix, préférence, 7, 13, 14, 16, 17, 23, 25, 26, 28, 30, 33-40, 42, 44-46, 48, 49, 52-55, 57-64, 73-75, 77-83, 85, 89, 90, 96-100, 102-108, 110, 111, 122, 129, 131
Choc, impact, heurt, 45, 152, 156
Circuit, circulation, parcours, 24, 43, 119, 148, 162, 176-178
Clarté, clarification, obscurité, éclairage, ombre, lumière, 35, 40, 53, 119, 120, 132, 134, 137, 140, 141, 144, 201, 202
Classe, classement, classification, 12, 28, 29, 35, 74, 161, 162, 176
Clinique (indice), 163, 180, 183
Codage, décodage, 32, 43, 47, 115, 117, 121, 164
Codes, conventions, 40, 63, 65, 78, 86, 90, 118-122, 132, 150-156, 163, 171, 176, 178, 179
Cohérence, incohérence, 52, 60, 82, 105, 141, 164, 204
Collative (propriété), 37-39, 61, 83, 88, 110
Collectif, individuel, 29, 83, 161, 163, 204
Combinatoire, 153
Communication, 32, 41, 45, 117, 122, 123, 130, 148, 149, 151-154, 160, 167, 202, 203

Comparaison, confrontation, rapprochement, 18, 19, 23, 30, 31, 36, 37, 58, 75, 79-83, 88, 101, 107, 153, 159, 163, 165, 166, 170, 172, 177, 179, 190, 193-195, 202
Compatibilité, incompatibilité, contradiction, non-contradiction, 37, 73, 154
Complète, incomplète (image), 101, 142, 190
Complexité, simplicité, 30, 32-34, 36-39, 43, 44, 48, 57, 61, 65, 88, 95-111, 130-132, 144, 155, 176, 187, 190, 192
Comportement, conduite, 12, 14, 17, 26, 27, 29, 31, 33, 37, 41, 43, 54, 56, 57, 60, 79, 81, 85, 87, 89, 96, 97, 103, 107, 124, 127, 141, 144, 151, 160, 161, 162-164-172
Composant, 7, 35, 47, 76, 89, 121, 130, 139, 140
Composition, arrangement, agencement, combinaison, 17, 33, 34, 36, 43, 74, 83, 87, 96, 103, 120, 121, 132, 134, 135, 137, 148, 153, 157, 159, 162, 169, 172, 182
Compréhension, appréhension, assimilation, 7, 18, 20, 25, 32, 33, 40, 43, 46, 52, 61, 111, 115, 118, 119, 132, 136, 143-145, 151, 155, 159-161, 163, 164, 166-168, 170, 172, 182, 186, 187, 190, 195
Concept, notion, idée, conception, 20, 31, 32, 64, 87, 117, 118, 122, 164, 204
Configuration, structure, constitution, conformation, 36, 37, 42, 43, 45, 58, 63, 65, 91, 99, 103, 115, 153, 155, 156, 160, 162, 169, 178, 179, 190
Conflit, 37, 61, 73, 83, 88
Conformisme, non-conformisme, 63, 64
Conformité, inconformité, 44, 57, 61, 63, 83, 86
Confusion, 84, 86, 89, 116
Connaissance, cognition, 7, 9, 16, 17, 19, 21, 26, 30, 37, 38, 45, 62, 84, 87, 89, 103, 106, 107, 128, 142, 165, 167
Connotation, dénotation, 42, 115
Conquête, soumission, 30, 86
Conservation, inclusion, 111, 165
Consommation, 9, 14, 204
Construction, reconstruction, 30, 54, 83, 110, 120, 121, 141, 152, 156, 162-164, 175, 183, 185, 195, 203
Contact, contiguïté, 16, 17, 19, 119, 179
Contemplation, méditation, 115, 160
Contexte, 99, 118, 153, 171, 189, 191
Continuité, discontinuité, 148, 158, 195
Contours, 51, 53, 99, 103, 109, 116, 132, 137, 138, 143, 152
Contraste, opposition, 76, 78, 132
Convergence, divergence (lignes), 120, 140
Corps, partie du corps, 39, 52, 56, 74, 77, 83, 138, 140, 175

Corrélation, 38, 96, 103-105, 131, 135, 141-143
Couleur, ton, teinte, 30, 32-37, 46-48, 51-54, 65, 76, 79, 80, 82, 104, 111, 116, 118, 121, 128, 131, 132, 137, 138, 157, 158, 165, 169, 177
Couverture, 27, 29
Création, créateur, créature, 18, 19, 23, 24, 29, 74, 90, 116, 153, 157, 185, 201
Créativité, 109
Critères, motifs, 12, 17-19, 27, 33-35, 52, 55, 58, 62, 75, 105, 189, 193
Critiques (art, livres), 12, 16, 43, 91, 160
Culture, civilisation, ethnie, 9, 10, 12-14, 16, 19, 23, 28, 36, 48, 63, 86, 87, 89, 118, 119, 121, 124, 128, 142, 149, 154, 203, 204

Danger, piège, risque, 12, 15, 83, 177
Danse, musique, 148
Débouchés, 204
Débutants (lecteurs), 8, 32
Décalage, 23, 59
Décentration, 106
Déchiffrement, décryptage, 31, 39-42, 105, 115, 129, 130, 142, 143, 158, 171, 172, 178, 179, 195
Décor, décoratif (aspect), 51, 99, 134, 137, 139, 153, 179
Découverte, 19, 24
Définition, 9, 116, 124
Déformation, distorsion, 36, 51, 53, 118, 132, 189
Dégradés, graduation, 53, 96, 137, 138, 140
Dépouillement, épuration, purification, 51, 54, 103, 138, 150
Désir, aspiration, besoin, demande, 9, 12, 14, 17-19, 28, 29, 37, 38, 42, 59, 63, 64, 83, 86, 161, 169
Dessin, croquis, esquisse, graphisme, graffiti, 7, 21, 25, 28, 29, 32, 43, 59, 62, 74, 75, 79, 98
Dessin animé, 55, 59, 152
Dessins d'enfants, 34, 53, 79, 120, 137
Dessinateur, 35, 40, 58, 154, 158, 160, 164, 169, 202
Détails (de l'image), 30, 35, 47, 51-53, 61, 63, 76, 80, 82, 84, 95, 100, 101, 103, 106, 117, 135-138, 142, 194
Développement, évolution, progrès, progression, 12, 14, 23, 24, 26, 28, 31, 33-36, 40, 45, 46, 48, 52, 57, 59, 60, 62, 64, 78, 79, 82, 83, 85, 87, 89, 97-99, 105-107, 111, 130, 140-143, 145, 147, 155, 156, 159, 165, 170, 180, 202, 204
Dialectique, 150
Dialogue, conversation, 152, 155, 156, 202
Dictionnaire, 22, *213*

Différenciation, 54, 104
Différentielle (perspective), 35, 128
Dimension, 32, 51, 62, 76, 103, 104, 117-119, 138, 163, 168, 191
Discrimination, distinction, discernement, détection, 58, 61, 78, 80, 83, 89, 90, 107, 133, 134, 138, 139, 176
Disposition, distribution, 29, 38, 44, 45, 47, 54, 75, 96, 103, 139, 163, 171, 172, 176-178, 195
Diversité, pluralité, 121, 131, 132, 135, 144
Diversive, récréative (attention), 37, 38, 88, 89, 96, 152
Documentaire, documentation, 16, 23, 27, 28, 46, 105, 137, 202

Echantillon, échantillonnage, 13, 15, 16, 107, 109
Echelle, 26, 118, 162, 169
Echelle Métrique de l'Intelligence, 36, 60, 128-130, 143
Ecole, écolier, scolarité, enseignement, enseignant, études, instruction, élèves, lycéens, étudiants, 10, 11, 13, 16, 19, 21-24, 26, 30, 35-37, 45-47, 59, 63, 65, 86, 90, 107-109, 123, 124, 129, 145, 160, 161
Ecoles, mouvements artistiques, 20, 57, 63, 64, 74, 77, 83, 116, 119
Economie, 9, 10, 13, 29, 30, 74, 204
Ecriture, écrit, calligraphie, 32, 43, 45, 120-122, 125, 148, 151, 153, 154, 176, 178, 179, 202, 204
Edition, éditeurs, 7, 10-12, 14-18, 21-24, 29, 51, 128, 176, 186, 189, 204, *227*
Ellipse, omission, sous-entendu, 101, 155, 158
Emotion, affectivité, 18, 27, 74, 122, 130, 155
Emprunt, vol, 27
Enchaînement, chaîne, relais, cohésion, coordination, emboîtement, articulation, liens, liaison, maillon, raccord, 19, 25, 117, 129, 135, 139, 141-143, 147-155, 157-159, 161-163, 166, 171, 179, 185, 191, 193, 194
Enoncé, énonciation, formulation, dénomination, signalement, 46, 117, 132, 133, 135, 136, 139, 141, 142, 151, 157, 191, 202
Enquête, enquêteur, sondage, 7, 10, 11, 13-18, 21-23, 25-27, 46, 172
Entre-images, 156, 158, 160, 185, 186, 189, 193
Entretien, interview, interrogatoire, 16, 17, 23, 27, 28, 180
Enumération, description, interprétation, 32, 45, 46, 54, 60, 80, 81, 85, 87, 103, 121, 122, 128-134, 139-144, 147, 163, 165,

170, 171, 176, 177, 183, 184, 189, 191, 195
Epaisseur, densité, condensation, 119, 137, 138, 155, 159, 187
Epoques historiques, 120, 148, 149
Epreuve, test, 10, 20, 29, 31, 32, 73, 128-130, 135, 143, 162, 164-166, 204
Equilibre, déséquilibre, 40, 47, 158, 185, 186
Erreur, incorrection, 58, 102, 177, 178, 189
Espace, étendue, 32, 117, 120, 121, 147, 148, 156-158, 160, 163, 165, 171, 190-194
Esthétique, 9, 12, 28, 31, 33-39, 42, 43, 46-48, 52, 65, 79, 83, 86, 89, 96, 97, 103, 106, 107, 111, 115, 128, 158
Etalonnage, 129, 143
Etape, palier, stade, 62, 128, 132, 158, 165, 172, 177, 178, 203
Evangile, bible, action religieuse, 149, 152, 168
Expérience, expérimentation, expérimentateur, expérimental, 18, 20, 21, 25, 27-32, 34-40, 44, 45, 47, 48, 52, 58, 59, 61, 62, 65, 88, 91, 100, 110, 128, 135, 139, 145, 148, 154, 158, 161, 166, 171, 196, 201, 203
Expert, béotien, 38, 61
Explication, commentaire, 30, 33, 34, 54, 55, 58-60, 62, 63, 78-82, 129-131, 155, 156, 162
Exploration, 8, 32, 37-39, 43, 75, 80, 88, 89, 95, 103, 105, 107-109, 132, 134, 139, 141, 142
Exposition, présentation, 18, 25, 29, 34, 38, 42, 91, 97, 99, 100, 106, 107, 170, 180, 189
Expression, manifestation, 20, 29, 30, 51, 54, 56, 74, 117, 131, 137, 140, 147-149, 151, 153, 155, 156, 158, 170, 194, 202, 204

Fabrication, confection, exécution, 9, 11, 19, 31, 33, 34, 130, 137
Faire-semblant, 87
Familiarité, familiarisation, approvisionnement, 34, 39, 76, 79, 131, 136, 148, 165, 166, 172, 177, 178
Fantastique, extravagant, bizarre, étrange, insolite, merveilleux, 20, 28, 39, 57, 74, 76, 77, 79, 83, 85, 88, 89, 118, 139, 140
Fantaisie, 20, 75, 83, 85, 86, 154, 176
Fiction, fable, conte, légende, mythologie, 22, 27, 28, 74, 149, 157, 168
Fidélité, infidélité, 33, 35, 44, 51, 57, 58, 60, 64, 75
Figuratif, non figuratif, 35, 36, 38-40, 157
Figuration, 77, 119, 121, 124, 137, 141, 150, 152, 153

Figure, 36, 43, 51, 95, 97, 108, 117, 155, 166, 179
Figures géométriques (carré, cercle, losange, polygone, rectangle), 36, 47, 48, 96, 97, 107-111, 175, 178, 179, 196
Fin, achèvement, amorce, avènement, 147, 159, 185, 186, 191
Fixation, 105, 119, 132
Flou, estompement, douceur, 36, 59, 136, 143
Fluidité, flux, 130, 147, 151
Fonction, fonctionnement, 16, 17, 117, 128, 147, 150, 151, 155, 169
Fond, 25, 33, 177
Format, 28, 29, 149, 172, 173
Forme, contenu, 14, 21, 25, 27, 28, 30, 34-37, 42-44, 51-53, 63, 65, 87, 90, 96, 103, 104, 107, 116-119, 121, 124, 127, 130, 136-139, 151, 152, 156-158, 164-167, 189, 191, 204

Gamme, nuances, 138, 155
Génétique, naissance, 28, 35, 108, 128-130, 144
Géométrique, 36, 47, 96, 132, 137, 157, 165, 166
Gestaltistes, 87
Gestes, gestuaire, 137, 151-153, 155, 156, 175
Global (lecture, élément), 135, 136, 139, 144
Gravure, 7, 60, 128, 130, 143, 147

Habitude, tradition, 14, 15, 21, 27, 39, 79, 119, 132, 147, 151, 178
Handicapés, 10, 23
Hasard, aléatoire, tirage au sort, vrac, 77, 96, 98, 162, 191
Histoire, récit, narration, 20, 21, 25-30, 33, 41, 44, 45, 81, 84, 137, 147-196
Historien, historique, préhistoire, 116, 149, 160, 168
Homme, humanité, humanisation, 14, 22, 39, 47, 53, 57, 73, 74, 76, 83, 84, 86, 122, 138, 153, 155, 156, 172, 202
Homogénéité, hétérogénéité, 12, 38, 53, 79, 82, 83, 95, 96, 103, 104, 159, 176, 177
Horizontal-vertical, gauche-droite, haut-bas, diagonale, oblique, 163, 171, 172, 175-179
Humour, comique, 26, 48, 59, 74, 137, 140, 154, 156

Icône, iconicité, iconiciation, 116-118, 123, 150, 164, 205
Identification, 30, 73, 115, 131, 163, 168, 170, 179, 182, 189
Identité, équivalence, permanence, 55, 154, 179-183, 193, 194
Idéogramme, 150, 152

Illustration, illustré, illustrateur, 8, 16, 17, 20, 23, 25-28, 32-34, 41, 42, 124, 127, 128, 141, 148, 152, 161, 169, 202, 203
Imagier, 8, 159, 182
Imaginaire, imagination, fantasme, 44, 77, 78, 83, 84, 89-91, 116, 159, 166, 189, 202, 203
Imitation, 116, 137, 176
Impression, réimpression, surimpression, 11, 25, 152
Incertitude, 37, 89, 103, 151
Incongruité, monstruosité, tératologie, 38, 39, 44, 73-91, 108, 120
Inducteur (élément), 139
Industrie du livre, 10, 11
Influence, pression, 15, 23, 31, 32, 39, 89, 109, 124
Information, 15, 17, 18, 21, 22, 24, 28, 32, 37, 38, 43, 44, 57, 61, 78, 83, 95, 106, 119, 121, 122, 132, 151, 152, 159-161, 164, 189, 202
Institut, Société, Centre, Bureau, Organisation, Ministère, 12, 16, 18, 19, 20, 23, 49, 109, 169, 204
Intégration, 45, 139, 140, 150, 165, 166, 171, 189, 190, 192-195
Intelligence, intellectuel, 9, 20, 25, 62, 80, 127, 130, 142, 148, 155, 162, 166, 189-196, 203, 204
Intelligibilité, 102, 127, 155, 157, 177
Intérêt, 17, 18, 20, 21, 26, 27, 30, 38, 41, 87, 88, 106, 155, 203
Intervalles, blancs, trous, vides, lacunes, hiatus, 30, 57, 151, 153, 156, 158, 185
Intuition, 13, 17, 142, 161
Intrigue, scénario, aventure, nœud, 26, 29, 149, 154-157, 169, 176, 177, 186-190, 192, 193
Invention, innovation, 10, 12, 96, 116, 166
Inversion, permutation, rebours, 83, 172, 178

Jeu, 103, 150, 155, 157
Journaux, journalistes, presse, 16, 17, 47, 150, 178
Juxtaposition, 38, 83, 148, 159, 163, 171

Langage, langue, parole, 19, 24, 41-44, 49, 64, 90, 115-125, 127-130, 148, 150, 152-154, 156-158, 169, 202, 203
Lecture, lecteur, 10, 13-17, 19, 20, 23-30, 32-33, 41-45, 60, 65, 90, 115-145, 149, 150, 154, 160, 161, 171-195, 201-205
Lettres, 32, 120, 121, 150, 152
Lexème, 151
Liberté, 58, 87, 90, 121, 129, 132, 159
Librairie, libraires, 16, 17, 27
Lignes, colonnes-lignes, linéaire, 35-37, 40, 51, 53, 95, 117, 119, 120, 121, 140, 153, 157, 163, 169, 176-179
Limites, 45, 119, 155, 156, 203
Linguistique, linguistes, psycholinguistique, 26, 41, 42, 106, 116, 117, 121-123, 127, 131-133, 147, 150, 160, 191, 203
Lisibilité, 46, 122, 123, 127, 130-132, 138, 140, 142, 161
Logarithme, 96, 138
Logique, 111, 154, 156, 159, 162, 172, 178, 179, 205
Loisirs, passe-temps, distraction, 13-16, 21, 24
Longueur, 103, 130, 131, 143, 144, 190, 192, 194

Maîtrise, 170, 191, 192, 202
Manipulation, manuel, maniement, 109, 111, 192
Marge, marginal, 17, 136, 177
Masse, 23, 132, 203
Maternelle (école), 27, 29, 107, 123, 161, 172
Matrices, 96
Mécanisme, dispositif, 18, 88, 105, 107, 153, 154, 162
Médiation, médiateur, médium, 12, 106, 202, 203
Mémoire, rétention, rappel, reconnaissance, évocation, 19, 20, 31-33, 40, 47, 61, 143, 163, 164, 170, 177, 193
Message, 42, 115, 117, 118, 121, 122, 149, 156, 164, 203
Méthode, méthodologie, procédure, procédé, technique, 7, 11, 18, 21, 25, 27, 29, 41, 46, 48, 49, 53, 57, 59, 74, 83, 86, 96, 97, 105, 109, 110, 119, 127, 131, 132, 137, 138, 148, 149, 163, 165, 201
Milieu, 10, 13, 16, 26-28, 30, 48, 63, 77
Mimiques, physionomie, 73, 150, 151, 155, 156, 174, 183
Modèle, maquette, 17, 57, 61, 63
Moment, phase, circonstance, épisode, instant, station, 144, 148, 149, 155, 157-159, 162, 184, 187, 191, 192, 194
Monde, 18, 20, 24, 25, 87, 124, 142
Motivation, 12-14, 26, 37, 97, 103, 151
Mots, 31-33, 42, 64, 116, 119-122, 124, 129, 131-133, 141, 153, 154, 176, 191, 192, 195, 202
Mouvement, moteur, déplacement, cinétique, dynamique, mobilité-immobilité, 11, 12, 14, 21, 40, 43, 52, 58, 77, 99, 117, 119, 121, 129, 131, 132, 137, 144, 147, 148, 152, 155-157, 159, 163, 166, 182, 183, 185

Naïveté, 64, 137
Nature, naturel, naturalisme, surnaturel,

33, 38, 64, 73, 76, 77, 81, 86, 87, 98, 101, 104, 130, 134, 137, 148, 157, 179
Niveau, 13, 16, 18, 19, 25, 30, 44, 46, 95, 128-130, 135, 136, 139-141, 143, 194
Noir et blanc, 32, 59, 118, 130
Nombres, chiffres, quantité, 11, 22, 24, 33, 37, 44, 61, 95, 96, 98, 101, 103, 106-108, 118, 128, 131, 133-136, 138, 142, 176, 180, 190, 192, 195
Normes, normalisation, 10, 12, 63, 128
Nouveau, nouveauté, renouvellement, 11, 12, 14, 15, 23, 37, 39, 48, 61, 110, 158, 191

Objets, 7, 9, 14, 16, 19, 29, 31, 32, 34, 43, 44, 51-54, 57-59, 61-63, 65, 74, 76-79, 85, 95, 97-105, 110, 111, 116-121, 127-129, 131, 132, 135, 136, 140, 147, 148, 158, 160, 162, 165, 166, 171, 179, 181, 183, 189
Œil, vision, visualisation, optique, mouvements oculaires, 19, 20, 25, 28, 30-32, 43, 47, 58, 61, 64, 86, 96, 119, 132, 153, 156
Opération, opératoire, préopératoire, 43, 45, 62, 111, 117, 155, 162-164, 170, 191, 203
Ordre, désordre, ordination, hiérarchie, 28, 29, 35-37, 63, 86, 99, 102, 108, 129, 132, 134-136, 139, 141-143, 159, 162-165, 170-180, 183, 189, 191, 193-195, 204
Organe, organisme, organisation, 11, 44, 49, 59, 62, 87, 101, 128, 130, 132, 134, 138-142, 148, 156, 180, 191
Orientation, direction, 81, 85, 87, 95, 99, 103, 105, 178, 202, 204
Originalité, singularité, banalité, uniformité, 20, 34, 37, 57, 63, 89, 136
Ornement, 51, 149
Ouverture de l'image, 121, 158, 159, 182-185, 193

Pages, 30, 41, 44, 45, 76, 83, 98, 117, 153, 165, 172, 173, 175-177
Paires, couples, triades, appariement, 30, 34, 35, 38, 42, 44, 52-54, 57, 58, 61, 75-80, 82, 85, 88, 89, 96-101, 103, 104, 108, 137
Parents, famille, 10, 12, 17, 20-22, 204
Partenaires, 173, 175, 188
Parties, fragments, fragmentation, 83, 100, 104, 129, 132-136, 138, 139, 141, 142, 158
Parties du discours, 129, 131-132, 141, 165, 170, 180, 181, 183, 191, 196
Pays, régions, nationalités, 9, 10, 11, 19, 20-24, 26, 36, 40, 41, 46-48, 59, 63, 73, 74, 77, 84, 103, 108, 109, 116, 120, 131, 145, 148, 149, 153, 162, 164, 169, 176, 178, 204

Paysage, 65, 98, 99, 102, 105, 110, 121, 137-139
Pédagogie, pédagogue, éducation, éducateur, 12, 13, 16-19, 23, 27, 46, 91, 109, 128, 131, 152, 160, 162, 164, 170, 204, 205
Peinture, peintre, tableau, 7, 12, 34, 35, 38, 42, 43, 52, 53, 57, 62, 64, 74, 79, 83, 91, 96, 110, 116, 117, 119, 120, 124, 127, 130, 147-149
Pensée, 87, 111, 162, 202
Perception, 31, 37, 38, 40, 44, 48, 57, 62, 73, 87-89, 107, 119, 124, 136, 140, 152, 157, 163, 177
Personnages, protagonistes, héros, 20, 23, 25, 26, 39, 40, 44, 52, 55, 65, 73, 74, 76, 77, 79, 84, 85, 95, 100, 128-131, 134-139, 147, 148, 150, 151, 153-156, 158, 163, 165, 168, 170-172, 177, 179, 181-183, 185, 189, 190, 194
Personnalité, 16, 31, 109
Perspective, 30, 34, 40, 120, 137
Philosophie, philosophe, 65, 90, 152, 160, 167, 168
Photographie, 28, 53, 105, 110, 117, 132, 152
Phrases, 20, 42, 46, 115, 116, 129
Pictogramme, 122, 150
« Pictorial attitude », 48
« Picture Potency Formula », 131
Plan, arrière-plan, 95, 99, 102, 120, 132, 136-138
Poésie, poète, 24, 64, 84, 86, 116, 122, 148
Polysémie, asémie, 28, 30, 151
Ponctuation, 115, 116, 152
Position, place, 40, 52, 76, 83, 120, 158, 159, 165, 166
Prégnance, 135, 136, 142, 143
Production, produit, producteur, 7, 9-12, 14-16, 18-21, 26, 33, 35, 41, 51, 74, 103, 132, 143, 144, 148, 149, 152, 158, 162, 169, 190, 193-196
Profil, silhouette, 52, 99, 116
Profondeur, relief, modelé, volume, 30, 33, 40, 53, 95, 120, 121, 137, 138, 140
Projection, projectif, 30, 31, 33, 48, 73, 119
Proportion, disproportion, 30, 36, 48, 53, 137
Psychiatre, psychanalyste, psychanalyse, 83, 84, 152
Psychologue, psychologie, 7, 16-21, 23, 24, 26, 27, 29, 31, 39-41, 46-49, 57, 79, 84, 96, 100, 108, 109, 119-121, 123, 127, 142, 151, 160, 162, 164-169, 177, 201, 204, 205
Public, 14, 17, 22, 38, 47, 64, 128, 149, 154, 202
Publication, diffusion, 17, 18, 21, 84, 108
Publicité, 104

Puzzle, 96

Raison, rationalité, rationaliste, raisonnement, 24, 62, 64, 83, 87, 90, 111, 130, 205
Rapport, relation, 28, 32, 37, 118, 127, 128, 133, 134, 138, 139, 142, 147, 150-152, 160, 162, 163, 191, 192, 195
Réactions, 7, 16-20, 25-31, 33, 34, 36, 41, 42, 44, 51, 74, 87, 89, 103-105, 107, 115, 123, 148, 159-161, 201
Réalisme, irréalisme, 30, 33-35, 44, 45, 51-65, 74, 116, 118, 119, 128, 130, 132, 137, 139-141, 143, 144, 148, 152
Réalité, réel, 28, 35, 44, 53, 54, 57, 58, 61-64, 73, 75, 77-79, 83-87, 89, 90, 103, 116, 118, 119, 121, 122, 128, 140, 142, 154, 159, 168
Rectiligne, curviligne, 36, 37
Récurrence, retours, 153, 165, 166, 168, 183
Redondance, 61, 87, 96
Réduction, abréviation, concision, 118, 123, 141, 172, 194
Règle, loi, prescription, contrainte, exigence, 23, 120, 121, 127, 134, 135, 144, 154-156, 201, 202
Régularité, irrégularité, 36, 38, 53, 83, 96, 103, 104, 121, 123, 127, 134, 135, 141, 143, 179, 191
Répertoire, catalogue, 155, 159
Répétition, 98, 148, 153, 154, 159, 171, 177, 179, 181, 182
Représentation, 18, 20, 28, 32-35, 53, 54, 57, 59, 65, 73, 74, 79, 83, 84, 87, 119, 121, 127, 156, 157, 159, 163, 165
Reproduction, 35, 52, 130, 179, 182, 183, 189
Ressemblance, dissemblance, analogie, 23, 34, 37, 43, 54, 63, 78, 86, 116-119, 123, 124, 145, 158, 159, 185, 186
Retardés (enfants), 107
Rêve, rêverie, 26, 74, 90, 203
Réversibilité, irréversibilité, 154, 159, 162, 163
Rhétorique de l'image, 203
Richesse, pauvreté, charge, enrichissement, appauvrissement, 29, 30, 47, 100, 103, 106, 129, 130, 142, 144, 155, 156, 194, 195
Romans (photo, bande), 152
Rythme, 116

Scène, 32, 44, 45, 76, 77, 84, 85, 95, 98-102, 116, 128, 130, 135, 137, 139, 140, 148, 149, 153, 154, 156, 159, 166, 168, 172, 173, 175, 179, 180, 189, 191, 194
Science, 11, 21, 24, 49

Schéma, schématisation, 65, 118, 138, 154, 203
Schème, 130
Sculpture, statue, 147, 203
Sémantique, 42, 43, 115, 138, 142
Séminaire, congrès, symposium, débats, 17, 20, 23, 167
Sémiologie, sémiologue, sémiotique, 41, 49, 121, 124, 150, 151, 160, 161, 164, 167, 169
Sensations, 116
Sensibilité, 47, 64, 83, 127, 129, 130, 144, 202
Sentiment, 147, 150
Séparabilité, 143
Séquence, succession, suite, poursuite, 25, 44, 45, 117-119, 132, 140, 145, 147-150, 153, 154, 156-166, 169-173, 178-180, 182, 184, 185, 187, 189, 195
Sériation, 162, 191
Seuil, 59, 99
Sexe, femme, féminin, fille-garçon, 14, 15, 17, 22, 26, 28-30, 34-36, 46, 52-55, 57, 58, 61-63, 65, 75, 77-79, 81, 82, 84-87, 91, 103, 107-109, 111, 129, 131, 136, 141, 143, 144, 152, 166, 172-175, 181, 183, 185-188, 193, 194
Sigle, 124
Signe, signifié, signifiant, 90, 117, 118, 121, 123, 150-152, 157
Signification, 40, 43, 44, 48, 59, 62, 85, 90, 95, 96, 107, 121, 122, 124, 127, 130, 137, 151, 155, 157, 161
Simplification, 51, 53, 54, 57, 61, 118, 131, 132, 136-138, 141, 156
Social, socialisation, 9, 14, 19, 31, 65, 151, 203
Société, 10, 23, 45, 90, 203, 204
Sociologie, sociologue, 10, 160
Stabilité, instabilité, 11, 89, 99, 100, 177, 179
Statistiques, 11, 12, 22, 65, 91, 109, 110
Stéréotype, 53, 142
Stimulant, stimulation, stimulus, 14, 15, 32, 33, 37, 40, 44, 65, 74, 87, 88, 95, 97, 99, 103, 105, 107, 108, 134, 140, 160
Stratégie, démarches, itinéraire, 40, 106, 161, 165
Style, facture, 25, 27, 28, 33, 34, 35, 42-45, 47, 49, 52, 54-59, 61, 75-77, 86, 130, 131, 136-140
Stylisation, 30, 33, 34, 44, 45, 51-53, 55, 57, 59, 61, 118, 131, 132, 137, 140, 141, 143, 144, 153, 155
Substitut, double, 86
Succès, performance, 10, 18-20, 32
Superposition, 172, 175, 176
Support, 9, 147, 153, 172
Surface, 127, 137, 164

Symbole, symbolisme, symboliste, métaphore, allégorie, 42, 43, 48, 64, 74, 83, 116, 119, 121, 122, 127, 138, 148
Symétrie, asymétrie, dissymétrie, 33, 36, 38, 103, 104, 107, 109
Syntaxe, grammaire, 46, 115, 119-121, 127, 132, 147, 191
Système, systématique, systématisation, 63, 106, 119, 141, 149-152, 158, 191, 204

Tachistoscope, 47, 96
Taille, hauteur, 40, 76, 95, 131, 162
Temps, durée, chronologie, 13-16, 23, 24, 30, 37, 38, 43, 49, 75, 88, 104, 105, 108, 117, 119, 132, 135, 144, 147-149, 151, 153, 155-157, 159, 160, 162, 163, 165, 170, 171, 179, 182, 185-187, 189-195
Texte, 19, 20, 26, 28, 31-33, 41, 43, 45, 47, 85, 119, 150-152, 155, 157, 172, 176, 202, 203
Thème, 17, 28, 29, 31, 35, 42, 46, 47, 51, 63, 86, 98, 121, 129-131, 138, 153, 157, 162, 164, 171-173, 175, 179-181, 187
Théorie, théoriciens, 19, 33, 42, 48, 62, 103, 111, 120, 143, 160, 163, 164
Tirage (édition), 11, 19
Titres, 11, 26, 27, 152, 154, 157, 167
Transfert, transport, 43, 156, 168
Transitivité des préférences, 111
Trompe-l'œil, 116, 120
Typographie, caractères, 28, 29, 46

Unité, 41, 100, 117, 121, 135, 136, 151, 153, 158, 177
Urbain, rural, citadin, urbanisme, 13, 22, 26

Valeur, 9, 11, 14, 18, 27, 37, 53, 86, 87, 95, 97, 103, 105, 121, 129, 133, 134, 137, 143, 192
Variable, 31, 35, 37, 39, 40, 43, 44, 48, 51, 57, 59, 61, 78-80, 82, 88, 99, 101, 103, 104, 109-111, 130, 131, 138, 140, 201
Variation, variété, variabilité, 36, 37, 130
Verbalisation, propos, discours, 29, 30, 33, 43, 44, 49, 52, 55-58, 60, 61, 80-82, 88, 100-102, 117, 120, 122, 130-133, 150, 167, 169, 171, 172, 176, 180, 183, 185, 186, 189-193
Vérité, vraisemblance, invraisemblance, 28, 44, 53-55, 57, 60, 74, 75, 77-85, 89, 117
Vêtements, habillement, déguisement, tenue, 73, 76, 79, 80, 83, 137, 163
Vie, vécu, 10, 23, 27, 74, 90, 96, 158, 168
Vignette, 154, 164, 167, 171, 175, 177
Visage, 21, 36, 53, 56, 77, 120, 137, 138, 153, 174
Vocabulaire, lexique, 8, 9, 115, 116, 120, 192
Voile, révélation, dévoilement, 148, 203
Voix, vocal, 117, 165

Index des auteurs des publications citées

Abbadie-Clerc, C., 23, *207, 211*
Adams-Webber, J., 48, *208*
Aitken, P.P., 75, 91, 97, 106, *207*
Alexander, R.A., *224*
Allaume, G., 205, *217*
Allen, V.L. *221*
Alloway, T., *220*
Almasy, P., 124, *207*
Amen, E., 129, 145, *207*
Ames, E.W., *210*
Antes, J.R., 145, *207*
Ariel, R., 168, *226*
Arkes, H.R., 110, 111, *207, 209, 228*
Arnheim, R., 48, 124, *207*
Arnoult, M., 48, 96, 108, 109, *207*
Aronson, E., *211*
Asso, D., 47, *207*
Attneave, F.D., 48, 96, 108, 109, 111, *207*
Audeoud, M., 41, *207*

Baggett, P., 164, *207*
Bakan, P., 110, *220*
Barker, R.E., 10, *215*
Barrett, G.V., *224*
Barron, F., 110, *207*
Bartch, M.R., 22, *208*
Barthes, R., 151, 168, 203, 205, *208*
Bashford, M.B., 39, 91, *223*
Baumeister, A.A., 145, *208*
Beauvalet, C., 91, *208*
Becker, J., 47, *215*
Bell, R.Q., 124, *218*
Bellak, L., 31, 47, 73, *208*

Bellak, S.S., 47, *208*
Belves, P., *217*
Bender, B.G., *221*
Benjafield, J., 48, *208*
Benson, C.A., 48, *208*
Berlyne, D.E., 37-39, 48, 61, 74, 75, 80, 83, 87, 88, 91, 95, 97, 108-111, 124, *208, 209*
Berman, P.W., 196, *209*
Bernard, D., 15, *209*
Bernard, Y., 33, 47, *209*
Bernhard, P., 28, *209*
Berry, F.M., 145, *209*
Berthoud, M., 65, *209*
Bertin, J., 49, 124, *209*
Bertrand, G., 24, 49, 65, 91, 119, 124, 125, 145, 147, 151, 156-159, 161, 167-169, 205, *209, 211, 214*
Besse, H. , 123, *209*
Bettelheim, B., 46, *209*
Biesbrock, E., *225*
Binet, A., 36, 48, 60, 128-130, 142, 143, 145, *209*
Black, K.N., 110, *209*
Blanchard, G., 168, 169, *209*
Block, J., *223*
Boltanski, L., 167, *209*
Bonhomme, C., 205, *209, 211*
Booth, A., 24, 35, *209*
Borges, M.A., 47, *209*
Borland, M.D., 47, *227*
Boswell, S.L., 48, *224*
Boulter, L.R., *222*
Boykin, A.W., 110, *209*
Bradbury, H., 111, *209, 210*

Bradfer-Blomart, J., 26, *210*
Bradshaw, H.L., 168, *210*
Brannigan, G.G., 169, *210*
Brauner, A., 46, *210*
Bremond, C., 155, 159, 168, 169, *210*
Brennan, W.M., 110, *210*
Bresson, F., 123, *210*
Brody, G.F., 36, *210*
Brooks, P.H., 47, 140, *210*
Brown, A.L., 47, 65, 164, 170, *210*
Brown, C.J., 124, *218*
Brown, D.R., *209*
Brown, K.D., 46, *210*
Brown, L., 47, *210*
Brown, R.M., 47, *210*
Bruner, J.S., 47, *222*
Brunet, O., 10, 41, 49, *210*
Bryson, J.B., 96, *210*
Burt, C., 46, *210*

Camp, B.W., 46, *229*
Campione, J.C., 65, *210*
Cantor, G.N., 48, 110, *211*
Cantor, J.H., 110, *211*
Caputo, N., *217*
Carpentier, A., 149, *211*
Castrec, A.Y., 47, *224*
Cawelti, J.G., 22, *211*
Chamboredon, J.C., 11, 12, 22, 49, 91, *211*
Chance, J., 47, *217*
Charpentreau, J., 16, 22, 23, 49, *209, 211, 214, 218-221*
Chartier, J.P., 168, *211*
Chastel, A., 205, *211*
Chateau, J., 91, *211*
Child, I.L., 47, 48, *211*
Chipman, S.F., 109, *211*
Chombart de Lauwe, M.J., 23, 46, *211, 212*
Claparède, E., 19, 170, 186, 196, *212*
Clapp, W.F., 91, 110, *212*
Clark, P., 110, *207*
Clement, F., *218*
Clement, H., 26, 27, *212*
Coffey, A.W., 47, *212*
Cohen, A.A., *218*
Concannon, S.J., 47, *212*
Conezio, J., *227*
Connolly, M.F., 91, *212*
Conquet, A., *218*
Convard, D., 125, 161, 167, *212*
Cooper, L.A., 109, *212*
Corah, N.L., 65, *212*
Cornillot, M., 91, *212*
Corsini, D.A., 47, *212*
Coste, D., 124, 125, *212*
Covin, M., 169, *212*
Cox, W.F., 65, *212*
Coyle, F.A., *214*
Crabbe-Decleve, G., 145, *212*

Crouch, W.W., *218*
Csapo, K., 47, *224*
Cunningham, J.G., *209*
Curtis, W.J., 33, *212*

Danset-Léger, J., 65, 91, 110, 123, 145, 167, 196, *212, 213*
Davies, G.M., 47, *213*
Davis, G., *223*
Davis, M., 168, *213*
Dawid, J.W., 166, 170, 186, *213*
Day, J., 109, 110, *213, 222*
Day, M., 124, *213*
De Boissieu, F., 46, 205, *213*
Decroly, O., 162, *213*
Delacour, M.O., 24, *213*
Denburg, S.D., 47, *213*
Denis, M., 47, *213*
Derby, J., 91, *213*
Deregowski, J.B., 49, *213*
De Schonen, S., 48, *213*
Descoeudres, A., 65, *213*
Despinette, J., 47, 205, *213*
Deutsch, F., 168, *213*
Deygout, J., 205, *213*
Dilley, M.G., 47, *214*
Ditrichs, R., *211*
Dockstader, S., *218*
Dornbush, R.L., 39, 48, 110, *229*
Driver, M.J., 96, *210*
Dubois, J., 117, 202, 205, *214*
Dubois, R., 12, 22, 202, 205, *211, 214*
Duchesne, A.M., 46, *214*
Duffe, P., 24, *214*
Duffrenne, M., 123, *214*
Duncan, E.M., *209*
Dunoyer, J.M., 91, *214*
Duquesne, J., 16, *214*
Durand, M., 24, 49, 65, 90, 91, 119, 124, 125, 145, 147, 151, 156-159, 161, 167, 168, 169, 205, *211, 214*
Duranteau, J., 124, *214*
Dwyer, F.M., 124, *214*

Eco, U., 119, 124, *214*
Edeline, F., *214*
Eichorn, D.H., 91, 110, *212*
Eisenman, R., 108-111, *214, 228*
Elkind, D., 40, 145, *214*
Endler, N.S., *222*
Epin, B., 46, *211, 215*
Erdelyi, M.H., 47, *215*
Escarpit, D., 22, 23, 29, 46, 65, 91, 121, 125, 145, 157, 160, 161, 169, 205, *213-215, 222*
Escarpit, R., 10, 49, 65, 205, *215, 225*
Esslin, M., 23, *215*
Etaugh, C., 110, *215*

Ettema, J.S., 110, *229*
Evertston, C.M., 47, *215*

Fabiani, J.L., 11, 12, 22, 49, 91, *211*
Fabre, J., 24, *215*
Fagerlie, A.M., 145, 205, *215*
Faucher, F., 23, 205, *215*
Faucher, P., 18-20, 24, 91, *215*
Faujas, A., 22, *215*
Faw, T.T., 39, 91, *215, 223*
Ferenczi, V., 124, *215*
Ferran, P., 22, 91, *216*
Fletcher, H.J., 65, *212*
Focillon, H., 124, *216*
Forrest, B., *219*
Fraisse, P., 20, 47, *210, 216, 224*
Francès, R., 35-37, 47, 48, 58-60, 62, 65, 91, 109, 110, *216*
French, J., 24, *216*
Fresnault-Deruelle, P., 125, 150, 155, 156, 167-169, 205, *212, 216*
Friedman, S.L., 40, *216*
Frith, C.D., 109, 110, *216*
Fulchignoni, E., 91, *216*
Fuzellier, E., 124, *216*

Gamarra, P., 22, 43, 49, 145, 205, *216*
Gardner, H., 47, *216, 226*
Gardner, J., 47, *216*
Garskof, B.E., *219*
Gauthier, G., 124, *216*
Gauthier, M.T., 161, 165, 169, *217*
Genova, B.K.L., *218*
Genovese, C., 47, *217*
Gentil, A., *218*
Gentil, G., *218*
Gesell, A., 10, 41, 49, *217*
Ghatala, E.S., 47, *217*
Gibson, J.J., 48, 59, 65, 124, 205, *217*
Gilabert, H., 22, *217*
Gillon, P., 49, 167, *217*
Gilly, M., *229*
Giordani, N., 79, 91, *229*
Girard, A., *218*
Girod, M., 205, *217*
Glass, D.C., *219*
Glennie, B.J., *213*
Gloton, R., 22, 205, *217, 219, 225*
Godkewitsch, M., 48, *217*
Goldberg, S., *221*
Goldstein, A.G., 47, *217*
Goldstein, B., 124, *217*
Goldstein, D.M., 196, *217*
Goldstein, J.H., *208*
Gollin, E.S., 65, *217*
Gombrich, E.H., 48, 116, 119, 122-124, *217*
Goodman, N., 48, 124, *217*
Gordon, I.E., 48, *224*
Gottesdiener, H., 110, *217*

Gouteyron, A., 205, *213, 217*
Grand, P.M., 167, *217*
Gratiot-Alphandéry, H., 16-18, 23-25, *217*
Greenberger, F., 91, *217*
Groddek, G., 91, *218*
Grosz, P., *218*
Grove, M., *214*
Guerard, F., *217*
Guillot, M., 124, *218*

Haaf, R.A., 124, *218*
Haber, R.N., 47, *218, 227*
Hagen, M.A., 48, *218*
Hale, G.A., 140, *218*
Hanes, M.L., 46, *218*
Hansen, J.A., *211*
Hardiman, G.W., 47, *218*
Harkulich, J., *209*
Harms, J.M., 91, *218*
Harotte, A., *218*
Harris, L., 91, *212*
Harris, R.J., 46, *218*
Harrison, R.P., 49, 168, *218*
Harvey, O.J., *229*
Harzem, P., 47, *218*
Hassenforder, J., 16, 22, 24, 46, *211, 218*
Haywood, H.C., *227*
Hazard, P., 205, *218*
Held, J., 91, *218*
Heldmeyer, K.H., *220*
Henker, B.A., *220*
Hen Tov, A., *220*
Hershenson, M., 110, *218*
Hicks, R.A., 48, *218, 219*
Hoats, D.L., 111, *219*
Hoats, M., 110, *227*
Hogan, H.W., 49, *219*
Holt, B.G., 65, 91, 110, 111, *226*
Holt, L.H., *209*
Hornbeck, F.W., *211*
Horowitz, A.B., 47, *219*
Horowitz, L.M., 140, *219*
Horowitz, V.A., 47, *219*
Houston, J.P., 109, 110, *219*
Howell, R.J., 91, *228*
Hudson, W., 40, 49, *219*
Huntley, E.H., 48, *219*
Hurstel, F., 163, *219*
Hurtig, M.C., 65, *219*
Hutt, C., 49, 75, 91, 97, 106, 110, 111, *207, 219*
Huyghe, R., 64, 65, *219*

Ilg, F.L., 49, *217*
Inhelder, B., 49, 170, *224*
Isett, R., *227*

Jacobus, K.A., *212*
Jacquinot, G., 124, *219*

Jahoda, G., 48, 49, *219*
Jan, I., 46, *211*, *219*
Jaubert, D., 46, *219*
Jean, G., 125, 145, 160, 167, 169, 205, *218*, *219*
Jean-de Koninck, M., 145, *212*
Jolibert, J., 22, *217*, *219*, *225*
Judah, R., *209*

Kaess, D.W., 110, *219*
Kagan, 110, 124, *219*, *220*
Kahn, A., 111, *228*
Kant, E., 167, *220*
Kasdorf, C.A. III, 145, 165, 166, *220*
Kennedy, J.M., 40, *220*
Kepes, G., 124, *217*, *220*
Kessen, M.L., *223*
Kessen, W., 109, *223*
Kirsch, D., 46, *220*
Klein, D., *227*
Kleininger, O., *221*
Klinkenberg, J.M., *214*
Knapp, M.L., 49, *218*
Koenke, K., 32, *220*
Kolers, P.A., 124, *220*
Kosslyn, S.M., 24, *220*
Kraft, A., 162, 169, *220*
Krames, L., *220*
Kreitler, H., 111, *220*
Kreitler, S., 102, 105, 107-111, *220*
Krockover, G.H., 46, *210*
Kubose, S.K., 48, *211*
Kuhn, D., 196, *220*

La Borderie, R., 16, 123, *220*
Lagoutte, P., 22, *211*, *220*
Lam, H., 26, *210*
Lamblin, S., 22, 205, *209*, *211*, *220*
Lampel, A.K., *219*
Lansky, L.M., 111, *223*
Lark-Horowitz, B., 24, 59, 65, 79, 91, *220*
Laude, J., 124, *220*
Laure, Z., 22, 145, *220*
Lawrence, G.H., 110, *209*
Lebachelier, H., *218*
Leckart, B.T., 110, *220*
Lee, I., *218*
Lee, T.S., 168, *223*
Legenza, A., 145, *222*
Lehalle, H., 111, *221*
Lemond, L.C., 49, 91, 109, 110, *221*, *223*
Lentin, L., 160, *221*
Leonard, S.D., *212*
Leroi-Gourhan, A., 124, *221*
Leroy-Boussion, A., *217*
Lesgold, A.M., *221*
Leveillé, M., 46, *226*
Levie, W.H., 46, *221*
Levin, J.R., 46, 47, *217*, *221*

Levine, J., *220*
Levy-Schoen, A., 31, *221*
Lewis, H., *220*
Lewis, H.P., 24, *221*
Lewis, J.L., *208*
Lewis, M., 39, 110, 124, *220*, *221*
Lezine, I., 10, 41, 49, *210*, *229*
Limousin, O., 46, *221*
Lindekens, R., 168, *221*
Lindzey, G., *211*
Lipak, J., 47, *221*
Lipsitt, L.P., *214*
Lobrot, M., *218*
Locher, P.J., 109, *221*
Locklear, E.P., *220*
Lohman, W., 47, *216*
Lomax, C.M., 10, *221*
Lorraine, W., 91, *221*
Lory, V., 46, 211, *221*
Lotman, J.M., 167, *221*
Lottan, S., 84, 85, *221*
Luca, M., *220*
Lukenbill, W.B., 22, *221*
Luquet, G.H., 148, 163, 167, 168, 170, 179, *221*
Lynn, D.B., 110, *227*

Machotka, P., 35, 44, 47, 59, 62, 63, 65, 91, *221*, *222*
Mackworth, N.H., 47, *222*
Macquet, J.C., 123, *222*
Mac Spellman, C., 65, *222*
Maillard, P.F., 28, *222*
Malandain, C., 33, 145, 161, 165, 168-170, *222*, *223*
Mallett, J.J., 22, *208*
Malrieu, P., 91, *222*
Mandler, J.M., 47, 109, 145, *222*
Manzo, A., 145, *222*
Mareuil, A., 15, 16, 22, 23, 46, 91, *222*
Margairaz, E., 166, 170, *222*
Margolis, J., 124, *222*
Marin, L., 43, 49, *222*
Marinet, A., 28, *209*
Markowsky, J.K., 91, *222*
Marks, D.F., 145, *222*
Marquet, P.B., 10, *222*
Martinet, A., 117, 123, *222*
Martinez, L., 169, *222*
Massepain, A., 204, *222*
Mathieu, J., 205, *222*
May, R.B., 110, *222*
Mayfield, N., *224*
Mc Ghee, P.E., *208*
Mc Grew, P.L., 110, *219*
Mc Gurk, H., 48, 49, *219*
Mc Kenzie, B.E., 168, *210*
Mendelson, M.J., 109, *211*
Metz, C., 118, 123, 124, 145, 205, *222*

Metzler, J., *223*
Meyerson, I., 65, 124, *223*
Mialaret, G., 145, 165, 169, 170, *223*
Miles, T.R., *218*
Millar, D., *224*
Miller, M.B., *219*
Miller, R.J., 49, *223*
Millum, J., 49, *223*
Milne, J.E., *213*
Minguet, P., *214*
Minton, H.L., 91, *223*
Moal, A., 65, *229*
Moles, A., 123, 150, 167, *223*
Mollo, S., 23, *223*
Molnar, F., 47, 167, *223*
Montgomery, K.C., *229*
Morin, V., 154, 168, *223*
Moss, V., 110, *223*
Mounin, G., 117, 121, 122, 124, 196, *223*
Moure, R.W., *210*
Moyles, E.W., 110, *223*
Muller, G., 125, 161, 168, 196, 203, 205, *223*
Munier, R., 124, 205, *223*
Munroe, R.H., 111, *223*
Munroe, R.L., *223*
Munsinger, H., 48, 109, 110, *223*
Muraoka, M., 145, *228*
Murray, F.S., 168, *223*

Nanpon, H., 132-135, *223*
Navon, D., 145, *223*
Nelson, T.M., 111, *210*
Nelson, T.O., 47, *223*
Nelson-Baker, S., 59, *223*
Nesbitt, N.H., 145, *224*
Newton, J., *219*
Nias, D.K.B., 110, *216*
Nicki, R.M., 110, *223*
Nunnally, J.C., 39, 49, 91, 110, *215, 221, 223, 229*

Odom, P.B., 145, *224*
O'Hare, D.P.A., 48, *224*
Oléron, P., 205, *224*
Olson, R.K., 40, 48, *217, 224*
Opolot, J.A., 49, *224*
Osser, H., *222*
Otto, W., 32, *220*

Paivio, A., 47, *214, 224*
Panek, P.E., 110, *224*
Paris, S.G., *225*
Parker, R.E., 47, *222*
Parker-Schumacher, M., *218, 219*
Passeron, R., 124, *224*
Patte, G., *211, 218*
Pearl, M., *224*
Pecheux, M.G., 47, *224*

Peek, J., 145, *224*
Pehrsson, R.S.V., *220*
Pellegrino, J.W., *225*
Pelowski, A., *211*
Petrosko, J., 169, *224*
Phelps, H., 196, *220*
Piaget, J., 19-21, 49, 62, 106, 111, 162-165, 168-170, 179, 183, 191, 196, *210, 220, 222, 224*
Piatier, J., 22, *224*
Pick, A.D., *210*
Picon, M., 26, *224*
Picquenot, A., 168, *224*
Piehl, J., 48, *224*
Pielstick, N.L., 91, *224*
Piper, R.A., 140, *218*
Plecy, A., 115, *225*
Pliner, P., *220*
Podgorny, P., 109, *212*
Porcher, L., 123, *225*
Porter, E.J., *210, 227*
Purves, A.C., 46, *225*

Quin, S., 164, *225*

Rappaport, J., 110, *214*
Raush, M., *221*
Redick, L.L., *214*
Reed, D.A., *223*
Reese, H.W., 110, *214, 223, 225*
Regnault de la Mothe, H., *224*
Richaudeau, F., 22, *225*
Robins, M.C., *209*
Robinson, H.A., *220*
Rocheblave-Spenle, A.M., 91, *225*
Rogers, T.B., *224*
Romeas, A., 23, *225*
Rosentiel, A.K., *226*
Rosinski, R.R., 47, *225*
Roumette, S., 123, *225*
Roux, A., 167, 169, *225*
Rump, E.E., 34, 59, 62, 65, 91, 104, 110, *225*
Ryle, A.L., 61, *225*

Saint-Michel, S., 124, 125, 161, 168, 205, *225*
Saklofske, D.H., 110, *225*
Samuels, S.J., 32, 47, *225*
Schissler, D.R., 145, 169, *225*
Schmidt, C.R., 164, *225*
Schnall, M., 145, 165, 166, *220, 225*
Schwadtke, B., 168, *226*
Scott, M.S., *210*
Scriabine, M., 49, *226*
Sculhof, C., 48, *226*
Segui, J., 46, *226*
Serpell, R., 49, 124, *226*
Seung, O.R., 46, *226*

INDEX DES AUTEURS

Shackel, D.S.J., 91, *226*
Shepard, R.N., 47, *226*
Shields, R.L. Jr., 24, *226*
Sidorov, A.F., 167, 205, *226*
Siegel, A.W., *225*
Silber, D.E., *219*
Silverman, J., 47, *226*
Simeon, M., 168, *226*
Simmons, D.D., 91, *226*
Simmons, R.W., 109, *221*
Simon, J.G., 109, *226*
Simon, T., 48, 129, 130, 145, *209*
Slobin, D.I., 46, *226*
Smedslund, J., 111, *226*
Smets, G., 109, *223*, *226*
Smith, J.S., 46, *226*
Smith, S., 145, *208*
Smock, C.D., 65, 91, 110, 111, *226*
Smythe, P.C., *224*
Soriano, M., 22-24, 46, 49, 125, 145, 205, 217, *226*, *227*
Southgate, V., 34, 59, 62, 65, 91, *225*
Spitz, H., 47, 110, *227*
Spitz, H.H., *219*
Standing, L., 47, *227*
Stang, D.J., 48, *227*
Stein, N.L., 145, *222*
Steinberg, M., *218*
Steiner, H., 205, *227*
Stepnowsky, M.A., *209*
Sterns, H.L., *224*
Stevenson, A.H., 110, *227*
Stevenson, M.B., 40, *216*
Stewig, J.W., 30, *227*
Stober, S., *225*
Stone, L.A., 145, *207*
Subes, J., 24, 35, 47, 48, 59, 63, 65, *227*
Suchman, R.G., 65, *227*
Sullivan, L., 196, *227*
Swayze, J.L., 164, *227*
Swift, M.S., 205, *227*
Switzky, H.N., 109, 111, *227*
Syndicat National de l'Edition (ou des Editeurs), 11, 12, 21-24, 65, *227*
Szeminska, A., 170, *224*
Szombati, G., *221*

Tabouret-Keller, A., 170, *227*
Takanishi, R.N., *219*
Talibon-Lapomme, E., 23, *211*, *227*
Taylor, B.J., 84, 85, 91, *228*
Taylor, R.E., 111, *228*
Terry, P.R., *225*
Thibault-Laulan, A.M., 42, 49, 115, 123, 161, 167, *215*, *222*, *228*
Thomas, H., 38, 48, 110, *228*
Thompson, R., *209*
Thompson, W.R., 108, 111, *228*
Tibbetts, S.L., 46, *228*

Tissot, H., 123, *215*, *228*
Tone, T., 145, *228*
Tora Tortosa, E., 164, *228*
Toubeau, Y., 10, 43, 91, 121, 123, 125, 145, 168, 205, *228*
Toussaint, B., 168, *212*, *228*
Trabasso, T., 65, *227*
Travers, R.M.W., 33, 61, 65, 145, *228*
Tuddenham, R.D., *223*
Turillon, M., *224*
Turner, J.R., 111, *228*
Turton, W.J., 110, *215*
Tversky, B., 47, *228*

Uelli, M., *227*

Valentine, C.W., 47, *228*
Verba-Rad, M., *229*
Vermeulin, H., 27, *228*
Vernant, J.P., 116, *228*
Vexliard, A., 24, *228*
Vivier, C., *211*
Voillaume, H., 35, 47, 59, 60, 65, *216*, *228*
Vurpillot, E., 58, 65, *209*, *229*

Walk, R.D., 48, *229*
Wallon, H., 17, 21, 23, 24, 46, 164, *229*
Warner, T., *227*
Wartella, E., 110, *229*
Wechsler, D., 162, 169, *229*
Wegman, E., 205, *229*
Weir, M.W., 110, *219*
Weiss, J., 145, *214*
Wells, L., 23, *229*
White, S.H., 110, *229*
Wicker, F.W., 47, *215*
Wicklund, D.A., 196, *217*
Wiedl, K.H., 109, 110, *229*
Williams, J.M., *209*
Willis, E.J., 39, 48, 110, *229*
Wilson, W.H., 110, *229*
Wingard, J.A., 91, *215*
Winner, E., *226*
Winter, E.O., 191, *229*
Wohlwill, J.F., 49, 105, 109-111, *229*
Woldman, J., *217*
Woodruff, A.B., 91, *224*
Woodworth, R.S., 48, *229*
Wyke, M., 47, *207*

Yonas, A., 48, *208*
Yourshaw, S.W., *217*

Zavalloni, R., 79, 91, *229*
Zazzo, R., 10, 130, 145, *229*
Zernich, T., 47, *218*
Zigler, E., *220*
Zimbardo, P.G., 108, 111, *229*
Zimet, S.G., 46, *229*

Autres auteurs cités
(chercheurs, artistes, écrivains)

Bachelard, G., 90
Bakulé, F., 19, 23
Boccioni, U., 116
Boespflug, F.D., 205
Borglum, G., 77
Bovet, P., 19
Braque, G., 120
Bush, W., 154

Carrà, C., 116
Carroll, L., 74
Cézanne, P., 63
Cocteau, J., 122
Comenius, J.A., 8

De Brunhoff, J., 12
Delessert, E., 20, 21
Dickens, C., 202
Dolto, F., 83
Durand, Gilbert, 91
Durand, Guy, *217*
Dürer, A., 124

Esope, 149
Eyt, P., 205

Fau, F., 158
Fechner, G.T., 48
Ferrière, A., 19
Flaubert, G., 203
Forton, 152
Francesca, P. Della, 149

Geoffroy, 130
Guitton, J., 168

Havranek, 19
Hoffmann, H., 84, 167
Honegger-Lavater, W., 169
Huisman, D., 168

Jampolsky, P., 36
Janet, P., 90

Klee, P., 104
Kohs, 162

La Fontaine, J., 22
Lalo, C., 48
Lapointe, C., 84
Le Bœuf, C., 170
Lefort, G., 46
Léger, F., 104
Lionni, L., 169

Mallarmé, S., 116
Mari, I., 169
Mc Luhan, 203, *225*
Mehes, L., 117
Merlet, M.I., 46
Miro, J., 104
Mondrian, P., 104

Ombredane, A., *229*

Paul-François, 196
Perrault, C., 157
Perrot, J., 158
Phillips, J.L., 119
Picasso, P., 104, 120, 122
Potter, B., 73
Pythagore, 48

Reiss, F., 205
Reuchlin, M., *216*
Roubakine, N., 19, 23
Rubens, P.P., 149
Ruy-Vidal, F., 22, 128

Saint John Perse, 118
Saint-Ogan, A., 154
Sendak, M., 74, *221*
Severini, G., 116

Seymour, E., 203
Souriau, E., 65
Stampfli, P., 117
Steiner, H., 202

Tenniel, J., 74
Tiepolo, G.B., 120
Tran-Thong, 164

Valenti, C., 117
Vermeer, J., 38
Veronese, 120
Villard de Honnecourt, 124

Werner, H., 165

Zachrisson, B., 46

Planches hors-texte

Ch. III	1	a b c	Réalisme et stylisation — Représentations humaines	66- 68
Ch. III	2	a b c	Réalisme et stylisation — Représentations animales .	69- 71
Ch. IV	3	a b c	Incongruité	92- 93
Ch. V	4	a b	Complexité	112-113
Ch. VII	5		Lecture de l'image-unité	146
Ch. IX	6	a b c d	Histoires en images	197-200

Liste des livres et albums d'où les images sont extraites[1]

(1) Aux quatre coins du pré
images de René Moreu, Ed. « La farandole », 1958
(2) Bonhommet et Tilapin, 1. Tilapin s'est coupé
images de Philippe Thomas, Coll. du Carroussel, Dupuis, 1968
(3) Bonhommet et Tilapin, 3. Tilapin fait du sport
images de Philippe Thomas, Coll. du Carroussel, Dupuis, 1968
(4) Cachés dans la forêt
images de Albertine Deletaille, Album du Père Castor, Flammarion, 1967
(5) Chats perchés
images de R. Simon, Albums du Père Castor, Flammarion, 1969
(6) Chat Lune
images de Albertine Deletaille, Albums du Père Castor, Flammarion, 1954
(7) Contes modernes
images de Vaclav Sivko, Ed. Gründ, Paris, 1969
(8) Daniel et Valérie à la campagne
images de Lise Marin, Nathan, 1969
(9) Daniel et Valérie au zoo
images de Lise Marin, Nathan, 1970
(10) Derrière la montagne
Album du Père Castor, Flammarion, 1969
(11) Deux amours de petits pieds
images de Philippe Lorin, Albums « Petits patapons », Hatier
(12) Fourmiguette
images de Etienne Morel, Album du Père Castor, Flammarion, 1957
(13) Histoire du bébé lion qui n'avait plus faim
images de Gerda Muller, Albums du Père Castor, Flammarion, 1963
(14) Histoire en quatre images
images de Gerda Muller, Thèmes de Paul-François, Albums du Père Castor (3 à 6 ans), Flammarion, 1965

---

[1] Avec la gracieuse autorisation des éditeurs.

(15) Jean-Lou et Sophie à la campagne
images de Marcel Marlick, Coll. « Farandole », Casterman, 1970
(16) Je découvre les animaux
images de M. Hartwell et R. Taft-Dixon, Coll. « Je veux connaître » Ed. « Les deux coqs d'or », Paris, 1968
(17) Je découvre les couleurs
images de J.P. Miller, Coll. « Je veux connaître »,
Ed. « Deux coqs d'or », Paris, 1967
(18) Je découvre les sons
images de A. Seiden, Coll. « Je veux connaître »,
Ed. « Deux coqs d'or », Paris, 1967
(19) Joyeux anniversaire petit lion
images de Grannini, Albums dodo, Ed. « Deux coqs d'or », Paris, 1970
(20) La famille Rataton
images de Romain Simon, Albums du Père Castor, Flammarion, 1967
(21) La ferme
texte et images de Alain Grée, Casterman, 1965
(22) La leçon de silence
images de Eric Kubis, Hatier, 1970
(23) La petite fille aux allumettes et autres contes d'Andersen
images de Léon Huems, Casterman, 1945
(24) Le canard et sa famille
images de Grannini, Ed. « Deux coqs d'or », Flammarion, 1968
(25) Les fleurs que j'aime
images de Angèle Malclès, Albums du Père Castor, Flammarion, 1961
(26) Les miettes de mon pain
images de Albertine Deletaille, Albums du Père Castor, Flammarion, 1962
(27) Les noix — le chapardage
images de Pili Mandelbaum, Petite abeille, Dupuis, 1970
(28) Les tulipes de Tilapin
images de Philippe Thomas, Coll. du Carroussel, Dupuis, 1968
(29) Marianne fait les commissions
images de Gerda Muller, Albums du Père Castor, Flammarion, 1961
(30) Oui maman
images de Lucile Butel, Albums du Père Castor, Flammarion, 1964
(31) Petite abeille et la télévision
images de Pili Mandelbaum, Dupuis, 1970
(32) Petite abeille s'ennuie
images de Pili Mandelbaum, Dupuis, 1969
(33) Petit Tom découvre les formes
images de Gerard Grée, série « Petit Tom », Coll. Cadet-Rama, Casterman, 1970
(34) Poils et plumes
images de Philippe Thomas, L'école des loisirs, 1969
(35) Si le marais parlait
images de René Moreu, Ed. « La farandole », 1969
(36) Si si si ... c'était mon ami
images d'Albertine Deletaille, Albums du Père Castor, Flammarion, 1962
(37) Stéphanie habille sa poupée
images de Simone, Coll. « Maman m'apprend », Odège, Bruxelles, 1970
(38) Tilapin chez le photographe
images de Philippe Thomas, Coll. du Carroussel, Dupuis, 1970
(39) Titou au bain
images de Gunilla Wolde, Dupuis, 1971

(40) Tricoti, tricota
images de Gerda Muller, Albums du Père Castor, Flammarion, 1957

(41) Une cafetière à fleurs
images de Carol Bertin, Le Senevé, 1970

(42) Une histoire de lapin
images de Gerda Muller, Albums du Père Castor, Flammarion, 1961

(43) Une histoire de souris
images de Gerda Muller, Albums du Père Castor, Flammarion, 1959

(44) Une vie de chien
images de Gerda Muller, Albums du Père Castor, Flammarion, 1961

(45) Livres à colorier
Ed. Bias, Réf. n° 2024/3, Paris

(46) Livres à colorier
Ed. Willeb, Réf. n° 1810D, Paris

Liste alphabétique des illustrateurs

(Les numéros renvoient à la liste des livres et albums)

BERTIN, Carol, 41
BUTEL, Lucile, 30
DELETAILLE, Albertine, 4, 6, 26, 36
GRANNINI, 19, 24
GRÉE, Alain, 21
GRÉE, Gérard, 33
HARTWELL, M., 16
HUEMS, Léon, 23
KUBIS, Eric, 22
LORIN, Philippe, 11
MALCLES, Angèle, 25
MANDELBAUM, Pili, 27, 31, 32
MARIN, Lise, 8, 9
MARLICK, Marcel, 15
MILLER, J.P., 17
MOREL, Etienne, 12
MOREU, René, 1, 35
MULLER, Gerda, 13, 14, 29, 40, 42, 43, 44
SEIDEN, A., 18
SIMON, Romain, 5, 20
SIMONE, 37
SIVKO, Vaclav, 7
TAFT DIXON, R., 16
THOMAS, Philippe, 2, 3, 28, 34, 38
WOLDE, Gunilla, 39

Liste alphabétique des éditeurs

(Les numéros renvoient à la liste des livres et albums)

BIAS, 45
CASTERMAN, 15, 21, 23, 33
DEUX COQS D'OR, 16, 17, 18, 19, 24
DUPUIS, 2, 3, 27, 28, 31, 32, 38, 39
ECOLE DES LOISIRS, 34
FARANDOLE, 1, 35

FLAMMARION, 4, 5, 6, 10, 12, 13, 14, 20, 25, 26, 29, 30, 36, 40, 42, 43, 44
GRÜND, 7
HATIER, 11, 22
NATHAN, 8, 9
ODEGE, 37
SENEVE, 41
WILLEB, 46

Planches hors-texte

Références (entre parenthèses) à la liste des livres et albums d'où les images sont extraites, et taux, en %, de réduction par rapport au matériel original, tel qu'il a été présenté aux enfants.

77 (42)	77 (22)	62 (6)	59 (31)	59 (42)	59 (28)	59 (16)	62 (17)
59 (37)	59 (11)	62 (36)	62 (27)	56 (37)	56 (33)	62 (16)	77 (35)
59 (30)	59 (38)	56 (44)	56 (34)	59 (30)	59 (34)	77 (16)	77 (17)
59 (29)	59 (22)	53 (37)	59 (11)	56 (9)	62 (41)	77 (16)	77 (17)
1 a		1 b		1 c		2 a	

62 (5)	71 (34)	62 (16)	77 (17)	48 (10)	48 (12)	42 (23)	33 (23)
62 (13)	62 (17)	59 (24)	59 (34)	48 (3)	45 (7)	48 (39)	29 (7)
62 (13)	71 (17)	77 (42)	71 (34)	43 (15)	43 (7)	43 (25)	43 (23)
62 (26)	71 (34)	71 (16)	71 (34)	27 (7)	27 (7)	53 (9)	50 (7)
2 b		2 c		3 a		3 b	

45 (15)	62 (7)	37 (45)	28 (46)	29 (8)	26 (21)
59 (13)	43 (19)	27 (45)	22 (46)	34 (16)	42 (1)
59 (34)	59 (2)			28 (40)	40 (32)
50 (43)	48 (20)	27 (45)	23 (46)	28 (4)	28 (18)
3 c		4 a	4 b	5	

40 (14)	33 (14)	37 (14)	32 (14)
6 a	6 b	6 c	6 d

Table des matières

Avant-propos 5
Introduction 7
*Chapitre I. **La littérature enfantine*** 9
1. Aspects économiques et sociologiques 10
   - La production française 10
   - Motivations et conduites des acheteurs 12
     Sur le livre d'enfants comme cadeau 13
     Sur les traits de l'acheteur et les conditions de l'acte d'achat d'un livre pour enfants 13
   - Le temps de lire des enfants 14
2. Nécessité de connaître l'enfant 16
   - L'enquête des psychologues 16
   - Une œuvre exemplaire 18
   - Une expérience de recours à la psychologie de l'enfant 20
   - Vers une prise de conscience des éditeurs 21
Notes 22

*Chapitre II. **L'enfant, les livres et les images*** 25
1. L'enfant et les livres 26
   - Enquête sur les préférences 26
   - Tentative d'expérimentation sur les réactions d'enfants à la lecture de livres d'images 28
2. L'enfant et les images 30
   - Retombées des recherches utilisant des images 31
   - Des images et des mots — Image et lecture 32
   - Image et comportements esthétiques 33
     Diversité des critères de choix 34
     Evolution du goût pour le réalisme 34
     L'appréciation des couleurs, des lignes et des formes 35
     Préférence pour la complexité et autres variables collatives ... 37
   - Déchiffrement des images 39

3. Pour une analyse des réactions de l'enfant aux images de la littérature enfantine 41
   - Priorité à l'image 41
   - L'attrait et la lecture des images 42
   - Faire parler à propos des images 43
   - Variables 44
   - Le choix des âges 45
Notes 46

Chapitre III. L'attrait des images réalistes 51

1. Des faits 52
2. Primat du réalisme 57
3. Fondement et signification des préférences pour le réalisme des images .. 59
   - L'évolution des commentaires des enfants 60
   - Réalisme et information 61
   - Préférence pour le réalisme et pensée opératoire 62
   - Influence du système socio-culturel 63
   - Le réalisme conformiste 64
Notes 65

Chapitre IV. L'attrait des images incongrues 73

1. Des faits 75
2. La distinction du réel et de l'imaginaire dans les images 83
3. L'évolution des préférences et sa signification 85
4. Agrément et curiosité 87
5. L'autre réalité 89
Notes 90

Chapitre V. L'attrait des images complexes 95

1. Des faits 98
2. Les aspects et les effets de la complexité 103
3. Développement des préférences à l'égard de la complexité des images ... 105
4. Sexe et complexité des images 107
Notes 109

Chapitre VI. Image et langage: la liberté du lecteur d'images 115

1. Statut analogique de l'image 116
2. Caractère linéaire du langage 117
3. Signe iconique et signe linguistique 117
4. Codes de la ressemblance et appréhension séquentielle de l'image 118
5. Y a-t-il une syntaxe de l'image? 119
6. Liberté du lecteur d'images: Questions pour le psychologue 121
Notes 123

Chapitre VII. Aspects de la lecture d'une image 127

1. Comment analyser les réponses d'enfants lecteurs d'images 128
   - Niveaux de lecture 128
   - Longueur de lecture 130
   - Pluralité de lecture 131
   - Découpage de lecture 132
   - Ordre et fréquence de lecture 134
2. Les effets du contenu de l'image 136
   - Nombre des parties discernables 138
   - Taux d'animation 139
   - Organisation 139
3. Effets du style graphique 140
   - Effets favorables du réalisme 140
   - Effets favorables de la stylisation 141
4. Différences liées à l'âge 142
5. Différences liées au sexe 143

6. Entrer dans l'image 144
Notes 145

Chapitre VIII. L'association des images et ses problèmes 147
1. Le paradoxe du récit en images 147
2. Apprivoiser le temps 148
3. Le système des bandes dessinées et sa spécificité 149
4. L'histoire sans paroles 152
   - Moyens et avantages 153
   - Limites 155
   - Problèmes 158
5. L'étude des réactions de l'enfant aux images associées 160
   - L'enfant, lecteur d'histoires en images 160
   - La recherche psychologique 162
Notes 167

Chapitre IX. Aspects du déchiffrement des histoires en images à l'âge de la prélecture 171
1. L'ordre de lecture des images 171
2. L'identité des personnages et des thèmes 179
3. Lecture ouverte 182
4. Lecture entre images 185
5. Lecture des points de l'intrigue 186
6. L'intelligence du récit en images 189
   - Insuffisance des critères précédents 189
   - Confrontation avec les discours de lecteurs adultes 190
   - Expression du temps et de la causalité 190
   - Intégration des images 193
Notes 196

Conclusion 201
Notes 205

Bibliographie 207

Index des concepts 230

Index des auteurs 238

Table des planches hors-texte 246

Liste des livres et albums d'où les images sont extraites 247

Liste des illustrateurs 249

Liste des éditeurs d'albums 249

Références des images 251

Table des matières 252

PSYCHOLOGIE ET SCIENCES HUMAINES
collection publiée sous la direction de MARC RICHELLE

1. Dr Paul Chauchard
   LA MAITRISE DE SOI, 9ᵉ éd.
5. François Duyckaerts
   LA FORMATION DU LIEN SEXUEL, 9ᵉ éd.
7. Paul-A. Osterrieth
   FAIRE DES ADULTES, 15ᵉ éd.
9. Daniel Widlöcher
   L'INTERPRETATION DES DESSINS D'ENFANTS, 9ᵉ éd.
11. Berthe Reymond-Rivier
    LE DEVELOPPEMENT SOCIAL DE L'ENFANT ET DE L'ADOLESCENT, 8ᵉ éd.
12. Maurice Dongier
    NEVROSES ET TROUBLES PSYCHOSOMATIQUES, 7ᵉ éd.
15. Roger Mucchielli
    INTRODUCTION A LA PSYCHOLOGIE STRUCTURALE, 3ᵉ éd.
16. Claude Köhler
    JEUNES DEFICIENTS MENTAUX, 4ᵉ éd.
21. Dr P. Geissmann et Dr R. Durand
    LES METHODES DE RELAXATION, 4ᵉ éd.
22. H. T. Klinkhamer-Steketée
    PSYCHOTHERAPIE PAR LE JEU, 3ᵉ éd.
23. Louis Corman
    L'EXAMEN PSYCHOLOGIQUE D'UN ENFANT, 3ᵉ éd.
24. Marc Richelle
    POURQUOI LES PSYCHOLOGUES?, 6ᵉ éd.
25. Lucien Israel
    LE MEDECIN FACE AU MALADE, 5ᵉ éd.
26. Francine Robaye-Geelen
    L'ENFANT AU CERVEAU BLESSE, 2ᵉ éd.
27. B. F. Skinner
    LA REVOLUTION SCIENTIFIQUE DE L'ENSEIGNEMENT, 3ᵉ éd.
28. Colette Durieu
    LA REEDUCATION DES APHASIQUES
29. J.C. Ruwet
    ETHOLOGIE : BIOLOGIE DU COMPORTEMENT, 3ᵉ éd.
30. Eugénie De Keyser
    ART ET MESURE DE L'ESPACE
32. Ernest Natalis
    CARREFOURS PSYCHOPEDAGOGIQUES
33. E. Hartmann
    BIOLOGIE DU REVE
34. Georges Bastin
    DICTIONNAIRE DE LA PSYCHOLOGIE SEXUELLE
35. Louis Corman
    PSYCHO-PATHOLOGIE DE LA RIVALITE FRATERNELLE
36. Dr G. Varenne
    L'ABUS DES DROGUES
37. Christian Debuyst, Julienne Joos
    L'ENFANT ET L'ADOLESCENT VOLEURS
38. B.-F. Skinner
    L'ANALYSE EXPERIMENTALE DU COMPORTEMENT, 2ᵉ éd.
39. D.J. West
    HOMOSEXUALITE
40. R. Droz et M. Rahmy
    LIRE PIAGET, 3ᵉ éd.
41. José M.R. Delgado
    LE CONDITIONNEMENT DU CERVEAU ET LA LIBERTE DE L'ESPRIT
42. Denis Szabo, Denis Gagné, Alice Parizeau
    L'ADOLESCENT ET LA SOCIETE, 2ᵉ éd.
43. Pierre Oléron
    LANGAGE ET DEVELOPPEMENT MENTAL, 2ᵉ éd.
44. Roger Mucchielli
    ANALYSE EXISTENTIELLE ET PSYCHOTHERAPIE PHENOMENO-STRUCTURALE
45. Gertrud L. Wyatt
    LA RELATION MERE-ENFANT ET L'ACQUISITION DU LANGAGE, 2ᵉ éd.
46. Dr. Etienne De Greeff
    AMOUR ET CRIMES D'AMOUR
47. Louis Corman
    L'EDUCATION ECLAIREE PAR LA PSYCHANALYSE
48. Jean-Claude Benoit et Mario Berta
    L'ACTIVATION PSYCHOTHERAPIQUE
49. T. Ayllon et N. Azrin
    TRAITEMENT COMPORTEMENTAL EN INSTITUTION PSYCHIATRIQUE
50. G. Rucquoy
    LA CONSULTATION CONJUGALE
51. R. Titone
    LE BILINGUISME PRECOCE
52. G. Kellens
    BANQUEROUTE ET BANQUEROUTIERS

53 François Duyckaerts
CONSCIENCE ET PRISE DE CONSCIENCE
54 Jacques Launay, Jacques Levine et Gilbert Maurey
LE REVE EVEILLE-DIRIGE ET L'INCONSCIENT
55 Alain Lieury
LA MEMOIRE
56 Louis Corman
NARCISSISME ET FRUSTRATION D'AMOUR
57 E. Hartmann
LES FONCTIONS DU SOMMEIL
58 Jean-Marie Paisse
L'UNIVERS SYMBOLIQUE DE L'ENFANT ARRIERE MENTAL
59 Jacques Van Rillaer
L'AGRESSIVITE HUMAINE
60 Georges Mounin
LINGUISTIQUE ET TRADUCTION
61 Jérôme Kagan
COMPRENDRE L'ENFANT
62 Michael S. Gazzaniga
LE CERVEAU DEDOUBLE
63 Paul Cazayus
L'APHASIE
64 X. Seron, J.L. Lambert, M. Van der Linden
LA MODIFICATION DU COMPORTEMENT
65 W. Huber
INTRODUCTION A LA PSYCHOLOGIE DE LA PERSONNALITE
66 Emile Meurice
PSYCHIATRIE ET VIE SOCIALE
67 J. Château, H. Gratiot-Alphandéry, R. Doron et P. Cazayus
LES GRANDES PSYCHOLOGIES MODERNES
68 P. Sifnéos
PSYCHOTHERAPIE BREVE ET CRISE EMOTIONNELLE
69 Marc Richelle
B.F. SKINNER OU LE PERIL BEHAVIORISTE
70 J.P. Bronckart
THEORIES DU LANGAGE
71 Anika Lemaire
JACQUES LACAN, 2ᵉ éd. revue et augmentée
72 J.L. Lambert
INTRODUCTION A L'ARRIERATION MENTALE
73 T.G.R. Bower
DEVELOPPEMENT PSYCHOLOGIQUE DE LA PREMIERE ENFANCE
74 J. Rondal
LANGAGE ET EDUCATION
75 Sheila Kitzinger
PREPARER A L'ACCOUCHEMENT
76 Ovide Fontaine
INTRODUCTION AUX THERAPIES COMPORTEMENTALES
77 Jacques-Philippe Leyens
PSYCHOLOGIE SOCIALE
78 Jean Rondal
VOTRE ENFANT APPREND A PARLER
79 Michel Legrand
LE TEST DE SZONDI
80 H.J. Eysenck
LA NEVROSE ET VOUS
81 Albert Demaret
ETHOLOGIE ET PSYCHIATRIE
82 Jean-Luc Lambert et Jean A. Rondal
LE MONGOLISME
83 Albert Bandura
L'APPRENTISSAGE SOCIAL
84 Xavier Seron
APHASIE ET NEUROPSYCHOLOGIE
85 Roger Rondeau
LES GROUPES EN CRISE ?
86 J. Danset-Léger
L'ENFANT ET LES IMAGES DE LA LITTERATURE ENFANTINE
87 Herbert S. Terrace
NIM, UN CHIMPANZE QUI A APPRIS LE LANGAGE GESTUEL
88 Roger Gilbert
BON POUR ENSEIGNER ?
89 Wing, Cooper et Santorius
GUIDE POUR UN EXAMEN PSYCHIATRIQUE
90 Jean Costermans
PSYCHOLOGIE DU LANGAGE
91 Françoise Macar
LE TEMPS EN PSYCHOLOGIE
92 Jacques Van Rillaer
ILLUSIONS EN PSYCHANALYSE